U0529579

宋太祖
宋祖龍興
仁厚建國
篤尊聖道
式著君德
慎獄恤民
懲奢塞源
身端化本
大哉王言

宋太祖赵匡胤

王立群 著 上册

王立群读宋史

東方出版社

序

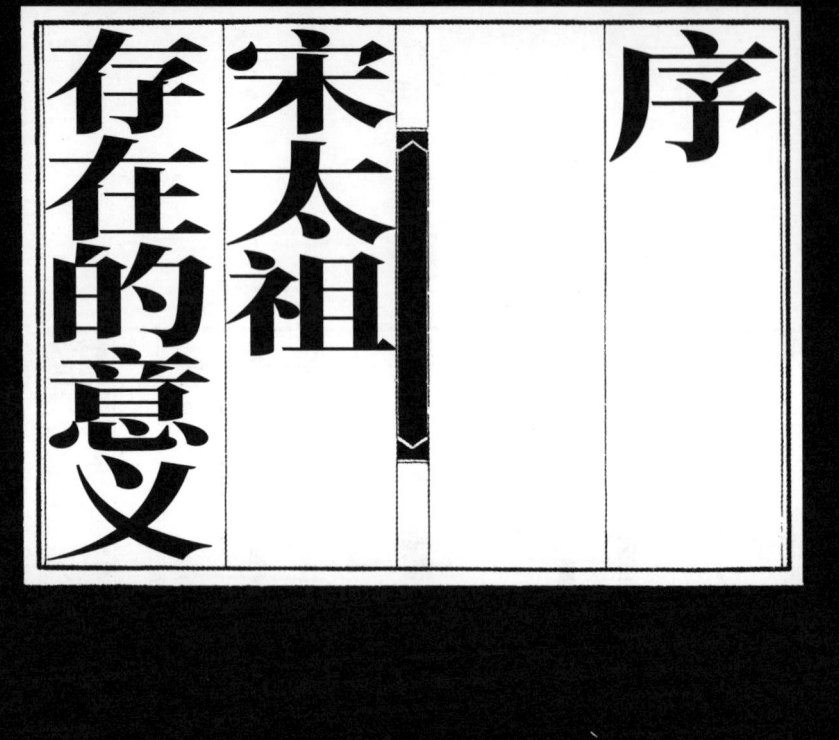

宋太祖存在的意义

唐代中后期，藩镇崛起，尾大不掉，成为一大顽疾。紧随其后的五代，沿袭晚唐之风，由藩镇割据演变为割据政权，这就是所谓的"五代十国"。其实，根子还是"藩镇割据"，只是"唐朝"这顶帽子不要了，藩镇自己要称王、称帝了。这是秦始皇首创帝国制后，统一帝国的又一次消解，各个割据政权相继称帝的混乱时代来临了。

这种混乱的局面，被公元960年建立的北宋政权终结了。

后周的殿前都点检赵匡胤，以边境有北方政权入侵为由，率领禁军迎敌，在离都城开封不远的陈桥驿，以"黄袍加身"的"兵变"，夺走了后周八岁小皇帝柴宗训的帝位。

乍一看，这次兵变与五代时期的政权更迭极为相似。

但是，这一次的政权变更，与五代的后梁、后唐、后晋、后汉、后周又大不相同。因为，宋太祖赵匡胤采取了一系列措施，结束了五代政权短命的历史，将宋朝定格为帝制中国三百一十九年的长周期王朝。

赵匡胤为什么能够做到这一点？

老赵不是一个庸才！

他做了前人未曾做过，而且匪夷所思的事。

到底是什么事有这么大的成效呢？

说白了，就是用了两朝官员。

首先是留用了后周政权的所有官员，最大限度地"消灭"了旧官员中的反对派。

同时，任命了一批新政权的官员，保证了政权队伍的忠诚度。

变一朝天子一朝臣，为一朝天子两朝臣。这的确是一个创举！后周的官员，新任的官员，全都拥护老赵的新政权。

赵匡胤将五代血腥屠杀的政权更迭，变成了一次"和平演变"。

五代战乱中掌握军权的将军们，是政权更迭的始作俑者。老赵如何处理他们呢？

对于参与"陈桥兵变"的将军们，宋太祖施行了后人交口称赞的"杯酒释兵权"。当然，不是仅靠一顿酒就能解决所有的问题，而是在此前、此后做了大量工作，并切实履行了与放弃兵权的将军们联姻的约定，朝野上下无不点赞称是。

赵匡胤是帝制中国一个很有眼光的军人，更是一位结束战乱，营造和平的将军。

老赵善待八岁禅位的后周皇帝柴宗训及其宗族，并将此条列为太庙中的祖训。柴家人在赵姓皇族的帝国中，安然度过了一代又一代。

这种"文明"代替屠杀的做法，让宋代的开国皇帝有了与汉高祖、明太祖完全不同的气度，赢得了后世的一致好评。

做出这些事情的竟然是后周殿前司的都点检，一个职业军人，而并非具备深厚文化修养的文人，这就更令人刮目相看了。

汉帝国的开国皇帝刘邦，重用了韩信、彭越、黥布等掌握军权的将军，并一一封王；坐上皇帝宝座之后，再逐一杀掉这些立有大功的异姓诸侯王。

这就是帝制中国开国皇帝们的惯用手段——杀功臣。

宋太祖赵匡胤之前,杀功臣最有名的是汉高祖刘邦;宋太祖之后,杀功臣最有名的是明太祖朱元璋。

推行一系列稳定政局的重大举措后,宋太祖没有陶醉于自己的成功,而是制定了"先南后北",逐步统一全国的策略,并将其付诸实施。

虽然,他最终没有完成统一大业,尤其是收复燕云十六州的计划仅开了个头;但是,宋太祖的功业仍然彪炳史册。

宋太祖是一位致力于中国统一的帝王,是一位致力于用"和平"手段完成政权转换的帝王。

宋太祖在两千一百三十二年的帝制中国,是一个深受后人重视的另类。即使以今人的眼光来看,宋代也是帝制中国一段辉煌的时期。有宋一代,受到世界史家的高度评价,与开国皇帝的眼光、气度、举措,密不可分。

和平的改朝换代,是文明的一种表现。

这就是赵匡胤在帝制中国存在的意义。

王立群

2024年寒露于北京

目录

一 陈桥兵变
- 梦醒：黄袍加身 001
- 回京：受禅登基 008
- 寻常中的不寻常 012

二 皇业肇基
- 发迹前的经历很雷人 019
- 人生难得的是机遇 023
- 历史从这里开始 030
- 机遇一再光顾就是奇迹 035

三 关键先生
- 先试试刀 039
- 初征南唐 042
- 再征南唐 049
- 三征南唐 052

四 蹊跷的木牌
- 出来混，迟早要还的 056
- 出师未竟身先死 059
- 蹊跷费解的木牌 062

五 世宗托孤
- 一石四鸟 072
- 顾命大臣 076
- 谁来管"枪" 079
- 危险变成了现实 083

六　疑窦丛生

可以有，但其实真没有	089
兵力部署很可疑	094
谣言的力量也很强大	096
该醉酒时就醉酒	097
道具早就准备好了	098
赵家的妇女都知道	100
该杀的还得杀	102
我的心思你别猜	102

七　百炼成"真"

赵匡胤说：不关我的事啊，是他们逼我的	106
赵光义说：我哥当皇帝这么大的事，还能少了我	109
赵恒说：必须按照我爹的意思重修我伯父的实录	111
赵普说：是，我作证，也有我的份儿	114
掩饰、粉饰都改变不了的事实	117

八　开国大事

封个称号不算什么	122
一朝天子两朝臣	126
一个都不能少	130
仪式的力量	133
得民心者得天下	135

九　玩火自焚

挑战者有挑战者的逻辑　139
总要有人跳出来　140
初次交手亮亮牌　142
李筠很傻很天真　144
老赵很精很老到　147
万事有因必有果　150
杀鸡儆猴猴明白　152

十　请君入彀

"黑大王"李重进　156
热脸蹭个冷屁股　157
别无选择只能反　160
大棒还加胡萝卜　164
我真是被逼的　167

十一　杯酒释兵权

最近比较烦　173
这是真的吗　176
这不是真的吗　180
吃顿饭就能解决问题吗　183
影响，那是相当大　186

十二　煞费苦心

过河一定要拆桥　189
一个留任者的遭遇　194
几个替代者的悲剧　197

十三　集权集权

先收兵权　205
再缴财权　209
三收行政权　211
终收司法权　215
一把椅子有文章　216

十四　雪夜定策

南，还是北？这是个问题　221
先南后北，还是个问题　227
换一种思路　231

十五	一箭双雕	湖南最后一位大佬死了	235
		荆南高家的生存哲学	240
		就是借个道呗	244
		请神容易送神难	247

十六	锦城烟雨	开国君主不是蒙的	253
		继任者也不是吃素的	256
		孟昶其实真有两把刷子	261

十七	兵发两川	这个理由足够了	270
		准备好了就开工	276
		灭蜀双响炮	280
		别打了,我投降	284

十八	平定蜀乱	经是好经,可碰上了歪嘴和尚	288
		既争功又吃醋	289
		摁下葫芦瓢起来	294
		打酱油的当了大哥	296
		改弦更张平蜀乱	301

十九	孟昶之死	赵匡胤的表现很大度	307
		孟昶好像是病死的	310
		据说是为了一个女人	314
		战争让女人走开	316

二十	平蜀总结	秋后算账	322
		为朕立法	326
		曹彬是个好干部	330

陈桥兵变

后周显德七年(960)正月初四,举国上下还沉浸在新年的喜庆中,时年八岁的周恭帝柴宗训即位才刚刚半年。距离都城东京(今河南开封市)东北四十里的陈桥驿站发生了中国历史上一次著名的军队哗变。这场兵变,开启了中国历史上一个重要的王朝——宋朝,而且还将一个重要人物推到了历史舞台中央。那么,这位历史要人是谁呢?这个改变中国历史大势的事件的来龙去脉又是怎样的呢?

梦醒：黄袍加身

后周显德七年(960)正月初一，京城开封发生了一件大事。

当天，开封人正沉浸在一片节日的祥和氛围中，举国上下都在庆贺中国最重要的传统节日。后周的文武大臣一大早上朝，向八岁小皇帝柴宗训跪拜朝贺。没人能想到(当事者除外)，这个春节是柴宗训坐在皇帝龙椅上接受朝贺的第一个春节，也是最后一个。

朝贺还没有结束，北方边境镇州(今河北正定县)、定州(今河北定州市一带)突然送来军事急报：契丹举兵南侵，北汉从土门(今河北石家庄市西)引兵东下，两军联合，直奔京都开封杀来。

> 镇、定二州言契丹入侵，北汉兵自土门东下，与契丹合。——《续资治通鉴长编》卷一(中华书局2004年版)

这个突如其来的紧急军报让八岁的小皇帝不知所措，符太后还不到三十岁，册封皇后没几天就送走了丈夫，毫无政治经验。半年前，周世宗柴荣临终前选定主持朝政的宰相范质、王溥等人匆忙商议后做出决定，由小皇帝发布命令：归德军节度使、检校太尉、殿前都点检赵匡胤率领宿卫禁军前往迎敌。

赵匡胤是什么官呢？他此时是禁军殿前司的总指挥。

五代军队大体分为中央禁军与地方节度使牙兵两类。后周中央政府军——禁军分为殿前司和侍卫司两部。殿前都点检是禁军殿前司最高统帅，下面还设有副都点检、都指挥使、副都指挥使、都虞候四级官员。

附：陈桥兵变前禁军情况

(1) 侍卫司		
侍卫亲军马步军都指挥使	李重进	显德元年(954)任职
侍卫亲军马步军副都指挥使	韩通	显德六年(959)任职
侍卫亲军马步军都虞候	韩令坤	显德六年任职
侍卫亲军马军都指挥使	高怀德	显德六年任职
侍卫亲军步军都指挥使	张令铎	显德六年任职
(2) 殿前司		
殿前都点检	赵匡胤	显德六年任职
殿前副都点检	慕容延钊	显德六年任职
殿前都指挥使	石守信	显德六年任职
殿前副都指挥使	慕容延钊	显德五年(958)任职(此时任职者不明)
殿前都虞候	王审琦	显德六年任职

赵匡胤领旨后，像历次出征前一样，即刻调兵遣将，部署军马。

正月初二这天发生了两件事：

第一件事，殿前副都点检、镇宁军节度使慕容延钊作为先锋，率领精锐部队，先行出军。

第二件事，开封到处都在传扬着一个政治流言："将以出军之日策点检为天子。"这两句话是什么意思呢？"点检"即殿前都点检赵匡胤，意思是说，出兵那天，要拥戴赵匡胤登基。

一言流传，满城风雨。经历了政权频繁更迭的京都百姓没办法不相信流言，他们无法抑制内心的恐慌和不安。这个年头，宁可信其有，岂能信其无？虽然他们并不在乎谁来做天子，但他们害怕伴随着改朝换代而来的血雨腥风。因为改朝换代受害最深的总是老百姓。十年前郭威兵变进入开封后，曾经纵兵抢杀掳掠，当年的情景至今仍历历在目，历史不会重演，但总会惊人地相似。一时间，富商大贾、市民百姓，乱作一团，做好了随时逃离的准备。这股流言来得突然，传播得也迅速。但是，令人不解的是，"山雨欲来风满楼"，流言传遍了京都的大街小巷，皇宫大内竟然一无所知。

> 时都下喧言，将以出军之日策点检为天子，士民恐怖，争为逃匿之计，惟内庭晏然不知。——《续资治通鉴长编》卷一

初三这天，赵匡胤率领大队人马，浩浩荡荡，由开封爱景门(后周东京外城北面有三门，爱景门在东北方向)出城，百姓们看到的是一支纪律严明、井然有序的大军，没有出现流言传播的事情，京都百姓悬着的心稍稍安定下来。

但是，大军离开开封以后，禁军中有个号称通晓天文占星的军校苗训就指着天上说，他看到天上出现了奇异的天象：两个太阳，相互掐架。他还对赵匡胤的亲信楚昭辅说：这就是天命啊！苗训煞有介事的一番话迅速在军中传开。

> 军中知星者苗训引门吏楚昭辅视日下复有一日，黑光摩荡者久之。——《宋史·太祖本纪一》(中华书局1985年版)

当天，大军到达开封东北四十里的陈桥驿驻扎。

出征前的传言、奇异的天象、苗训的解释当然是热点话题。将士们聚到一起,议论纷纷。

诸将谋立新君有两大原因:

一是赵匡胤深得禁军军心。

此时的赵匡胤担任后周禁军高级将领已有六年,有着良好的群众基础,一人提议,众人纷纷响应。

二是将士们思功心切。

有人说:当今皇上年幼,不懂朝政,不能亲政,不能亲征。我们提着脑袋为国家抵抗外敌,却没人知道我们的功劳。倒不如先立点检为天子,然后北征,为时不晚。

这样,谋立新君的兵变发生了。

思议兵变的将士们将球踢出去了,接球者将怎么接呢?

一吓。

都押衙（掌管仪仗侍卫的官职）李处耘立刻把这件事告诉了赵匡胤的弟弟赵光义（原名"匡义",赵匡胤做皇帝后,更名"光义"）,赵光义当时任内殿祗候（管朝仪）、供奉官都知（管扈卫）,两人立即向赵匡胤的秘书归德节度使掌书记赵普汇报。话未讲完,众将纷纷涌入,七嘴八舌,众说纷纭,一句话,要先立太尉做天子。

赵普、赵光义极力劝解:"太尉忠赤,必不汝赦。"《续资治通鉴长编》卷一 太尉赵匡胤是一位忠义之臣,绝不会听任

> 太祖自殿前都虞候再迁都点检,掌军政凡六年,士卒服其恩威……人望固已归之。——《续资治通鉴长编》卷一

你们发动兵变，而且也绝不会饶了你们。赵普这番恫吓还挺有效，诸将相顾，亦有稍稍引去者。

二劝。

一会儿，将领们重新聚集起来。有人亮兵器，放出狠话：在军中议论兵变是要被灭族的！我们心意已决，太尉要是不愿意，我们岂能退回去等死？

> 军中偶语则族。今已定议，太尉若不从，则我辈亦安肯退而受祸？——《续资治通鉴长编》卷一

赵普说，策立天子是天大的事，不精密筹划，轻举妄动，能成大事吗？众将这才坐了下来。

赵普接着说，现在是外敌压境，不如先出兵御敌，打完仗回来再议此事。但是，进帐的将领不答应，他们说，现在是"政出多门"。如果等到打退敌人，会发生什么事谁都不好讲。应当立即回京，"策立太尉"为天子，再出兵"破贼不难"。如果太尉不愿受策立，大军绝对不会再前进了。

> 外寇压境，将莫谁何，盍先攘却，归始议此。——《续资治通鉴长编》卷一

三同意。

赵普一看形势不可逆转，马上说，现在的局势，想必诸位心里都清楚：外寇压境，我们的先锋已经渡过黄河，四周节度使林立。京城一旦动乱，不仅外寇长驱直入，四方恐怕也不会消停，局势肯定难以控制。策立太尉做天子可以，但是各位必须严肃军纪，禁止部下劫掠，京城人心安定了，四方才不会发生动乱，诸位才能长保富贵。否则，什么事情都可能发生。众将允诺，分头行动。

> 诸将不可，曰：方今政出多门，若俟寇退师还，则事变未可知也。但当亟入京城，策立太尉，徐引而北，破贼不难。太尉苟不受策，六军决亦难使向前矣。——《续资治通鉴长编》卷一

商议既定，赵普等人开始周密安排。

当夜，先派衙队军使（侍卫官）郭延赟急速返回开封，将此事告知赵匡胤的亲信：殿前都指挥使（殿前禁军指挥官）石守信、殿前都虞候（殿前总纠察官）王审琦，这两位可都是赵匡胤的铁哥们儿。

当晚的陈桥驿，环列在赵匡胤大帐周围的众将领焦躁不安地等待天亮。

据司马光《涑水记闻》记载，拥立赵匡胤的将士们手拿利刃，大声喧哗，闯入陈桥驿。赵匡胤还没有起床，赵光义赶快入帐报告赵匡胤，"太祖惊起"，走出大帐。哗变的将领们露出白刃，说："诸军无主，愿奉太尉为天子。"赵匡胤还没有来得及回应，有人已经将黄袍披在赵匡胤的身上。众将在大帐外集体下拜，高呼万岁，"声闻数里"。赵匡胤坚决拒绝，但是，手下的将领不答应，他们将赵匡胤扶上马，簇拥着"南行"返回开封。

李焘《续资治通鉴长编》的记载和司马光《涑水记闻》只有一点不同：入帐向赵匡胤报告的是赵普和赵光义两个人，和《涑水记闻》相比多了一位赵普。其他记载，二书基本相同。

甲辰黎明，四面叫呼而起，声震原野。普与

> 守信、审琦，皆素归心太祖者也。——《续资治通鉴长编》卷一

> 甲辰将旦，将士皆擐甲执兵仗，集于驿门，谨噪突入驿中。太祖尚未起，太宗时为内殿祗候供奉官都知，入白太祖，太祖未及答，或以黄袍加太祖之身，众皆拜于庭下，大呼称万岁，声闻数里。太祖固拒之，众不听，扶太祖上马，拥逼南行。——《涑水记闻》卷一（中华书局1989年版）

匡义入白太祖，诸将已擐甲执兵，直扣寝门曰："诸将无主，愿策太尉为天子。"太祖惊起披衣，未及酬应，则相与扶出听事。或以黄袍加太祖身，且罗拜庭下称万岁。太祖固拒之，众不可，遂相与扶太祖上马，拥逼南行。《续资治通鉴长编》卷一

司马光（1019—1086）和李焘（1115—1184）都是宋代著名的史学家，两个人的记载都比较可信；如果真要比较，司马光的记载似乎更可信。不管两个人的记载有多少不同，赵匡胤睡了一觉就成了皇帝并没有什么不同。

赵匡胤似乎很想拒绝这个职业，反复推辞，但是，众将士逼着他回京。

最终，赵匡胤做出了一个"艰难"的决定，拉住马缰，发布命令说：你们贪图富贵，强立我为天子，那就必须听从我的指挥，不然，这个皇帝我是不稀罕的（不知道是不是发自内心）。众将士赶紧下马跪倒，齐声说："唯命是听。"

这就是现存史书中记载的赵匡胤陈桥兵变、黄袍加身的大致过程。我们可以再梳理一下：

正月初一，北方传来军事急报，契丹、北汉联合南侵，宰相范质、王溥等人商议后决定让赵匡胤出征迎敌。

正月初二，慕容延钊率先锋部队出发，京城盛传出

> 太祖度不得免，乃揽辔誓诸将曰："汝等自贪富贵，立我为天子，能从我命则可，不然，我不能为若主矣。"——《续资治通鉴长编》卷一

征之日将立赵匡胤为天子的政治流言。

正月初三，赵匡胤率军出发，传言没有兑现。当天出现异常天象，军中盛传赵匡胤做天子的天命说。当晚，军队在陈桥驿驻扎。军队将领商定立点检为天子。李处耘向赵光义汇报，赵光义向赵普汇报。赵光义、赵普二人反对，反对无效。赵普分析局势，开始分头行动，派人向京城赵匡胤的铁哥们儿石守信、王审琦通报。赵匡胤当晚醉酒，众将士环列大帅军帐四周等候天亮。

正月初四黎明，睡意蒙眬的赵匡胤被黄袍加身。

这样，赵匡胤成为中国历史上著名的经黄袍加身"被皇帝"的一位君主。从秦始皇称皇帝以来，这个位置一直是许多人梦寐以求的。赵匡胤创造了一个"奇迹"，睡梦之中竟然被人立为皇帝，一觉睡醒，就由执掌兵权的大臣成为新王朝的皇帝。

大家相信史书的这种记载吗？其实，无论信与不信，史书就是这样说的。我们将在后面用两章篇幅专讲兵变，这里暂且不表。

赵匡胤这一觉睡成了皇帝，也睡成了后周的叛臣。赵匡胤明白：光有军队的拥戴并不算完胜，那么，怎样才能得到朝中大臣的认可呢？怎样才能名正言顺地登基称帝呢？

回京：受禅登基

"黄袍加身"的赵匡胤在回京途中及到达京城后做了四件事。

第一，约法三章。

赵匡胤与诸将立下誓言：我曾经北面向少帝与太后称臣，你们不能凌辱他们；文武百官，和我曾经是同事，你们也不能凌辱他们；入京之后，不能抢劫府库财物。听从命令的，事成之后，重重有赏，不服从的，一律族诛。众将领齐声听命。

赵匡胤约法三章，特别强调保护三类人：一是后周的皇帝、太后，二是文武百官，三是百姓。由于这三类在改朝换代中最容易受到伤害的人得到了最大限度的保护，所以，整个权力系统没有受到冲击，国家执法机关也没有遭到冲击，百姓同样没有受到摧残。

赵匡胤的做法一反五代十国时期改朝换代的陋习。他没有因为改朝换代大开杀戒，而是最大限度地保护前朝君臣的生命、财产，最大限度地维持社会秩序的稳定，最大限度地保护全体百姓的利益。所以，政权过渡就避免了流血。

赵匡胤的做派固然有策略上的考量——最大限度地减少阻力，但也显示了他为人宽厚的一面，至少说明他不是一个嗜杀成性的人。

第二，和平进城。

赵匡胤先派客省使潘美回城告知后周皇帝和文武百官，给他们通个信儿；接着派楚昭辅立即回京妥善安排赵匡胤的家人，保证他们的安全。万事妥当，赵匡胤这才整饬军队回京。从仁和门（内城东面有两个门，南为仁和门，又称曹门）进入开封城，早已等候多时的石守信和王审琦立刻

太祖曰：『少帝及太后，我皆北面事之，公卿大臣，皆我比肩之人也，汝等毋得辄加凌暴。近世帝王，初入京城，皆纵兵大掠，擅劫府库，汝等毋得复然，事定，当厚赏汝，不然，当族诛汝。』众皆拜。——《续资治通鉴长编》卷一

打开城门，迎接新皇帝。

赵匡胤的铁哥们儿负责把守城门，赵匡胤进城不成问题。但是，后周的其他文武大臣会接受这突如其来的变故吗？会俯首帖耳地顺从新皇帝吗？

此时，后周大臣们的早朝还没散。潘美带来兵变的消息后，百官大惊失色。宰相范质握着王溥的手说：仓促派兵，这是我们的罪过啊。指甲掐入王溥双手，几乎出血，王溥不知道该如何应对。只有侍卫亲军马步军副都指挥使、在京巡检（负责京师治安）韩通立即从内廷仓皇回奔，准备组织军队抵抗。不巧的是，他在路上遇到了散员都指挥使王彦昇。王彦昇勒马就追，韩通跑到自家门口，还没来得及关门，就死在王彦昇的刀下。王彦昇接着杀了韩通的妻子儿女。这是后周朝廷唯一的一次抵抗，而且抵抗未遂。

京都的百姓看到大军一夜之间去而复返，刚刚放下的心又提了起来，但见大军纪律严明，秋毫无犯，人心遂安。赵匡胤命令大军各自回营，自己则回到都点检衙门，他要在这里最后一次办公。

一会儿，将士簇拥着范质、王溥两位宰相到来。赵匡胤见到他们，痛哭流涕，无可奈何地说道：我深受世宗厚恩，今日被将士逼迫，事已至此，愧对天地，你们说，怎么办？两位宰相战战兢兢，哪里知道如何是好。一旁的军校罗彦瓌（guī）持剑上前，厉声喝

宰相早朝未退，闻变，范质下殿执王溥手曰：「仓卒遣将，吾辈之罪也。」爪入溥手，几出血。溥噤不能对。——《续资治通鉴长编》卷一

遇通于路，跃马逐之，至其第，第门不及掩，遂杀之，并其妻子。——《续资治通鉴长编》卷一

吾受世宗厚恩，为六军所迫，一旦至此，惭负天地，将若之何？——《续资治通鉴长编》卷一

道:"我辈无主,今日必得天子!"《续资治通鉴长编》卷一赵匡胤呵斥罗彦瓌不得造次,一个唱红脸,一个唱黑脸,罗彦瓌并没有退下。范质、王溥两人面面相觑,还是王溥识相,降阶先拜,范质深知已无回天之力,不得已也跟着跪拜在地,齐呼万岁。两个大臣领袖搞定了。

第三,受禅登基。

搞定了众官,赵匡胤立即赶往崇元殿,马上举行周帝禅位之礼。召集文武百官,直至晡时(下午3点至5点),人员到齐,却发现尚未准备禅位诏书。哪知道,翰林学士承旨陶谷突然从怀中拿出了早已准备好的诏书念给百官听。赵匡胤换上龙袍,正式登基,群臣拜贺,高呼万岁。礼成。封柴宗训为郑王,母亲符太后为周太后,迁居西京(《宋史》云西宫)。

第四,改元立号。

正月初五,改元建隆,大赦天下,立国号为大宋,史称北宋。在中国历史上延续了三百多年的大宋王朝正式"粉墨登场"。

赵匡胤在短短的几天之内完成了改朝换代,速度之快,效率之高,令人称奇。

这场改朝换代的大变故中后周大臣的不抵抗让人吃惊。赵匡胤明明是利用军权夺了后周的天下,为什么后周的大臣没有抵抗呢?

> 质等不知所为,溥降阶先拜,质不得已从之,遂称万岁。——《续资治通鉴长编》卷一

> 昔汤武革命,发大号以顺人。汉唐开基,因始封而建国。宜国号大宋,改周显德七年为建隆元年。——《宋大诏令集》卷一(中华书局1962年版)

寻常中的不寻常

陈桥兵变，赵匡胤轻而易举地将后周柴氏的天下变成了大宋赵氏的政权。从历史的长时段发展来看，陈桥兵变具有重大历史意义，它是中国历史发展的一个重大转折。但是，在当时看来，陈桥兵变只是一次再寻常不过的军事政变。

为什么这么说呢？因为当时正处于中国历史上的五代十国时期，这是一个什么都可能发生的时代。

第一，一个君臣义绝的时代。

《宋史》中说：五代所建立的国家，传位不到三四代就改换姓氏，大臣侍奉君主就像受雇用一样，旧皇帝下台，就侍奉新皇帝，大家习以为常。因此，后唐刚刚灭亡就向后晋称臣，后汉刚刚宣布禅让就当后周之臣。君主信赖的臣子、国家依赖的将领，一旦国灭，不能以名节定生死，伦理道德被废弃殆尽。大臣、将领把自己定位为给皇帝打工的"员工"，维系一个政权稳固的忠义理念就不重要了，给谁打工不是打，因此换个领导也无所谓，当臣子的不觉得耻辱。所以，这个时代的文臣武将历经几个朝代依然春风得意的比比皆是。面对赵匡胤的兵变，宰相王溥率先降阶下拜，

> 五季为国，不四、三传辄易姓，其臣子视事君犹佣者焉，主易则他役，习以为常。故唐方灭即北面于晋，汉甫称禅已相率下拜于周矣。……世主之所宠任，社稷之所倚赖，而更事异姓，不能以名节生死，伦义废矣。
> ——《宋史》卷二六二

范质虽然犹豫了一下,但也随即下拜。禅让仪式正准备进行,忽然发现尚未准备禅位诏书,翰林学士陶谷立刻"出诸袖中"。风向一变,则顺风而偃。君纲不振,忠义不立,君臣义绝,国家颠覆自在意料之中。这是赵匡胤轻易夺得后周政权而人心安定的一个重要因素。

第二,一个枪杆子里出政权的时代。

李唐晚期,藩镇割据,嚣张跋扈,天下瓦解。五代十国是唐末混乱局面的延续。这是一个崇尚军事力量、完全以武力定胜负的时代。谁掌握了军队,谁就占据了主动,一旦兵制京师,就可以成为新朝的皇帝。当时有句话很流行,能够反映当时的局势和武将的心声。这句话是后晋安重荣从军卒升到成德节度使后说的——"天子宁有种邪?兵强马壮者为之尔!"《新五代史·安重荣传》(中华书局2015年修订本)

天子是拥有强大军事力量的人,谁掌管了军队,谁就可以做天子。有没有皇室血统,完全不用考虑。

但是,这也产生了一个难以解决的问题。既然兵强马壮者能当上天子,而军事力量在不同的军阀将领之间又此消彼长,有机会的人自然不止一个,所以皇帝的更换频率很快,你方唱罢我登场,各领风骚没几天。

而且,五代时期,依靠军士拥立取得政权似乎成为惯例。在赵匡胤之前,至少已有三个成功的样板。第一个是后唐明宗李嗣源,第二个是后唐末帝李从珂,第三个是后周太祖郭威。在这三个样板中,郭威称帝对赵匡胤影响巨大,因为赵匡胤亲自参与了这次拥立事件,他对依靠兵变黄袍加身的流程已经谙熟于心了。在五代五十余年的时间里，赵匡胤是第四个依靠军事政变取得政权的皇帝。因此，陈桥兵变、黄袍加身，对赵匡胤，对后周文臣武将，对后周的百姓，一点也不觉得突兀，是再寻常不过的事了。

君臣义绝，兴亡以兵，所以五代时期的文臣没有坚定的立场，如墙头草随风倒；武将则凭借兵强马壮，嚣张跋扈，恣意妄为。从后梁到后周的五十多年时间里，天下更换了五个朝代，文武大臣早上还一起上朝朝拜皇帝，晚上则有人可能荣升为皇帝，接受同僚的朝拜，忠义之风荡然无存。在这种社会风气之下，子弑父，弟弑兄，臣弑君，兵变不断，看得人心惊肉跳，目瞪口呆。

在这样的历史背景下，后周的殿前禁军最高统帅赵匡胤抓住后周"主少国疑"的最佳时机，发动陈桥兵变，黄袍加身，这是再寻常不过的一次改朝换代了。

陈桥兵变是寻常的，然而又是不寻常的，因为这次兵变具有与以往历次兵变迥异的特色。

一句话，陈桥兵变是一次以军事力量为后盾的和平演变。

第一，兵不血刃。

陈桥兵变没有宫门喋血，不见遍野伏尸；没有四起的烽烟，不见连绵的兵祸。开封城的一砖一瓦都不

> 自朱梁至郭周五十余年，凡五易姓，天下无定主。文武大臣，朝比肩，暮北面，忠义之风荡然矣。
> ——田况《儒林公议》（中华书局2017年版）

曾受到毁坏，在和平演变中后浪推前浪，大宋把后周拍在了沙滩上。"在中国历史上也创立了一种不经过流血而诞生一个主要的朝代之奇迹。"黄仁宇《赫逊河畔谈中国历史》(生活·读书·新知三联书店2015年版)这就是陈桥兵变寻常中的不寻常。

陈桥兵变后，赵匡胤率领大军严整有序地进城，没有发生战乱。

史书中有一个细节，赵匡胤带兵出城时走的是外城东北侧的爱景门，回城时走的是东侧的仁和门。一些笔记中(如《玉照新志》《随隐漫录》)说当时北侧的城门守卫者拒绝接纳赵匡胤入城，为了避免流血，才转走东城门，没有发生像郭威进城时"矢射如雨"的抵抗。赵匡胤也提前安排好了家人，对后周的小皇帝也采取了优待政策。

没有战争，没有流血，一切井然有序，妥善处理后周皇室，这就与郭威兵变有了本质的区别。

当然，也不是说陈桥兵变中没人死亡，在京巡检韩通就是在准备组织反抗时被杀的，这当然是个例外。史书上还说"并其妻子"，一些笔记中又演绎成杀其全家。事实并非尽然。据陈保衡于建隆元年(960)二月二日，也就是韩通死后的第二个月撰写的《韩通墓志》记载，王彦昇并未全部诛杀韩通家人，韩通的二女、三女、四女以及幼子均得幸免《北京图书馆藏中国历代石刻拓本汇编》第三十七册(中州古籍出版社1989年版)。这次诛杀或者真的是一次突发事件，也很可能是赵氏集团有意识、有选择地清除政敌的一次行动，但不管是哪种情况，都显然不同于纵容士兵的肆意屠杀。

第二，市不易肆。

郭威兵发开封之时，曾让手下人宣布：攻克京城，允许抢劫十天。等到大军进城后,"诸军大掠,通夕烟火四起",手下人告诫郭威,再不制止抢掠,今晚就只剩下一座空城了。史书中记载了两则实例。

第一则,军士进入后汉的前义成节度使白再荣的住宅,将财物洗劫一空后,对白再荣说:从前我们这些人曾在您手下奔走,今日无礼到这个地步,还有什么脸面再见您。抢劫从前主子的财物,没有脸面再见他,不是选择自杀,而是让这个人在世界上彻底消失,就永远见不到他了。因此,军士割下白再荣的脑袋离去。

第二则,后汉的吏部侍郎张允,家产数以万计,但生性吝啬。这天晚上,他躲藏在佛堂顶棚板上,上去的人逐渐增多,顶板损坏而坠落,军士即抢走他身上的衣服,最终张允因受冻而死。当时放纵军士大肆抢劫、杀人,残忍至此。

陈桥兵变时,赵匡胤约法三章,严禁抢劫,违者族诛,并许诺事成之后,重重有赏。大军入城

侯克京城,听旬日剽掠。——《资治通鉴》卷二八九(中华书局2011年版)

某等昔尝趋走麾下,一旦无礼至此,何面目复见公!——《资治通鉴》卷二八九

不止剽掠,今夕止有空城耳。——《资治通鉴》卷二八九

后，赵匡胤立刻命令军士解甲还营，没有发生纵容军士趁火打劫的事情。相反，有几个市井无赖想浑水摸鱼，乘机抢掠，即被逮捕，斩杀于市，官府偿还了被抢者的财货。

陈桥兵变虽然也是以军事力量作为后盾保障，但它是在和平有序中进行的政权转移。因此说，陈桥兵变的背后蕴含着以前兵变中缺乏的理性因素与政治良知，它预示着一个太平时代即将到来。兵不血刃，市不易肆，作为大宋王朝开国事件的陈桥兵变包蕴的新动向，已经为大宋三百多年江山的政治运作铺垫了文明的基础。

公元960年的正月，在浓郁的新年气氛中，历史在不经意间，挥挥手，送走了一个旧王朝。这一年，赵匡胤三十四岁。

当然，陈桥兵变的成功，是由多方面的因素造就的，但必须具备两个条件：一是后周朝廷毫无反制力量，一是赵匡胤拥有绝对的军事力量。历史选择了赵匡胤，是因为赵匡胤已经做足了功课，已经进行了充分的量的积累，陈桥兵变只是他政治生涯中一个质的飞跃。

那么，从赵家的"香孩儿"到大宋的开国皇帝，赵匡胤进行了哪些量的积累？从一个普通士兵到大宋王朝的开国之君，赵匡胤又经历了怎样的奋斗呢？

皇业肇基

二

陈桥兵变，赵匡胤用了不到五天的时间完成了从后周禁军统帅到北宋开国皇帝的华丽转身。赵匡胤从一个普普通通的士兵做起，到成为大宋的开国皇帝，他是怎样一步一个台阶走过来的呢？

发迹前的经历很雷人

赵匡胤祖籍涿郡（今河北保定市附近），《宋史》中对涿郡赵氏的历史推溯到其前四代。赵匡胤的高祖在唐朝时做过涿郡附近地方的县令，曾祖担任过地方藩镇的属官，祖父曾做过州刺史。赵匡胤祖辈的具体事迹，文献都没有记载。只有一点可以肯定，赵匡胤的祖辈工作的区域都在家乡周围，算得上是个官宦世家。涿郡赵氏的确切事迹，是从赵匡胤的父亲赵弘殷开始的。赵匡胤父亲以上的祖辈，虽然也做过官，但对赵匡胤并没有多大的影响，他的父亲赵弘殷却深深地影响了他。

青年赵弘殷强悍勇敢，擅长骑马射箭。在以武力定天下的五代十国，可谓生逢其时。人的一生最难的是时代的选择。赵弘殷擅长骑射，又生活在武力定天下的时代，已经具备了时代选择的各种条件，差的就是一点点机遇了。

起初，赵弘殷在成德军（治所在今河北正定县）节度使王镕麾下做了一员武将。王镕为人聪悟，但仁而无断，在梁、晋争锋之时，夹在中间态度暧昧，犹豫不决，最终惹得后梁太祖朱全忠出兵镇州。无奈之下，王镕只能与晋王李存勖合作。一次，王镕派遣赵弘殷带五百骑兵到黄河岸边支援李存勖，赵弘殷一马当先，

> 高祖朓，是为僖祖，仕唐，历永清、文安、幽都令。朓生珽，是为顺祖，历藩镇从事，累官兼御史中丞。珽生敬，是为翼祖，历营、蓟、涿三州刺史。——《宋史·太祖本纪一》

身先士卒，所向披靡，深得李存勖的喜爱，因此把他留下来掌管禁军，为飞捷指挥使(骑兵指挥官)。但是，从后唐到后晋末年，赵弘殷担任此职二十余年，一直没有升迁。所以，赵弘殷的一生差了一点机会。

> 自同光至开运，逾二十年不迁，而宣祖亦未尝以介意。——《东都事略笺证》卷一（上海古籍出版社2023年版）

赵匡胤就出生于此时他父亲的军营，取名匡胤，可能寄托了赵弘殷对儿子兴盛家族后代的殷切希望。

正如大多数开国之君被后人追溯的那样，赵匡胤的诞生也是一段传奇。

后唐天成二年(927)二月十六日，赵匡胤诞生在洛阳夹马营。

史书上说，赵匡胤出生的时候，红光四射，环绕产房，伴随着奇异的香气，整夜不散，婴儿身体金光闪闪，三日不变。当然，事实上赵匡胤的出生不会这么神奇，这是史家写史的一贯伎俩，就是为了暗示赵匡胤天生就是做皇帝的命，是真龙天子，日后穿龙袍、坐龙椅都是理所当然的事情。这种神化，在史书、笔记中屡见不鲜，并且没有多少创新。

> 赤光绕室，异香经宿不散，体有金色，三日不变。——《宋史·太祖本纪二》

赵匡胤的生母姓杜，是定州安喜(今河北定州市)人。宋代的笔记记载，赵匡胤的父母相识并结合有一段很偶然的奇缘。

当初，赵弘殷从北地河朔南行。有一天，路过定州杜家庄，刚好遇上天降大雪，无奈在杜家庄院的大门下避雪。看院的庄丁私下款待赵弘殷几天之后，见其仪表堂堂，容貌奇伟，就通告了主人。主人见到后也非常喜欢，于是就让他留下来。经过几个月的相处和考察，杜家主人决定将其女四娘子嫁于赵弘殷。这个四娘子就是赵匡胤的生母，也就是后来的杜太后。这部笔记的记录者范镇是北宋仁宗朝的进士，是本朝人记载本朝事，虽来自他人转述，辗转流传，润色加工之处不少，但亦非齐东野语，毫无根据。正史上说杜太后的母亲范氏，生了五个儿子三个女儿，"太后居长。既笄，归于宣祖。治家严毅有礼法"《宋史·后妃传》。杜氏名四娘子，可能是按整个家族的排行，但一些笔记把她说成杜家的第四个女儿，应该是理解有误。赵弘殷与四娘子大婚后，杜氏作为随军家属，来到洛阳夹马营，并在这里生下了赵匡胤。赵匡胤是赵弘殷的第二个儿子，他还有个大哥叫赵匡济，不过很早就死掉了，赵匡胤称帝后，还追赠他的兄长为邕王。

赵匡胤生于军营，长于军营。在洛阳夹马营度过了他的童年。在刀光剑影里成长的赵匡胤，骑马射箭，舞枪弄棒，超越常人，与兵马结下了不解之缘。

有一次，赵匡胤试骑一匹烈马，既不套马笼头，也不拴马缰绳，更不用马鞍。只见他纵身一跃，跨上马背，未被驯服的烈马立即飞奔起来，风驰电掣地登上了城头的斜坡道。危险发生了，赵匡胤的额角碰到了城门门楣，从马上摔了下来，见者都以为这次赵

> 刘尚书涣尝言：宣祖初自河朔南来，至杜家庄院，雪甚，避于门下。久之，看庄院人私窃饭之。数日，见其状貌奇伟兼勤谨，乃白主人，主人出见，而亦爱之，遂留于庄院。累月，家人商议，欲以为四娘子舍居之婿，四娘子即昭宪皇太后也。其后生两子，为天下之母。——范镇《东斋记事》卷一（中华书局1980年版）

匡胤一定是脑袋开花了。令人意想不到的是，赵匡胤从容地从地上站起来，又追上那匹烈马，腾身而上，毫发无损。

《宋史》中还记载了他小时候的另一件逸事。有一次，他与儿时伙伴韩令坤在一处破旧的土屋子里赌钱，兴致正浓之际，却听到门外麻雀聒噪，一群麻雀在打斗，叽叽喳喳叫个不停，听得人心烦意乱。二人放弃赌戏，竞相出门捕捉，不料刚走到屋外，土屋便轰然倒塌。

> 尝与韩令坤博土室中，雀斗户外，因竞起掩雀，而室随坏。——《宋史·太祖本纪一》

就这样，赵匡胤在试骑烈马、土屋惊魂之类的事件中送走了他的童年时代。

后汉隐帝乾祐元年（948），军阀王景崇在凤翔（今陕西宝鸡市凤翔区）叛乱，赵弘殷参加了后汉朝廷的征讨，与叛军战于陈仓（今陕西宝鸡市）。交战中，赵弘殷被一支利箭射中左眼，他不但没有因此退却，反而愈战愈勇，大败王景崇与后蜀的联军。因为战斗中的勇猛表现，赵弘殷被提升为护圣都指挥使。

父亲赵弘殷给儿子赵匡胤带来三点影响：

一是生于军中；

二是性格强悍；

三是建功立业。

生于军中，让赵匡胤自幼习武，在以武力称雄的年代有可能抓住枪杆子；性格强悍让赵匡胤自幼坚忍不拔，成就了辉煌的一生；赵弘殷的功业激励赵匡胤不甘碌碌无为地度过一生。

父亲杀敌平叛、立功升迁的消息传到家中，对已经结婚尚无所事事的赵匡胤是一个极大的鼓舞，他的父亲就是最好的榜样。好男儿志在四方，怎么能一直守在媳妇身边庸庸碌碌呢？他决定走出家门，意欲创出自己的一番事业。

这个想法不错，但是，赵匡胤在建功立业的道路上会一帆风顺吗？

人生难得的是机遇

这次闯荡江湖，并不像赵匡胤离家时想的那么顺利。他拜访各地军阀，希望能找到一个知遇之人，希望能有一个大展宏图施展抱负的平台，然而却领略了世态的炎凉，遭罹了穷困潦倒，饱尝了人间艰辛。

第一站：复州。

他游历到复州（今湖北天门市）的时候，去拜访复州军阀王彦超，王彦超没有收留他，给了一点点钱，打发他走人了事。

这件事给赵匡胤留下了深刻的印象。在赵匡胤称帝后的建隆二年（961）的一次宴会上，酒酣耳热之际，赵匡胤旧事重提，问在座的王彦超：当初你在复州的时候，朕去投奔你，你为什么没有接纳朕呢？王彦超不

酒酣，顾前凤翔节度使、兼中书令临清王彦超曰：『卿曩在复州，朕往依卿，卿何不纳我？』——《续资治通鉴长编》卷二

慌不忙，降阶叩头，高呼万岁，说：当时微臣也就是一个区区刺史，复州那个小地方就像一勺子水，怎么能够容得下神龙呢？要是卑臣当初接纳了陛下，陛下还会有今日的天下吗？王彦超几句话说得赵匡胤满心欢喜，哈哈大笑。

王彦超当日没有收留赵匡胤确实是看不上他，但是，王彦超的不收留也在客观上成全了赵匡胤。赵匡胤重提旧事说明此事让他印象极深，王彦超智对赵匡胤说明王彦超反应机敏。赵匡胤点到为止，王彦超回答固然巧妙，但更重要的是赵匡胤不想公报私仇。这显示了新皇帝的容人雅量。

换位思考一下，王彦超没有收留当年的赵匡胤也完全正常。尽管赵匡胤日后当了大宋的开国皇帝，但在当时，在赵匡胤没有完成对自己的证明之前，谁会重用这个年轻人呢？人生最难的是证明自己。个人没有完成对自己的证明，就没有理由责怪他人没有重用自己。

第二站：随州。

离开复州，赵匡胤又到随州（今湖北随州市）去投奔董宗本，董宗本是赵弘殷的老朋友。董宗本接纳了他，但董宗本的儿子董遵诲年轻气盛，与赵匡胤脾气不合，多有摩擦，赵匡胤尽量避免与其正面冲突。但有一次，二人讨论兵战之事，赵匡胤一说这个就来劲儿，董遵诲理屈词穷，拂衣而起，勃然大怒。不能再看别人的脸色行事

彦超降阶顿首曰：「当时臣一刺史耳，勺水岂可容神龙乎？使臣纳陛下，陛下安有今日！」上大笑而罢。——《续资治通鉴长编》卷二

太祖微时，客游至汉东，依宗本，而遵诲凭藉父势，太祖每避之。……他日论兵战事，遵诲理多屈，拂衣而起。——《宋史·董遵诲传》

了，不能再仰人鼻息生存了，赵匡胤只能选择默默地离开。

登基之后，赵匡胤也没有忘记这件事，又把这件事拿出来温习一下。一次，他在殿上召见董遵诲，董遵诲大为惊恐，但没想到赵匡胤不念旧恶，反而提拔了他，又派人把他失散多年的母亲找回来，董遵诲感动得要死，忠心耿耿，终成一位著名的边将。这件事让我们发现赵匡胤能够君临天下的一个重要因素：善待部下。史书上还说，赵匡胤在随州时，董遵诲常常看到城上有紫色的祥云，又经常梦见一条百尺余的长蛇在雷电交加中化作飞龙而去。赵匡胤离开后，董遵诲就再也没看到那如盖的祥云，也不再梦见蛇化为龙。赵匡胤召见董遵诲的时候，问他，你还记得往日的紫云和化龙的梦吗？董遵诲吓得啥也不敢说，只是高呼万岁而已。这些记载当然是齐东野语了。

善待当年没有礼遇自己的董遵诲再次显示了赵匡胤的容人雅量。即使是以前曾经对自己不友好的人，他仍然能够团结、关照。赵匡胤的人格魅力恰恰在这些地方闪烁着人性的光芒。

多年后，赵匡胤仍然清晰地记得这些事情，说明当初他离家寻找发展机遇时，不断碰钉子、吃闭门羹、遭人冷遇、不受人待见的事情给了他很大刺激，并铭记在心。正是这些遭遇、这些阅历、这些荣辱，

> 遵诲尝谓太祖曰：'每见城上紫云如盖，又梦登高台，遇黑蛇约长百尺余，俄化龙飞腾东北去，雷电随之，是何祥也？'太祖皆不对。……太祖乃辞宗本去，自是紫云渐散。及即位，一日，便殿召见，遵诲伏地请死，帝令左右扶起，因论之曰：'卿尚记往日紫云及龙化之梦乎？'遵诲再拜呼万岁。——《宋史·董遵诲传》

构成了赵匡胤成功的无形资本,成为激发他不断奋进的内在动力。

第三站:郭威。

后来,在襄阳一位世外高僧的指点之下,赵匡胤北上,投奔了郭威。宋代一些笔记中说,襄阳的这位高僧具有超人的预见能力,知道赵匡胤就是未来的皇帝,又是送盘缠,又是指点迷津。其实,当时赵匡胤已经游荡到国家边境了,不北上就只有出国了。

赵匡胤投奔郭威时,郭威还没有成为帝王,他正在为后汉西征、平定地方叛乱的途中。

赵匡胤和郭威的这次会晤具有"历史性"意义。他们两位,后来一个成了后周的开国之君,一个成了大宋的开国皇帝。从长远来看,大宋王朝统一江山的宏伟大业从这个时候就已经起步了。

投奔郭威是赵匡胤人生的第一个幸运转折点,因为他跟对了人。赵匡胤跟随郭威,有三大收获:

一是长了见识。

郭威在后汉时期就是一个响当当的人物。

后汉的开国皇帝叫刘知远,刘知远能够坐上皇帝的宝座,郭威是立了大功的,因此被封为枢密使副使,这是管理国家军队的一个要职。刘知远只当了一年皇帝就死掉了,他的儿子刘承祐即位,史称汉隐帝。郭威升迁为正职枢密使,加同中书门下平章事(相当于宰相)。再

> 汉初,漫游无所遇,舍襄阳僧寺,有老僧善术数,顾曰:『吾厚赆汝,北往则有遇矣。』——《宋史·太祖本纪》

后来，他统率大军平定了长安、河中、凤翔三镇的地方叛乱，被加封为检校太师兼侍中，接着又北伐契丹大捷，被任命为邺都留守、天雄军节度使兼枢密使，总领河北诸州军政要务，权重一时。悲剧往往就是从这个时候开始的。

郭威镇守河朔，主政邺都，在内侄柴荣的辅佐下，招兵买马，抵御契丹入侵；安抚百姓，一方晏然。声誉鹊起，功高震主，理所当然地引起了汉隐帝的猜忌。于是汉隐帝派使者下诏诛杀郭威，并斩杀了郭威在京都开封的家人。郭威一怒之下，统率大军，直取京师开封，双方在开封城外展开激战，结果乱战之中汉隐帝被杀。

郭威进驻开封以后，没有立即称帝，而是让太后先主持大事，以安人心，还派人去徐州迎接刘赟来继位，以此稳定宗室。

郭威为什么不立即称帝呢？

汉隐帝虽死，但尚有河东刘崇、徐州刘赟、许州刘信三个宗室藩镇。如果立即称帝，三镇可能以"兴复"为名，联兵杀来。为分化政敌，减少夺权阻力，郭威采取了佯立嗣君之策，麻痹刘氏宗室，再伺机自立。

刘赟乃刘崇之子，刘知远录为己子，又居要地徐州。立刘崇，非郭威所愿。立刘信，刘崇父子可能不服。郭威拟假太后之命立刘赟。刘崇因自己儿子被立，不会有所行动，使"两镇息谋"。等到刘赟离镇已远，距京稍近，伺机除掉。又乘刘信不备，秘密派军包围。这样，即使刘崇举兵，也孤掌难鸣。于是太后派遣使者迎立刘赟。刘赟上路。刘崇得知汉隐帝被杀，本想举兵南下，听说立了刘赟，立即罢兵，并杀了向他揭穿郭威计谋的太原少尹李骧。刘信亦遣子往徐州迎刘赟。

乾祐三年冬，突然传来契丹南侵的消息，李太后命郭威前往迎敌。大军行至澶州（今河南濮阳市一带）时发生兵变，将士们不顾郭威推辞，将一面黄旗披在郭威身上，高呼万岁。队伍返回京城，郭威上书太后：事出意外，迫不得已。李太后也"懂事"，宣布废刘赟为湘阴公，郭威监国。接下来，百官屡次上表劝进。次年正月，郭威名正言顺地成为一代君主，定国号周，改元广顺，史称后周。

当刘氏宗室庆幸大乱之后得以继统时，郭威回军开封，并派京城亲信郭崇急去宋州（今河南商丘市）将刘赟幽于别馆。包围许州的军队开进城中，刘信自杀。三镇去其二，刘崇对郭威篡夺后汉皇位也无可奈何了。

战争之中，将领士兵死伤是不可避免的。郭威全家被诛，连婴儿小孩都没有幸免，后汉隐帝也被乱兵杀死。

赵匡胤追随郭威，从平定三镇到攻占开封，从笼络人心到郭威黄旗加身，成了后周的太祖，这一系列事件，在当时，绝对没有人想到会对后世产生多么深远的影响。因为赵匡胤一边参与这些事件，一边端详、一边琢磨，从中汲取经验。他跟随郭威学到了很多：如何排兵布阵，如何凝聚人心，如何鼓舞士气，如何抓住机遇，没有机遇如何制造机遇，没有困难如何创造困难（外敌入侵），如何做足文章，如何名正言顺，等等。十年以后，相似的一幕重演——历史总会惊人地相似。对于赵匡胤来讲，郭威的称帝成了赵匡胤走向人生巅峰的一次彩排。不过，这一次赵匡胤还是个跑龙套的，等到下次他就是男一号兼总导演了。

二是晋升为官员。

由于赵匡胤积极参与拥立郭威,郭威称帝后便提拔他为东西班行首(领班)。虽然只是个掌管禁军的基层干部,然而这是非常关键的一步,这表明赵匡胤已经完成了从一个普通士兵向官员的转变,迈出了他飞黄腾达的第一步。果然,此后不久,又加拜滑州(今河南安阳市)副指挥使。

士兵再有名,永远只是一个兵;官员的官阶再低仍然是官;更重要的是,只有当上小官,才有可能晋升高官。

三是有了新机遇。

当初郭威起兵时,汉隐帝诛杀了他在京的举家老小,郭威便专心培养自己的内侄、养子柴荣。后周政权建立后,柴荣升任澶州节度使、检校太保,后又被任命为开封尹(掌管京都的最高行政长官)。这明摆着是将柴荣作为后周王朝皇位继承人培养的。

赵匡胤跟随郭威,也结识了郭威的养子柴荣。

柴荣看中了赵匡胤这个年轻人。

这是赵匡胤人生的第二个幸运转折点。

征得郭威同意,柴荣将赵匡胤调至京城,安排在自己身边,担任开封府马直军使(负责京城骑兵的官职)。从地方的一个军队副职,荣升为京都的军队长官,这是赵匡胤军旅生涯中的又一次关键性转折。因为这是从地方到京城任职,所以,理所当然成为赵匡胤人生中又一个关键时刻。

显德元年(954)正月,郭威因病去世,柴荣即位,史称周世宗。这一年,柴荣三十四岁。几年以后的赵匡胤登基时,也是三十四岁,这实在是历史的巧合。

新即位的皇帝第一步就是调整人事安排。人事安排的关键是安插自己的人。机会再次降临，赵匡胤被调任中央禁军。从京官荣升"中直部门"官员，这又是一次飞跃。这次调整是伴随着柴荣的角色转换完成的。这时，赵匡胤和他的父亲"分典禁兵，一时荣之"《宋史·太祖本纪一》。

赵匡胤从一个普通士兵，到东西班行首，加拜滑州副指挥使，再到开封府马直军使；再到禁军将领，三个转折一气呵成。长江后浪推前浪，赵弘殷奋斗了近四十年的业绩，在他儿子这里不到三年时间便实现了。这就叫机遇！

只有可遇而不可求者才叫机遇，机遇往往比才干更重要。一个人由于有了机遇，往往在短时间内就可以完成一生中的历史性转变。

周世宗即位一个月，北汉与契丹联合南侵，意欲一举吞灭后周。新登基的柴荣能否担当起保家卫国的大任呢？深受柴荣知遇的赵匡胤能否不负新皇帝的期望？这又会给赵匡胤带来怎样的契机呢？

历史从这里开始

北汉的这次入侵不是没有理由的。

第一，杀子之仇。

当时的北汉皇帝是刘崇（称帝后改名旻），他是后汉高祖刘知远的弟弟，一直坐镇河东（今山西）。郭威起兵消灭汉隐帝进入开封的时候，为了稳定政局，曾经假惺惺地立正在徐州做节度使的刘赟为帝，刘赟是刘知远的养子，刘崇的儿子。不过，郭威很快就将其废掉，又派人到宋州拦截正往开封来的刘赟，将其杀掉。可怜的刘赟，东京的龙椅一天也没坐过，就被当成前朝末帝给废了。你想，他爹刘崇心里能痛快吗？

第二，夺国之恨。

刘家的天下硬生生地成了郭威的天下，他心里能平衡吗？就这样，刘崇占据河东十几个州，在太原称帝，继续使用后汉的乾祐年号，以示正宗。

第三，机会来了。

郭威在世时，刘崇慑于后周的力量，一直没敢行动，因为自己的力量太弱了，于是就依附契丹，时刻寻找复仇的机会。

郭威去世、柴荣即位之后，刘崇认为机会来了，于是联合也时刻觊觎中原的契丹，举兵南下。刚刚即位一个月的柴荣意欲亲征，但后周朝廷形成了两派意见。

一派坚决反对天子亲征，以老臣冯道为代表。冯道在五代时期的后四个朝代均做高官，是典型的"不倒翁"。他自恃阅历丰富，政治经验老到，坚决反对皇帝亲征。他的理由很充足：

一是敏感期。新君即位，国家正处于新旧政权交替的非常时期，在这样的政治敏感期，人心容易动摇，不宜亲征。

二是军心不稳。禁军中骄兵悍将不少，军心不稳，在动辄卖主求荣的那个时代，军前倒戈之事屡见不鲜，新皇帝亲征，危机四伏。

三是刘崇不敢亲征。刘崇从平阳（今山西临汾市）逃跑后，势力缩小，士气沮丧，必定不敢亲自来战。所以冯道认为：皇帝没有必要亲自出征，只需坐镇京师，派兵遣将前往迎敌就够了。

冯道的理由除了第三条有点忽悠人的意思，前两条都是事实，是实实在在摆在面前的危机。

但是，柴荣仍然决定亲征。

他决定亲征，有三个重要原因：

第一，掌握禁军。

帝王坐镇京师，不见得就是万全之策，只能算是一种苟且偷安的做法。一旦军情有变，鞭长莫及，这也是本朝刚刚实践过的事情。御驾亲征，是有危险，但能就近加强对禁军的控制，防患于未然，而且能够鼓舞士气，获胜的概率会更大。在那时，只要能掌控军队，社会就会稳定。

第二，内有底气。

柴荣此前已经组织了自己的班底，提拔了一批少壮派，如张永德、赵匡胤等，这批人是他亲征的有力保障，也是柴荣亲征的底气所在。

朝堂之上，公开力挺周世宗柴荣的只有王溥一人。不过，周世宗的背后站着一大批他刚提拔不久的青年将领，因此，他不顾那帮老家伙的聒噪，毅然亲征。

第三，外树权威。

柴荣即位之前，郭威曾对国家重要领导尤其是禁军领导做了一些调整，希望能给柴荣创造一个比较顺利的上任环境，但也引起了一些禁军将领的不满。不少禁军将领对柴荣尚处于观望之中。柴荣对这些情况了如指掌，所以，他必须亲征。因为这是他树立权威、征服骄兵悍将的绝佳机会。

赵匡胤跟随周世宗柴荣，遭遇了他一生中最为关键、最为重要的一仗——高平之战。

在周世宗的督促、激励下，后周军队迅速向北行进，在高平（今山西高平市）与北汉军队遭遇。后周军队分左、中、右三路分列布阵。但战争一开始，右路军崩盘，指挥使樊爱能、何徽带领骑兵望风而逃，步兵则丢盔弃甲，纷纷投降北汉。虽然这在当时的战争中并不算什么新鲜事，但仗刚开打，就有人逃跑，就缴械投降，显然是非常影响士气的，弄不好会全军覆没。

形势危急，周世宗亲自出马督战。赵匡胤当时任后周侍卫将领，与张永德一起，负责皇帝的安全。眼见皇帝身处险境，他高喊：主上如此危险，我等怎能不拼命！又对张永德说：贼寇只不过气焰嚣张，我们全力作战可以将其打败！您手下有许多能左手射箭的士兵，请领兵登上高处出击作为左翼，我领兵作为右翼攻击敌军。国家安危存亡，在此一举。二人各自率领两千人发动攻击。赵匡胤身先士卒，一马当先，冲向北汉前锋，锐不可当。在他的带领之下，士兵们勇气倍增，豁出性命，拼死战斗，无不以一当百。北汉军队全面崩溃，刘崇慌忙逃窜，契丹军队不战而退。后周军队乘胜追击，围攻太原城，火烧城门，在战斗中赵匡胤被流矢射中左臂，仍勇往直前，这一点很像他的父亲。

结果，高平一战，后周大获全胜。

> 贼气骄，力战可破也。公麾下多能左射者，请引兵乘高出为左翼，我引兵为右翼以击之，国家安危，在此一举。——《资治通鉴》卷二九一

战后，柴荣立即拘捕樊爱能、何徽以及所部军使以上的军官七十多人，按军法处置，一律斩杀。从此，骄横的将领、怠惰的士兵领略了新皇帝的权威，开始知道军法的可怕。

对柴荣而言，高平之战不仅是关系后周生死存亡的大决战，也是一次重大的政治考验。柴荣不但取得了大捷，而且树立了权威，并借此顺利完成了后周禁军全面的新旧更替。

高平之战中的赵匡胤，担负着统领侍卫亲兵、直接保卫皇帝安全的重任，高平之战是赵匡胤人生的第三个幸运转折点。

这场战争的胜利让赵匡胤获得四大成果：

第一，赢得威名。赵匡胤在高平战场上骁勇的表现让他在禁军上下名声大振。一个人的成名非常不易，需要诸多条件，缺了任何一个条件都无法成名。高平之战使赵匡胤一战成名，而且是在后周的禁军中获得了威名。虽然威名仅仅是一个名，但伴随着威名而来的却是一连串意想不到的收获。

第二，建立重要关系。柴荣集团有一个关键人物张永德。张永德是郭威的女婿，是后周军中最炙手可热的人物。当时张永德为殿前都指挥使，赵匡胤是他的下属，高平之战中二人协同作战是大获全胜的根本，张永德非常欣赏赵匡胤的谋略与气度。张永德的高度赏识，

责之曰：『汝曹皆累朝宿将，非不能战；今望风奔遁者，无他，正欲以朕为奇货，卖与刘崇耳！』悉斩之。……自是骄将惰卒始知所惧，不行姑息之政矣。——《资治通鉴》卷二九一

成为赵匡胤在殿前军中步步高升的重要因素。

第三，荣升高级将领。战后论功行赏，赵匡胤被提升为殿前都虞候，并领严州刺史，开始跃居禁军高级将领的行列。成为高级将领是人生中可遇不可求的幸运，赵匡胤经过高平一战即荣升禁军高级将领，实属人生大大的幸运。

第四，获得新机遇。高平之战暴露出后周军队致命的弱点，因此，周世宗决定严加整顿，命赵匡胤负责此事。

整军对赵匡胤来说是一次千载难逢的机遇。整军意味着对禁军人员的裁汰、升降，这是掌握禁军实权的一大机遇。赵匡胤将如何去做呢？

机遇一再光顾就是奇迹

高平之战虽然取得大捷，但周世宗柴荣并没有满足。这一战暴露的许多问题令人深思：将领骄悍，贪生怕死；士兵老弱，队伍不整；军法不严，号令不听。因此才会发生临战脱逃、弃甲投降的事情，差点坏了大事。

为什么身为大将的樊爱能、何徽敢带头逃跑？既然犯了军法，事后为什么还敢返回军营？为什么战争刚刚开始步兵就弃甲投降？为什么后周不能乘胜吞灭北汉？

当年十月，周世宗下令整顿禁军。负责这件事的则是刚刚被提拔为殿前都虞候的赵匡胤。

赵匡胤是如何做的呢？他做了三个方面的工作：

第一，裁员。

以前的禁军是累朝延续下来的，年龄不齐，老弱病残，未能及时选拔淘汰，战斗中步调很难一致，大大影响了战斗力。所以，首先要淘汰军队中年老体弱之人。

第二，精选。

以前勇猛的士兵多被地方节度使掌握，这既不利于皇权稳固，又导致禁军缺乏战斗力。因此，下诏招募天下壮士，选择其中优秀者，专门编成一军，称殿前诸班，最高将领为殿前都点检。殿前都点检是赵匡胤陈桥兵变时的职位，殿前禁军也是赵匡胤一手打造出来的。

第三，平衡。

高平之战前，侍卫司的兵力、实力远远高于殿前司。高平之战后，赵匡胤将原属侍卫司的精壮力量补充到殿前司，新招募的天下壮士也被赵匡胤优先选拔到殿前司。殿前司兵员大增，战斗力明显提高。殿前、侍卫二司的实力已大致均衡。

整顿完成以后，周世宗亲临阅兵。一支兵强马壮的军队打造完成，为周世宗下一步"工作计划"的实施提供了坚强的保障。

对赵匡胤而言，这次整顿具有至关重要的意义。

一是在禁军中打下坚实的基础。赵匡胤是奉诏整

诸军士伍，无不精当。由是兵甲之盛，近代无比，且减冗食之费焉。——《旧五代史·周书·世宗纪二》（中华书局2015年修订本）

顿禁军，对基层军官有直接决定权，他重用了一批基层军官，为自己打下了坚实的群众基础。

二是平衡殿前、侍卫两司的力量。如果陈桥兵变是赵匡胤策划导演的，他依靠的主要力量应当是殿前司。这次奉诏整军已经为此后的兵变打下了基础。

三是建立起自己的一个派系。据说，赵匡胤的"义社十兄弟"集团就是在这个时候初步形成的，其中多人在殿前司各军担任中级将领。这些将领后来成为赵匡胤的心腹与左膀右臂。

关系后周生死存亡的高平一战，使年轻的赵匡胤脱颖而出，深得周世宗的赏识与信赖。经过努力，赵匡胤已经进入了周世宗的心腹集团。接下来的整顿禁军，是赵匡胤以国家名义完成的一次个人实力的扩充。所以，大宋三百多年的基业，与这场战争有着不可分割的关系，因此后世史学家津津乐道地评议：高平之战是赵匡胤"皇业肇基"的开始。

周世宗被后人誉为五代第一明君，绝非虚名。他是一个励精图治的皇帝。高平之战后，周世宗的威望大大提高，他整顿军队，革新禁军，安抚百姓，兴修水利，治理河患，一系列富国安民的措施按部就班地实施。周世宗是一个有宏伟抱负的皇帝，一个完整的军事战略宏图早已在他脑海中形成，他的下一个目标就是统一全国。

新的机遇在呼唤赵匡胤，在接下来后周统一大业的征途中，赵匡胤又立下了哪些奇功呢？

关键先生

三

高平之战胜利后,周世宗有两大收获:一是在后周打出了权威,二是对北汉打出了威风。遭受重创的北汉在很长一段时间内不敢也没有能力大规模南侵。赢得了宝贵的稳定局面,加上整顿禁军之后军队战斗力增强,周世宗开始实施他统一天下的宏伟计划。当时天下纷乱,从哪里下手才更有利于计划的实施?在周世宗统一天下的进程中,赵匡胤立下了哪些奇功呢?

先试试刀

显德二年(955)四月，周世宗举行了一场"公务员"测试，测试的题目有两个，其中一个是《平边策》。"平边策"三字，顾名思义就是平定边地的方略。周世宗出这个考题明显是为了寻求统一天下的大政方略，关键是首先对哪个政权用兵。

当时后周的北面是北汉和契丹，南面是南唐，西南是后蜀。

参加考试的是翰林学士承旨(学士中资格最老的)以下的二十多位"文学之士"，周世宗亲自阅卷。大多数"考生"并没有揣摩透领导的出题意图，泛泛而谈，大讲"修文德、来远人"的政策，主张修明政治，通过大兴文教提高国家自身吸引力的办法使远方国家纷纷归附。

这个办法行不行呢？从理论上讲，是有可能的，但肯定需要很长的时间。通过征讨统一天下，这是周世宗内心已然定好的政策，现在只是需要讨论一下先打谁更有把握，需要规划一下征讨的先后顺序。因此，这些"迂腐"的想法自然不会打动周世宗。然而，其中有一篇策论，切中了周世宗的心思，令他眼前一亮，内心激动，神采飞扬。这篇策论是谁写的呢？

写这篇策论的是比部郎中王朴。他的《平边策》规划出了后周王朝统一天下的基本原则与具体步骤：先攻打南方长江以北诸州，其次长江以南，再次后蜀，再次契丹，最后北汉，如此，则天下"席卷可平矣"《资治通鉴》卷二九二。

天下"席卷可平"正是周世宗梦寐以求的最佳效果。读完之后，周世宗心潮澎湃，一个完整详细的攻伐步骤在周世宗脑海中清晰起来：先南后北，先易后难。第一步，先收拾南方第一大国南唐。

和五代同时期的"十国"在历史上的名气都不是很大，其中名气最大和实力最强的是南唐。南唐是十国中最大、最富庶的国家。

周世宗为什么要选择南唐作为第一打击对象呢？因为南唐和后周有两千里的边界线，这样一种现状决定了南唐防死后周几乎是不可能的。后周如果打南唐，南唐就会防不胜防。按王朴的规划，应率先从南唐防守薄弱的地方下手。他们重点防东，我们可以攻打西边；他们重点防守西部，我们可以攻打东部。通过调动对方，我们可以知道南唐的虚实强弱。我们不用大规模出兵，只用少数兵力骚扰他们。一旦我们采取行动，他们必然要派大军应对。如果他们不出动大批兵力，我们就可以立即获利；如果他们屡屡大举调兵，必然把国家搞得疲惫不堪。一旦南唐被搞得筋疲力尽，他们江北的各州就将被我们所占。占了南唐的江北之地，再利用江北的民力攻打江南，拿下南唐，亦非难事。

王朴的意见得到了周世宗的高度认同。但是，出乎意料的是，周世宗下定了率先解决南唐的决心后并没有立即对南唐用兵。

帝自高平克捷之后，尝训兵讲武，思混一天下，及览其策，欣然听纳。由是图南之意益坚矣。——《册府元龟》卷一〇四（凤凰出版社2006年版）

攻取之道，从易者始。当今吴国，东至海，南至江，可挠之地二千里。从少备处先挠之，备东则挠西，备西则挠东，必奔走以救其弊。奔走之间，可以知彼之虚实、众之强弱，攻虚击弱，则所向无前矣。勿大举，但以轻兵挠之。彼人怯，知我师入其地，必大发以来应，数大发则必民困而国竭，一不大发则我获其利，彼竭我利，则江北诸州乃国家之所有也。既得江北，则用彼之民，扬我之兵，江之南亦不难而平之也。——《旧五代史·周书·王朴传》

当年四月，周世宗下诏：收复后蜀占领的秦（今甘肃秦安县）、凤（今陕西凤县）、成（今甘肃成县）、阶（今甘肃陇南市武都区）四州，这四个州本来属于中原王朝，在后晋时期朝廷无暇顾及的时候被后蜀给抢去了，此后一直没有抽出空闲拿回来。

周世宗这一手令人费解。其实，周世宗收复四州只不过是征伐南唐的前奏，是一次大举用兵的试验。

周师初战大捷，后来又连续打了几次胜仗，但由于后周军队长途劳顿、粮食等军需物资又没有及时跟上，后周的这次练兵很快就陷于停滞状态。打还是撤，成了一大问题。后周朝廷里以宰相为首的大部分大臣主张撤兵。这当然不是周世宗希望看到的，统一大业尚未行动，岂能就此夭折？但是怎么解决这个问题呢？

关键时刻，赵匡胤登场了。

周世宗命令赵匡胤即刻亲往前线视察战局，摸清实情，再做决定。

赵匡胤亲临前沿阵地，详细了解双方攻战之势。调研的结论是：四州完全可以拿下。他回京后立刻向世宗汇报，正合世宗心意。果然，此后捷报频传，几个月后，四州全部收复。

这次征伐中，赵匡胤作为朝廷特派观察员，一下子被推到朝廷纷争的中心，处在一个很尴尬的境地。他做

> 先是，帝以西师久次，艰于粮运，命令上乘驿赴军前，以观攻战之势。及回，具以事势上奏，帝甚悦，至是果成功焉。——《旧五代史·周书·世宗纪二》

出的每一种结论，都极有可能影响他的前程。主张撤兵，周世宗统一天下的雄心刚刚开始就遭遇如此挫折，内心肯定是极度郁闷，这种情绪有可能发泄到观察员身上；主张继续攻打，就等于站在宰相等朝廷大臣要员的对立面，万一不胜，前途难卜。

作为特派员的赵匡胤经过调研判断出四州可下，这是"识"，是见识超人；能够毫无保留地说出自己的见解，这叫"胆"。赵匡胤的"四州可下"显示了他是一个有胆有识的人。

赵匡胤敏锐的观察力、精准的判断力、果敢的决定能力，淋漓尽致地发挥出来，这正是一个优秀决策者必须具备的综合素质。

赵匡胤进一步赢得了周世宗的赏识。

西征胜利，周世宗牛刀小试，接下来就是征讨南唐。这场仗要怎样打呢？

初征南唐

后周显德二年（955）十一月，周世宗兵发东京，剑指南唐的门户、军事重镇寿州（今安徽寿县），正式拉开了南征的帷幕。

南唐的创始者叫李昪（biàn）。李昪没有多少知名度，但他有一个宝贝孙子，可以说人人皆知，就是南唐后主李煜。而此时周世宗柴荣的对手是李煜的父亲——南唐中主李璟（后因避郭威高祖郭璟讳而称李景）。

当时的李璟，正沉浸在春花秋月之中享受生活呢。这位"性和柔，好文章"《资治通鉴》卷二九二，擅长吟风月弄花草的文艺爱好者，能否挡得住气势如虹的后周大军呢？具备纤弱的文学气质的一家人，能

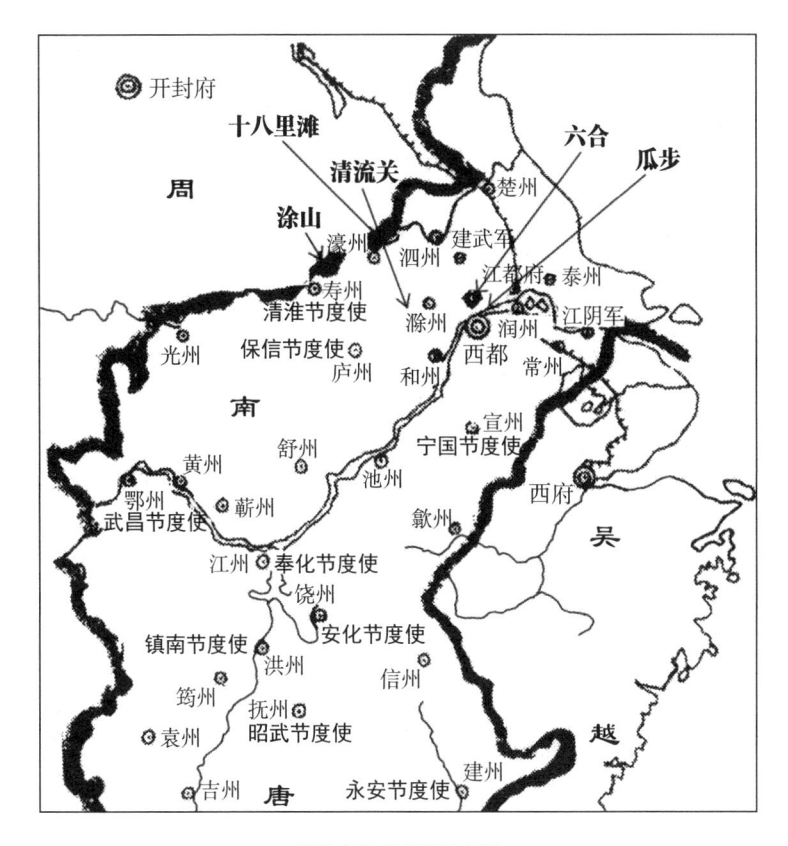

周世宗征伐南唐示意图

不能担负起保家卫国的责任呢?

后周的军队一开始就在寿州外围连续击败南唐的小股部队,但周世宗心里明白:这些都还是小打小闹,两国之间真正的军事较量还没有全面展开。当他得知南唐开始大规模向寿州增兵时,毅然决定亲征。

显德三年(956)正月,周世宗统率大军,从东京出发,开始了对南唐的第一次亲征。赵匡胤作为殿前禁军领导，负责保卫皇帝的人身安全，自然要从征，他的父亲赵弘殷也随从南征。俗语讲"打仗亲兄弟，上阵父子兵"，这一次赵匡胤父子真是证明了这句话。

几天后，周世宗在赵匡胤一行护卫之下，到达寿州城下，在淝水（今安徽寿县东南）北岸驻扎。公元383年，东晋与前秦曾在此大战，当时东晋曾以八万军队大败前秦八十万大军，创造了中国历史上以少胜多的神话。

周世宗下令征调了周围州城的数十万民夫，昼夜不停，轮番攻城。柴荣亲率六师，把寿州城围了好几圈。后周军队在场面上很占优势，但守卫寿州的刘仁赡也不是一盏省油的灯：任凭你杀声震天，我就是坚壁不出。

双方一时陷于僵持状态。

但是，形势的发展逐渐对后周不利，因为南唐的援军开始一批批到达寿州附近。

当时南唐一万多兵马将船只停靠在淮河上，在涂山（在今安徽蚌埠市境内）山脚下宿营。涂山在寿州的东北，先前退守滁州的皇甫晖的军队处于寿州的东南。这样，南唐的援军从东北和东南对后周军队形成了反包围的态势。

寿州城一时难以吃下，后周的军队腹背受敌，形势非常不利。当务之急，必须先解决南唐的援军。此时，后周的各路大军都在围攻寿州城，这些军队不能随便调动。一旦调这些军队去对付南唐援军，守寿州的刘仁赡一定不会放过这个机会，他会主动出城战斗，后周军队照样会腹背受敌。那么，谁来承担清理寿州外围南唐援军这项重任呢?

关键时刻,赵匡胤出场。

涂山的唐军离寿州较近,可以沿着淮河迅速到达寿州,因此必须先解决这部分军队。赵匡胤得令,立刻率领数千精锐骑兵赶往涂山。当时敌军势众,有一万多人,且以水军为主,而周军只有数千人,都是陆军,如果正面直接交锋,赵匡胤的胜算不大。这场仗只能智取,不能强攻。赵匡胤采取了引蛇出洞的办法。

赵匡胤命令大队人马埋伏在离唐军数里的涡口(涡水入淮之外,在今安徽怀远县东北),然后派遣一百多骑兵进逼南唐军营,交战未久,周军假装不敌,迅速逃遁,赵匡胤令数人弃马而逃,制造假象,迷惑唐军。果然,南唐军队大喜,一路追杀,就这样进了后周军队的埋伏圈。埋伏的后周部队在涡口来了个瓮中捉鳖,大败南唐军队,撕裂了唐军的反包围圈,解除了东北面唐军的威胁。

下一步,还必须解除来自东南方皇甫晖的威胁。

当时,皇甫晖在清流关驻扎了十万唐军,占尽地理优势,固若金汤,易守难攻。但聪明人不是用手而是用脑子打仗的,赵匡胤采取了"明修栈道,暗度陈仓"的策略。

赵匡胤兵分两路,兼程而行:一路摇旗呐喊,虚张声势,到达清流关下,做出要与唐军决战的姿态;另一路则偃旗息鼓,由赵匡胤亲自带领,悄悄绕到清流关背后。

皇甫晖等在山下列阵,正要与后周前锋部队交战,万万没想到"天上降下个赵匡胤",赵匡胤率兵从山后袭来。皇甫晖等大吃一惊,方寸全乱,仓皇逃窜,固若金汤的清流关就这样轻易失守。

赵匡胤乘胜追击，追至滁州城下。皇甫晖情急之下，打算毁断护城河桥坚守，没想到赵匡胤跃马跳过护城河，并指挥军队涉水而过，直抵城下。

皇甫晖在城上喊道：人都各为自己的主子效力，希望容我排好队列再战。赵匡胤笑着答应了他，像是很有君子风度，其实根本就没把南唐这位"骁勇无赖"《新五代史·皇甫晖传》的大将放在眼里。皇甫晖整顿部众出城，还没站稳，赵匡胤就抱住马脖子突破敌阵冲进去，大喊道：我只取皇甫晖，别的都不是我的敌人！他手持长剑攻击皇甫晖，刺中脑袋，生擒活捉，并擒获大将姚凤，滁州就这样拿下了。

南唐救援寿州的两路军队都被赵匡胤出其不意地收拾了，寿州城成为孤城一座。南唐皇帝李璟心中惊惧，三次派遣使者求和，并愿意割让江北六州进献后周，以奉大国。割献六个州，已经满足不了节节胜利的周世宗的胃口。因此后周一概不理，军队并没有停歇，接连攻下扬州、泰州等地。

李璟求和不成，只好硬着头皮抵抗，任命他的弟弟齐王李景达为元帅，疯狂反扑，竟然轻易地收复泰州，直指扬州。当时驻守扬州的是韩令坤，韩令坤见唐军来势凶猛，心中畏惧，赶紧向周世宗求援。

太祖皇帝跃马麾兵涉水，直抵城下。晖曰：『人各为其主，愿容成列而战。』太祖皇帝笑而许之。晖整众而出，太祖皇帝拥马颈突阵而入，大呼曰：『吾止取皇甫晖，他人非吾敌也！』手剑击晖，中脑，生擒之，并擒姚凤，遂克滁州。——《资治通鉴》卷二九二关键时刻，周世宗首先想到的又是赵匡胤。

赵匡胤得令，立刻出兵，带领区区两千人马，驰往六合（今江苏扬州市西），援助扬州。

此时，南唐李景达率领两万大军，从瓜步（今江苏南京市六合区东南）渡江，在距离六合二十余里处设栅栏驻扎。驻守扬州的韩令坤在南唐援军来临之前，已经心生怯意，欲弃扬州。

赵匡胤驻兵六合，下令：扬州兵有过六合者，一律斩断双腿。韩令坤是赵匡胤的发小，对赵匡胤太了解了。他深知赵匡胤是个说到做到的狠角色，无奈之下，韩令坤下定决心固守扬州。

> 太祖皇帝令曰："扬州兵有过六合者，折其足！"令坤始有固守之志。——《资治通鉴》卷二九三

双方兵力悬殊，赵匡胤安营扎寨，并不主动出击。手下有将领按捺不住，赵匡胤说：他们设立栅栏，安营扎寨，这分明是惧怕我们。但现在我们的军队仅有两千人马，如果要主动进攻，无疑暴露了我们的实力。最好的办法，是以静制动，以逸待劳，等着他们前来，然后就地将他们一一歼灭。就这样，双方僵持了几天，李景达沉不住气，倾兵前来，赵匡胤领兵迎击。士卒中有不尽力的，赵匡胤用剑在他们的皮笠上做了记号，收兵之后，将数十个胆小、偷懒的士卒砍下首级示众。第二天，双方再战，后周将士莫不玩命，以死相拼，唐军大败，当时就斩杀近五千人，其余的纷纷逃窜。周军乘胜追击，唐军渡江之时，混乱

> 彼设栅自固，惧我也。今吾众不满二千，若往击之，则彼见吾众寡矣；不如俟其来而击之，破之必矣！——《资治通鉴》卷二九三

不堪，又淹死不少。这场大战，赵匡胤以两千士卒将两万唐军杀得落花流水，江南精锐伤亡殆尽。

寿州城外，后周的军队不断胜利，但是，南唐守卫寿州的刘仁赡是块硬骨头，后周军队久攻不下，转眼已经半年。柴荣见暂时无法取得阶段性重大战果，决定回家看看，暂且回朝，令赵匡胤一道回京，并留下部队继续围困寿州。

赵匡胤这次从征南唐，以区区少数兵力，成功瓦解了南唐援军的反包围，取得了四次关键性的胜利：涡口大捷、清流关大捷、滁州大捷、六合大捷。

这四仗有三个共同特点：

第一，敌众我寡。赵匡胤所能统率的人马，只有殿前禁军区区几千人。但是，殿前禁军都是赵匡胤在高平之战后整顿禁军时精心挑选的精兵悍将，无不以一当十，具有强大的战斗力。

第二，以智取胜。赵匡胤具备精明的军事头脑。面对敌众我寡的局势，正面强攻绝对不占上风，因此必须用计，赵匡胤采取引蛇出洞、瓮中捉鳖、背后偷袭、以静制动的方法，迅速瓦解对手的阵容与攻势。

第三，乘胜追击。面对突如其来的后周军队，唐军摸不清虚实，军心立刻瓦解，士气不整，初战不胜，只能逃跑。赵匡胤则趁唐军逃跑时的混乱，乘胜追击，迅速消灭残余力量。

居数日，唐出兵趣六合，太祖皇帝奋击，大破之，杀获近五千人，余众尚万余，走渡江，争舟溺死者甚众，于是唐之精卒尽矣。——《资治通鉴》卷二九三周世宗的这次南征，后周的大队人马都在围攻军事重镇寿州。赵匡胤率领殿前禁军作为机动部队，四次在关键时刻取得关键胜利，成为名副其实的关键先生。

对于赵匡胤的英勇表现，世宗皇帝欣喜异常。回到开封后，赵匡胤从殿前都虞候升为殿前都指挥使。不久，又拜为定国军节度使。

对赵匡胤来说，这次升职非同寻常。殿前都虞候是后周禁军殿前司的高级将领，但只是殿前司高级将领中级别最低者。由都虞候到都指挥使是连升三级。都指挥使在殿前司的禁军高级将领中排名第三，离殿前司最高禁军将领只差副都点检一职了。

> 以太祖皇帝为定国节度使兼殿前都指挥使。——《资治通鉴》卷二九三

赵匡胤随周世宗初征南唐得到的不仅仅是职位的升迁，更重要的是他得到了周世宗的信赖。这一点让赵匡胤的人生发生了质的变化。他不再是后周禁军中的低级军官，也不是无足轻重的小人物，他成了后周军中冉冉升起的一颗新星。

再征南唐

回到东京后，柴荣总结了初征南唐的经验教训，深感周军水师欠缺，与南唐交兵像一个瘸子与一个健康人摔跤，大受制约，因此命令在城西汴河岸边设立造

船厂，造战船数百艘，又命南唐降兵协助操练。数月以后，后周水师的战斗力与南唐水师已经不相上下。

淮南前线，李璟不断增兵，军队迅速汇集到寿春附近，驻扎于紫金山，如连珠般排列了十余寨，与寿州城中烽火通信，遥相呼应。

眨眼间，时间到了显德四年（957）正月。屈指算来，后周军队对寿州的围困已满一年，城内虽然已经人困马乏，但守将刘仁赡治军谨严，守城有方，周军仍难以攻下，将士中多有退兵之心。

寿州被围已久，危在旦夕，如果此时退兵，后周的征伐就会前功尽弃。为了鼓舞士气，震慑南唐援军，周世宗决定再次亲征，赵匡胤随行。

三月，周世宗到达寿州，驻扎于紫金山下。

刘仁赡死守，就是寄希望于南唐的援军。既然刘仁赡不出城作战，那就让刘仁赡的希望彻底破灭，困死刘仁赡。所以，周世宗命令赵匡胤率领殿前诸军，先歼灭外围的南唐援军。赵匡胤率军势如破竹，所到必胜，将寿州外围诸寨一一拿下，缴获甚多，杀敌甚众。

唐军只有逃跑的份儿，余众仓皇沿淮水东窜。后周军队则分三路追歼：一是沿淮河水路，一路由周世宗带领沿淮河北岸，一路则由赵匡胤带队沿淮河南岸。三路大军联合追伐南唐溃军，一直追了二百余里。南唐军队逃都没地方逃：上天无路，上岸不行，入水淹

及还京，遂于京城西汴河之涘造战船数百艘。及成，又命于降卒中选水工数百，与我师同习水战。数月之后，纵横出没，殆胜于吴师矣。——《册府元龟》卷一二四

死,上岸杀死,只能投降。这一战,唐军被杀死的、淹死的、投降的,将近四万人。寿州城外围南唐军队被全部清歼。

寿州被困一年多,城内弹尽粮绝,现在外围的援兵又被赵匡胤打得如此彻底,寿州城真是孤立无援了。

刘仁赡听说援兵溃败,扼腕叹息,知道大势已去,忧思成疾,上表乞降。

南唐的重要门户、军事重镇寿州城,经过后周军队一年零四个月的持续围困,终于失守。

啃下刘仁赡这块硬骨头,拿下寿州,周世宗终于了却了一桩心事,非常高兴。因为攻下了寿州这个军事重镇,接下来的战斗会轻松很多,先回家休息休息再说。于是周世宗又车驾还京,赵匡胤随驾北归。

赵匡胤这次随征,完成了两件大事:

一是清剿了寿州城外围驻扎的南唐军队。

二是沿淮河南岸追杀逃兵,彻底清除了南唐援军。

这两件事都很关键,它彻底摧毁了刘仁赡仅存的希望,只能投降。因此说,赵匡胤虽然没有直接围攻寿州,却是拿下寿州的关键人物。

回京之后,赵匡胤被加拜义成军节度使,加检校太保,仍担任殿前都指挥使。

寿州是南唐的军事重镇,现在被后周占领,李璟会不会做最后的抵抗呢?

> 丙午,寿州刘仁赡上表乞降,帝遣阁门使张保续入城慰抚。翌日,仁赡复令子崇让上表请罪。戊申,幸寿州城北;刘仁赡与将佐已下及兵士万余人出降。——《旧五代史·周书·世宗纪四》

三征南唐

这次,周世宗没歇多长时间。显德四年(957)十月,他第三次南征。不几日,后周大军渡过淮水,在濠州(今安徽凤阳县)城西安营扎寨。

当时,南唐军队驻扎在濠州东北的十八里滩。河滩广袤数里,四周淮水环绕,淮河水深,唐军又在周围设置栅栏,停泊船只。唐军凭借此种地利,以为后周军队一定不能渡水而战。哪知周世宗这次是有备而来,带来了大量骆驼,命甲士跨骆驼渡河,直取十八里滩。赵匡胤更是骑马而渡,一鼓作气,大破唐军水寨,烧毁战舰七十余艘,斩两千首级,濠州失守。

赵匡胤沿着淮河,指挥大军,乘胜追击,一一拿下沿河诸寨,直抵泗州(今江苏盱眙县)城下,南唐守将举城投降。

击破泗州,后周又采取老办法,三路大军并进。周世宗率兵由淮水北岸,命赵匡胤于淮水南岸,又命诸将乘战舰沿淮前进,继续东下。后周大军气势如虹,且战且行,金鼓之声,传数十里,直至楚州(今江苏淮安市)城下。赵匡胤在楚州城北,冒着枪林弹雨,一马当先,率众攻城,遂攻克楚州。

就这样,濠州、泗州、楚州,一一攻克。

显德五年(958)三月初十,周世宗前往迎銮镇(在今

> 遂鼓行而东,以追奔寇,昼夜不息,沿淮城栅,所至皆下。——《旧五代史·周书·世宗纪四》

> 己未,至清口,方舟以济。庚申,追及淮贼。是夜,月色如练,步骑数万夹淮,舟师沿流且战且行,金鼓之声闻数十里。——《册府元龟》卷一一八

江苏仪征市境内），再次到达长江口，他命令赵匡胤率领战舰驶入长江，攻击唐船，一直将南唐水师追到长江南岸，焚烧唐军营寨，大胜而回。

南唐长江北线全面失守，后周军队开始摆出渡江作战的态势。

唐军屡战屡败的消息不断传至南唐皇帝李璟那里，这位善于享受生活的皇帝再也潇洒不起来了。他派遣使者奉表渡江，愿意去帝号，奉周正朔，割让江北十四州，划江为界，并奉送大量财物，乞降。

至此，长达近三年的南唐和后周的淮南争夺战落下了帷幕，后周的国境线向南推到了长江一线。后周的版图上从此多了十四州、六十县、二十二万六千五百七十四户。这样，周朝境内的户数增至二百三十多万，人口近千万。

> 淮南平，凡得州十四、县六十、户二十二万六千五百七十四。——《旧五代史·周书·世宗纪五》

南唐的江北十四州为后周所有以后，打破了几十年来南北势力均衡的局面，后周获得了大片的土地、人口以及这片广袤土地上的丰富物产。同南方各国相比，后周处于绝对的优势。与此相反，南方诸割据政权中最强大的南唐，失去了一半领土，一下子变成了小国。以继承大唐帝国自居、自命正统的南唐，从此以后被迫摘下"大唐"的招牌，沦落为一个战战兢兢、提心吊胆、看后周的脸色行事、苟延残喘的属国。

除去开国的马上皇帝外，历代皇帝屡次亲征一直比较罕见，但周世宗是个例外。这位壮年即位的皇帝不仅好战，而且偏好亲征。在周世宗三征南唐的过程中，赵匡胤作为世宗最信任和倚重的将领，每每在关键时刻充当关键先生，力挽狂澜，他所取得的几次大捷，大都是以少胜多，攻城克寨，每每给世宗以惊喜，是后周占领淮南的关键人物。同时赵匡胤也因卓越的战功，不仅在后周而且在南唐也树立了威名，从此平步青云。淮南平定以后，赵匡胤已经做到殿前都指挥使、加检校太保、忠武军节度使，离殿前禁军的最高职位都点检的位子，只有一步之遥了。

与南唐划江为界后，周世宗又有什么打算呢？关键先生赵匡胤还会在关键的时刻立下关键的战功吗？

蹊跷的木牌

（四）

后周显德五年（958）四月底，周世宗柴荣带着征伐南唐的累累硕果，满心欢喜地回到了东京开封，后周对南唐三年多的持续攻伐暂告一个段落。周世宗已经不再担心来自南方的威胁，但是，他没有按照王朴最初的规划继续攻打江南，而是将眼光投向了契丹统治的燕云十六州。回到开封后，周世宗席不暇暖，立即着手北征事宜。显德六年二月，周世宗北征中发生了一件令人备感蹊跷的事情，这件事对赵匡胤的一生产生了重大影响，这是一件什么事情呢？

出来混，迟早要还的

说起周世宗北伐中出现的蹊跷事件，不得不从周世宗北伐谈起。周世宗为什么没有按照最初王朴制订的征伐计划，等南方彻底平定后再收拾契丹呢？

原因有两个：

一是远因。

燕云十六州问题的由来。燕云十六州是指位于今天北京、天津以及山西、河北北部的十六个州。公元936年，后唐河东节度使石敬瑭反唐自立，向契丹求援。契丹出兵扶植他建立了后晋，辽太宗与石敬瑭约为父子。作为条件，两年后的后晋天福三年(938)，"儿皇帝"石敬瑭把燕云十六州之地献给了契丹，契丹的疆域扩展到了长城沿线，中原从此失去了北方的屏障。

燕云十六州是兵家必争的险要之地，境内的一座座山脉(如燕山山脉)形成高大的分水岭，是易守难攻的军事屏障。早在秦朝，就在这些山脉上修筑长城，作为防守游牧民族侵扰的重地。失去了燕云十六州的天然屏障，中原地区便直接暴露在北方游牧民族的铁蹄之下，后果可想而知。

周世宗的终极目的是统一天下，而契丹占领了燕云十六州，他要开拓国境，当然要把本属中原王朝的领土拿回来。所以，燕云十六州的问题早晚得解决，只是个时间问题。

二是近因。

决定周世宗生死的高平之战就是契丹引发的。周世宗即位没几天，北汉就联合契丹南下，周世宗率军亲征北地。高平一战，后周大获全胜。此后，北汉与契丹虽然没有大规模入侵，但总是隔三岔五地在边境制造点事端，骚扰不断。对此，周世宗暂且容忍，先打服南唐再说。

周世宗征伐南唐期间，后周军队在南方战场打得如火如荼时，契丹趁后周北方兵力空虚，多次侵扰边境，屡屡寻衅。

现在，对南唐的征伐取得了令人满意的结果，周世宗终于腾出手了。他决定立即解决北方疆域的问题。

柴荣平定淮南回到东京后，即刻派遣澶州节度使张永德到北部边境防备御敌。后周成德军节度使郭崇也大举进攻契丹束城（今河北河间市），以此回应契丹军队的入侵。这明显就是一个信号，是后周大军攻伐契丹的序曲，不过，并没有引起契丹的重视。

显德六年（959）三月，周世宗命各路大军向沧州集结；同时，命令诸将疏浚北地河流，在河流沿岸整修舟师，做好战争准备。

四月，周世宗到达沧州，马不停蹄，当日率领步兵、骑兵数万人从沧州出发，直奔契丹国境。后周大军行至沧州以北百里外的乾宁军，契丹宁州刺史王洪审时度势，没有做任何抵抗，率领部众举城投降。

> 帝之南征也，契丹乘虚入寇。壬申，帝至大梁，命张永德将兵备御北边。——《资治通鉴》卷二九四

> 辛卯，至沧州。是日，昼漏未尽，帝戎服乘马，率步骑数万发自沧州，直趋房界。——《册府元龟》卷一一八

二十日，世宗大力整治水军，任命赵匡胤为水路都部署，又任命韩通为陆路都部署，后周大军水、陆两路同时而下，先行出发。两天后，世宗也从水路乘坐龙船沿着水流北上，战船头尾相接长达数十里，规模非常壮观。一路上，柴荣顺风顺水，到达益津关（今河北霸州市），守卫将领权衡时局，也算知趣，率众投降。

丁酉，御龙舟，率内六军，鸣鼙鼓棹，顺流而北。楼船战舰，首尾数十里。——《册府元龟》卷一一八

益津关往西，水道逐渐狭隘，数千艘大型战船难以前行，周世宗命令步兵拉着小船继续前进，自己则弃舟登岸，乘马西行。

这个时候，后周的大军尚未跟上来，随驾的士卒不到五百人，契丹的战马不断在附近出现，周世宗的处境非常凶险，随行官员很担心。赵匡胤得知周世宗孤军登岸的情况后，急忙率材官骑士（地方军职，赴急难）风驰电掣，赶去护驾，幸亏及时赶到，迅速化解了风险。

壬寅，以自关之西河路渐隘，水不能胜舟，有巨舫数千艘不能进，乃舍之，其余小舟即命步卒挽之以进。是时，帝亦舍龙舟，乘马登陆，按辔而西。——《册府元龟》卷一一八

第二天，周世宗到达瓦桥关（今河北涿州市南）。赵匡胤已先期到达，瓦桥关守将率领部众五百人举城投降。赵匡胤未及解鞍，又听说瓦桥关西北有数千契丹兵云集，立刻带领一百多战骑前往攻击，契丹兵望尘而退。

太祖未及解鞍，旋闻关西之北有敌骑数千，乃领百余骑往击之，敌兵皆望尘而退。——《册府元龟》卷一一八

随后，侍卫亲军都指挥使李重进以及诸将相继到达。面对数量庞大的后周军队，瀛州（今河北河间市）刺史举城投降。接着，鄚州（今河北任丘市北）刺史也上表归顺。

后周世宗这次北征，一个多月内收复三州三关：瀛州、鄚州、宁州；益津关、瓦桥关、淤口关。至此，关南平定，后周获得三州、十七县、一万八千三百六十一户。后周虽有数万士卒，但不用一兵一卒，沿途城邑皆迎刃而下。

关南平定，后周士卒还没有与契丹真正交兵。周世宗的下一目标是幽州，当时契丹大军都聚集于此。一场真正的攻坚战即将打响。但是，此时的后周将领却反对攻打幽州，这是为什么呢？在这种情况下，还要不要攻打幽州呢？

已而，周主复北侵，与其边将傅元卿、李崇进等分道并进，围瀛州，陷益津、瓦桥、淤口三关，垂迫固安。——《辽史·萧思温传》（中华书局2016年修订本）按：傅元卿、李崇进当为符彦卿、李重进

出师未竟身先死

瓦桥关以南全部收复，周世宗在瓦桥关行宫大宴诸将，商讨下一步攻取幽州事宜。但是，后周将士异口同声地认为目前不宜攻伐幽州：陛下离京四十二天，没费多大力气，就拿下了燕南各州，这的确是前代从未有过的功勋。现在契丹在幽州大肆集结兵力，必定会死守幽州，现在并不是我军深入北地的最佳时机，望陛下三思。周世宗志在统一天下，收复燕云十六州，现在已经出兵至此，并且节节胜利，岂肯罢手？因此，他对众将领的反对意见很不高兴，于是不顾他们的反对，即刻催促先锋都指挥使李重进首先

陛下离京四十二日，兵不血刃，取燕南之地，此不世之功也，今虏骑皆聚幽州之北，未宜深入。——《资治通鉴》卷二九四

出发，占据固安（今河北固安县）。

天不遂愿，当天，世宗感觉身体不适，停止进军。

显德六年(959)五月初八，周世宗决定移驾雄州（即瓦桥关），南下回京。三十日，到达开封。六月十九日，周世宗病故，时年三十九岁。第二天，年仅七岁的梁王柴宗训即位。

周世宗柴荣"三步走"计划的第一步"开拓国境"还没有完成，就英年早逝，带着遗憾撒手人寰。

宋人陶岳在《五代史补》中记载了周世宗病故前的四则逸事。

第一则逸事：世宗问卜。

周世宗志在拓展疆域，统一天下，常恐自己年寿不久而功业不能成就。当时王朴对术数之学深有研究，有一次，周世宗从容问他：朕还能活几年？王朴回答：陛下以天下苍生为念，自当蒙受上天的恩泽，臣鄙陋，用所学术数推算，陛下至少还可以活三十年，三十年之后我就推算不出了。周世宗大喜，说：若真如此，那朕当用第一个十年的时间开拓疆域，第二个十年的时间休养百姓，第三个十年要做到天下太平。这就是周世宗"三步走"的三个十年规划。柴荣从瓦桥关回京，以至病逝，在位时间刚好五年零六个月，五六三十，正好符合王朴的预测，这或许是王朴对周世宗寿命委婉的说法。这只是一种巧合而已，

世宗志在四方，常恐运祚速而功业不就，以王朴精究术数，一旦从容问之曰：'朕当得几年？'对曰：'陛下用心，以苍生为念。天高听卑，自当蒙福。臣鄙陋，辄以所学推之，三十年后非所知也。'世宗喜曰：'若如卿言，寡人当以十年开拓天下，十年养百姓，十年致太平，足矣。'其后自瓦桥关回戈，未到关而晏驾，计在位止及五年余六个月，五六乃三十之数。盖朴婉而言之——《五代史补》卷五（《全宋笔记》第8编第8册，大象出版社2017年版）

历史本来就有很多的巧合，巧合就是偶然性，历史就是由各种偶然事件组成的。

第二则逸事：地名凶险。

《五代史补》还记载：世宗末年，大举以取幽州，契丹闻其亲征，君臣恐惧，沿边城垒皆望风而下。一路上顺风顺水，车驾至瓦桥关，世宗以为这次北征必定能成就大事，站在高岗之上，以观六师。不久，有父老百余人持牛酒以献，世宗问他们：这个地方叫什么名字？父老回答：此地从古至今一直叫病龙台。世宗听后，默然不语，内心不悦，立刻上马离去。当天夜里，就感觉身体不适，随即病重回京。

第三则逸事：神人索物。

《五代史补》中又说，当初周世宗还在民间之时，曾经梦见有个神仙把一把金光闪闪的大伞、一部《道经》赠送给他，其后做到一国之君。在瓦桥关病重之时，又梦到当初那个神仙来索取大伞与经书，于是惊醒，自己觉得梦境不吉利，遂开始安排后事。

第四则逸事：名涵凶义。

当初，幽州人听说柴荣北征，有人说：这没啥好担忧的。天子姓柴，幽州为燕，"燕"与"烟火"的"烟"同音，这就是柴入火不利的征兆，

世宗末年，大举以取幽州。契丹闻其亲征，君臣恐惧，沿边城垒皆望风而下。车驾至瓦桥关，探逻是实，甚喜，以为大勋必集。登高阜因以观六师，亦连宵逃去。顷之，有父老百余辈持牛酒以献。世宗问曰：『此地何名？』对曰：『历世相传，谓之病龙台。』默然，遽上马驰去。是夜，圣体不豫。翌日，病亟，有诏回戈，未到关而晏驾。
——《五代史补》卷五

先是，世宗之在民间，已常梦神人以大伞见遗，色如郁金，加道经一卷。其后遂有天下。及瓦桥不豫之际，复梦向之神人来索伞与经。梦中还之而惊起，谓近侍曰：『吾梦不祥，岂非天命将去耶？』遂召大臣，戒以后事。
——《五代史补》卷五

不会成功的。最终果然如此。

《五代史补》上记载的这些逸事，大都为小说家言，是民间传说野史之类，不足为历史真实。不过，周世宗柴荣的确在英年故去了，带着满腔的遗憾离开了。这位五代时期的英主，倘若天假其年，或许真的能实现他三个十年规划的宏伟目标。现在，只能等待后来者了。历史上像柴荣这样的人物，实在太罕见了，我们不仅为柴荣感到可惜，也为历史感到可惜，但现在我们也只能可惜一下，历史永远改变不了。

史书记载，周世宗从瓦桥关回归京城途中，发生了一件非常蹊跷的事情。这件事情的发生，令周世宗备感郁闷，或许加剧了他的病情。但是，有人欢喜有人愁，这件事情的发展对赵匡胤而言未尝不是好事，这到底是一件什么样的怪事呢？

蹊跷费解的木牌

周世宗北征期间，凡供应部队的军需物资，都下令从京城辗转运到行在（皇帝驻扎的地方）。有一天，周世宗从运输物资的底部突然发现一块长两三尺的木头，形状如同人举物件一般，上面的符号图案全写的是"点检做"三个字，看到的人都不知道这是什么玩意儿。这是《旧五代史》中记载的一件蹊跷的事情。

（侧栏左）
初，幽州闻车驾将至，父老或有窃议曰：『此不足忧。且天子姓柴，幽州为燕。燕者亦烟火之谓也。此柴入火，不利之兆，安得成功？』卒如其言。——《五代史补》卷五

（侧栏右）
帝之北征也，凡供军之物，皆令自京递送行在。一日，忽于地中得一木，长二三尺，如人之揭物者，其上卦全题云『点检做』，观者莫测何物也。——《旧五代史·周书·世宗纪六》

《宋史》中对这件事情的记载更加明确，说周世宗在回京途中，批阅四方送来的文书奏章，发现其中有个皮囊，皮囊中装有三尺多长的木牌，上面写着"点检作天子"五个字，因此大为惊讶。

这明显是一道谶符，是一种预言。身染重病的周世宗在这个时候看到这样的预言，会怎样想呢？

细数历代皇帝，哪一个不忌讳谋权篡政？稍有蛛丝马迹就会马上铲除，防患于未然。一代英主柴荣也不会例外，因为这是直接影响到柴家天下能否可持续发展的问题，是直接影响他的子孙后代的命运与前程的问题。更何况，这道来路不明的谶符是在他重病之时出现的，而当时他年纪最大的儿子才刚刚七岁。

谶符中提到的点检就是殿前都点检张永德。他是周太祖郭威的女婿，自然与柴荣也是至亲，但不管怎样，柴荣总是多了一层顾忌。这层顾忌不是没有理由的，五代中的石敬瑭就是从后唐明宗李嗣源女婿的位置坐到皇帝宝座上的，所以，有时亲情在权力、欲望面前根本无足轻重，根本不堪一击。

回到东京，周世宗立刻撤销了张永德的殿前都点检的军职，任命他最信任、最忠诚、与他没有任何亲戚关系的赵匡胤接替殿前都点检的职务。赵匡胤成为殿前禁军的最高将领，成为后周禁军最有实力的领导者。

世宗在道，阅四方文书，得韦囊，中有木三尺余，题云"点检作天子"，异之。——《宋史·太祖本纪一》

周世宗回京途中发生的这件事情很蹊跷，如果此事是真实的，可以肯定，绝对不是什么天命、天意之类，一定是有人故意为之。那么，谁会在背后鼓捣这件事呢？

对神秘木牌事件，历来有几种看法。

第一种观点，木牌事件是赵匡胤集团所为。

从整个事件的发展过程来看，蹊跷的木牌导致张永德被解除殿前都点检军职，赵匡胤取而代之，成为这一事件的最大受益者。从此点来看，怀疑木牌事件乃赵匡胤集团所为是有理由的。但实际上它和赵匡胤关系不大。

为什么这样说呢？

第一，没有必然性。

张永德被撤职后赵匡胤接任了后周禁军殿前司的最高长官，因此，赵匡胤有了嫌疑。

但是，这种推测是从事情的结果逆推而得出的，其推测过程已经省略了太多的可能性。赵匡胤作为殿前都指挥使，是殿前都点检张永德的部下，张永德被撤，赵匡胤只是有接替他的可能性，但是，并没有接替张永德的必然性。

后来的事实的确是赵匡胤接替了张永德，这是另外一回事，在未发生之前，接替者有多种可能。赵匡胤怎么能断定干掉了张永德就一定是自己接替？张永德被撤职后存在着太多的可能，谁都不能断定必然是赵匡胤得益。

第二，关系融洽。

赵匡胤与张永德一直有非常融洽的关系。高平之战中，二人并肩作战，力挽狂澜。战后，在张永德的力荐之下，赵匡胤被任命为殿前都虞候，从此才跨入禁军中级将领的行列。

《宋史·张永德传》中还记载了一件事：说睢阳一个颇通术数的书生曾经对张永德说起赵匡胤有做天子的命，因此张永德私下里与赵匡胤关系很好。当赵匡胤续聘王氏（即后来的孝明皇后）时，张永德还出资数千相助，出资帮助部下聘娶，说明二人的关系的确不同一般。按照《宋史·后妃传》的记载，这件事发生在显德五年，也就是木牌事件的上一年。即使赵匡胤坐上了大宋王朝的皇帝宝座后，每次张永德觐见，赵匡胤多在后苑之中设宴，二人大杯喝酒，大块儿吃肉，赵匡胤从不直呼其名，而每每称呼驸马。可见二人的关系一直非常融洽。如果说赵匡胤黄袍加身是处心积虑的话，那作为他的顶头上司的张永德也是他培植的良好关系网中的一员。

第三，处事谨慎。

即使赵匡胤为了更大的权势可以牺牲与自己关系不一般的张永德，身为副手的赵匡胤一旦不能升任，而张永德又倒台，无异于抛弃原来与张永德的关系网，从而自绝前程，风险较高。这与史书里记载赵匡胤做事每每非常谨慎

> 张永德盛称太祖皇帝之智勇，帝擢太祖皇帝为殿前都虞候，领严州刺史。——《资治通鉴》卷二九一

> 初，睢阳书生尝言太祖受命之兆，以故永德潜意拱向。太祖将聘孝明皇后也，永德出缯钱金帛数千以助之，故尽太祖朝而恩渥不替。——《宋史·张永德传》

> 入觐，召对后苑，道旧故，饮以巨觥，每呼驸马不名。——《宋史·张永德传》

很不一致，他应当明白：并不是每次跌倒都有爬起来的机会。

因此，赵匡胤集团操作蹊跷的木牌事件的可能性不大。

第二种观点，木牌事件是李重进集团所为。

李重进是周太祖郭威的外甥，而张永德是郭威的女婿，二人有亲戚关系。搞清木牌事件是否与李重进有关，必须弄明白两个问题：

一是正确看待二人的矛盾。

认为木牌事件为李重进集团所为的原因在于张永德、李重进二人有矛盾，因此李重进集团会设计陷害张永德。

按照后周军事体制，中央禁军除殿前军司外，还有侍卫亲军司，二者互不统属，均直接受命于皇帝。张永德为殿前司最高领导殿前都点检，李重进为侍卫亲军马步军都指挥使。高平之战前，侍卫司的势力更强大，战后赵匡胤领命整顿禁军，加强了殿前司。这样，殿前司系统和侍卫司系统难免产生摩擦，难免会有磕磕碰碰，因此导致了张、李二人的矛盾。最明显的证据是后周征伐淮南期间，当时张永德在下蔡屯兵，每次宴请将帅，席间经常说李重进的坏话，甚至有一次乘着醉意，说李重进有奸谋，要谋反，在座之人无不惊骇。张永德还秘密地派亲信向周世宗密报，幸亏周世宗置之不理。

张永德屯下蔡，与重进不协。永德每宴将吏，多暴重进短，后乘醉谓重进有奸谋，将吏无不惊骇。永德密遣亲信乘驿上言，世宗不之信，亦不介意。——《宋史·周三臣传》

论者多以此证明二人之间"不协",因此李重进才会以木牌事件陷害张永德。

其实,《宋史》本段记载之下尚有另外一些内容,被论者有意不引。因为李重进、张永德二人都握有重兵,张永德又多次在公开场合说李重进的不是,将吏都深感恐惧。当时,李重进独自一人骑马自寿阳到张永德军中拜见,酒席上他亲自给张永德斟酒,说:我和你都是国家的重要将领,应该团结起来,为国家服务,你为什么对我有这么深的疑虑呢?二人摒弃了前嫌,两支军队也因此安定了。从这件事情上看,李重进是个光明磊落之人,不像是背地里暗箭伤人者。

二是了解李重进有无作案时间。

周世宗北征之时,李重进原本留守后方,被召至行在拜见柴荣后,很快又前往攻击北汉,这是五月间的事情,而木牌事件发生在六月,当时的李重进在河东境内与北汉交战正酣,似乎没有作案时间。

所以,李重进制造木牌事件的可能性也不大。

当然,到底是老李还是老赵落井下石鼓捣那块"点检作天子"的木牌,堪称千古之谜。诬陷他人的匿名信,自古至今,谁都不会主动承认。

第三种观点,木牌事件是史家杜撰出来的,目的是神化赵匡胤的天命。

这种观点认为根本就没有此事,木牌事件乃子

> 二将俱握重兵,人情益忧恐。重进遂自寿阳单骑直诣永德帐中,命酒饮,亲酌谓永德曰:『吾与公皆国家肺腑,相与戮力,同奖王室,公何疑我之深也。』永德意解,二军皆安。——《宋史·周三臣传》

虚乌有,是后世史家杜撰出来神化赵匡胤的天命之说。这种所谓的"史料",在《宋史》以及宋代笔记中并不少见,比如赵匡胤出生时的金光闪闪、异香扑鼻等都是为了神化赵匡胤的"天命"。赵匡胤是以兵变的方式取得的天下,不管他如何采取了让周帝禅让的仪式,总归是不够清白。事实是无法掩盖的,只能通过一些神乎其神的方法说明其天命的正当性,这种情况就只能借助于谁也无法证明的事件了。

在上述三种观点中,我个人比较倾向第三种。除却上面列举的理由外,还可从史书记载的差异中发现一些端倪。

一是史源有疑。

《旧五代史》对这件事情的记载不明不白:"一日,忽于地中得一木,长二三尺,如人之揭物者,其上卦全题云'点检做',观者莫测何物也。至是,今上始受点检之命,明年春,果自此职以副人望,则'点检做'之言乃神符也。"

元人编纂的《宋史》则说:"世宗在道,阅四方文书,得韦囊,中有木三尺余,题云'点检作天子',异之。"

按常理而言,《旧五代史》成书于北宋初年的太祖朝,距木牌事件时间较近,应该更为详细,但是记载的木牌长度不明确(二三尺),写的内容也是模模糊糊的"点检做",而到了元人编纂的《宋史》却言之凿凿为"点检作天子",离事件发生时间远的资料反而比较清楚,而长度、韦囊之类的细节也有太多的不同。所以此木牌只是神化赵匡胤的手段,是因为赵匡胤后来做了天子而被顺理成章地解释成了天命所佑。

二是周世宗不会重视木牌。

周世宗一生的功业表现出一种明显的务实精神，比如对禁军的整编、对佛教团体的整顿等，对这种蹊跷的谶符事件不会表现得如此重视。

三是逻辑不通。

张永德向周世宗密报李重进谋反，周世宗尚且置之不理，何况是这种子虚乌有的东西，周世宗怎么会重视呢？

四是不废都点检军职。

柴荣如果怀疑殿前都点检要做天子，又何必罢张立赵，干脆废掉殿前都点检这一职务，或者为殿前都点检换一个名字岂不是更安全？

话说回来，周世宗撤掉了张永德的军职，这是事实。如果不是因为"点检作天子"的谶符起了作用，那么，是什么原因促使周世宗做出如此决定的呢？

周世宗收复了三关，准备继续攻打幽州之时，出于身体的原因不得不返京，返京途中经过澶州。澶州是柴荣的发祥之地，因此流连忘返，一时没有表露回京的意思，即使宰辅近臣也不能面见，不少人都疑虑惧怕。当时的张永德为澶州节度使，因为与周世宗的亲戚关系，能够进入内室，见到世宗。于是，群臣对张永德说：现在皇帝生病，四方担心，京城无主，万一有突发事件，万一有人觊觎皇位，后悔也来不及。只有陛下回京，才能镇得住乱局。还请张公进言圣上，速还京师。张永德也深以为然，找了个机会把这层意思向世宗汇报了。周世宗就问：是谁指使你说这话的？张永德以实相告。周世宗沉思良久，叹口气说：我本来就知道你必定被人所教，难道你就不明白我的心意吗？看看你做的事，怎像个点检的样子？当天，周世宗就起驾回京去了。

这件事情，很可能是张永德被免的根本原因。柴荣一句"吾固知"说明他对张永德是深有了解的，大事面前缺乏主见，"恶足当此"，言外之意就是张永德不能胜任殿前禁军的都点检这个职务，表现出对他的深深失望。面临自己病重的状况，当柴荣"熟视久之"的时候，或许他内心早就做出这个决定了。

回到开封的周世宗虽免了张永德的殿前都点检，但仍为他加检校太尉、同平章事的官衔，级别、待遇还是很高的。

木牌事件，不管是子虚乌有，还是确有其事，都掩盖不了这样一个基本事实：赵匡胤取代张永德做了后周殿前禁军的最高领导人都点检。其实，这是周世宗临终安排后事的重要一项，他担心七岁的儿子坐在皇帝的宝座上任人摆弄，他担心后周的天下不能可持续发展。周世宗面对自己的江山会放心而去吗？他还会做出怎样的布置呢？

于是群臣因永德言曰："天下未定，根本空虚，四方诸侯惟幸京师之有变。今澶、汴相去甚迩，不速归以安人情，顾惮朝夕之劳，而迟回于此，如有不可讳，奈宗庙何？"永德然之，承间为世宗言如群臣旨，世宗问："谁使汝为此言？"永德对以群臣之意皆愿如此，世宗熟视久之，叹曰："吾固知汝必为人所教，独不喻吾意哉！然吾观汝之穷薄，恶足当此！"即日趣驾归京师。——徐度《却扫编》卷上（《全宋笔记》第3编第10册，大象出版社2008年版）

世宗托孤

显德六年(959)夏四月,周世宗在北伐幽州之时,忽感身体不适,无奈之下,终止了对契丹的用兵,暂且归京。六月,驾崩,享年三十九岁。在周世宗最后不足两个月的时间内,他开始认真考虑后周的未来,考虑后周政权的移交问题。现在,他最大的麻烦在于儿子太小。周世宗共有七个儿子。公元950年,他的长子和次子、三子被汉隐帝诛杀郭威在京城的家属时一并杀掉,此时柴荣三十岁。三年后(953),柴宗训在澶州出生。大限将至之时,长子(实为第四子)柴宗训也仅有七岁,这个小娃娃显然无法应付眼下的政治局面。应该安排一个怎样的辅政格局才能实现后周政权的平稳过渡呢?

一石四鸟

显德六年 (959) 六月初九，距周世宗离世还有十天，朝廷突然下诏：立魏王符彦卿之女为皇后。这是周世宗为保证幼子顺利接班的第一个大手笔。

这就奇怪了：安排幼子顺利接班和立皇后有什么关系呢？

原来，周世宗的第一任妻子被汉隐帝所杀，后来立的皇后是重臣符彦卿的女儿宣懿皇后，这次新立的皇后是宣懿皇后的妹妹。宣懿皇后的第一任丈夫是后汉的李崇训。李崇训因谋反在郭威攻破城池时自杀，自杀前曾杀死全家之人，宣懿皇后因为躲在帷幔之后而得以幸免。郭威的士兵入室，符氏镇定自若地告诉他们，其父和郭威是老友，士兵们被符氏的从容淡定所慑，不敢造次。郭威得知后，把她交还给符彦卿。符氏感念郭威，遂拜郭威为义父。柴荣的原配被杀后，郭威提亲，将符氏再嫁柴荣，后被柴荣册立为皇后。符皇后极有教养，柴荣性情暴躁，符皇后每每劝解。周世宗征南唐，符皇后不放心，随驾亲征，遭遇暑热而身染重病，显德三年去世。柴荣对符皇后的暴病极为伤痛，三年之中，一直没再立皇后。现在身染重病，忽然下诏立宣懿皇后的妹妹为皇后，这是为什么呢？

周世宗弥留之际的这番册封，显然不是为了柴家血脉的繁衍，也不仅仅是为了填补后宫的缺员。看似无谓的册立皇后其实包含了深刻的政治意图，这是周世宗后事安排中的重要一步，是实现政权顺利过渡的一枚重要棋子。

为什么再立一位符后就有可能为政权平稳过渡提供重要保证

呢？因为符后背后有强大的政治和军事力量。

符后的父亲符彦卿当时是天雄军节度使，获封魏王。天雄军前身是唐朝时期的"河朔三镇"之一的魏博，是重要的军事藩镇。在契丹占据燕云十六州后，天雄军实际是中原政权与契丹接壤的前沿。这个地区不仅是叛乱的频发之地，而且对后周都城东京的影响至巨。自唐代以来，今河北省一带的经济发展迅速，它又处在中原的北部，自此南下，便可直抵东京开封。天雄军地跨今河北省的南部和河南省的北部，在河朔三镇之中更显重要。因此，五代的十四位帝王中，有六位（李存勖、石敬瑭、李从厚、刘知远、石重贵、郭威）曾任魏博（天雄军）节度使，可见这是一个批量生产皇帝的区域。大限已到的柴荣，册立天雄军节度使符彦卿女儿为后，显然是经过深思熟虑的。这至少有四个方面的原因。

第一，稳定大局。

经过立后，最差的结果是符彦卿不大可能觊觎周室的皇位，在皇帝多产区的他反而会以外戚的身份尽全力维护后周政权的稳定。

第二，保卫北疆。

通过立后，强化符彦卿对后周的忠心，防御契丹在后周政权交接时乘虚而入，从而保证后周北境的安全稳定，实现政权的顺利传承。

符彦卿是将门之后，智勇双全，擅长用兵，在与契

> 彦卿将家子，勇略有谋，善用兵。——《宋史·符彦卿传》

丹的历次战争中树立了威名，成为阻挡契丹南下的最有力屏障。尤其在后晋开运二年（945）与契丹的阳城大战中，在战局不利的情况下，他率领士卒横击契丹军阵，大败契丹十万余众，契丹君主耶律德光最后竟骑着骆驼逃回了幽州。这次交战，契丹损失惨重。此后，契丹士卒都患上了"恐符症"，有时马生病不喝水不吃草，就会吐口唾沫念念有词地咒骂：这里难道有符王吗？后来，后晋少主被契丹囚禁以后，耶律德光的母亲问周围的人：符彦卿呢？别人回答道：听说他已经被派回徐州了。德光的母亲说：留这个人在中原，怎么如此失策呢？符彦卿在契丹的威名就是如此之高。

> 辽人自阳城之败，尤畏彦卿，或马病不饮龁，必唾而咒曰：『此中岂有符王邪？』——《宋史·符彦卿传》

> 留此人中原，何失策之甚！——《宋史·符彦卿传》

当年，柴荣三十四岁即位的时候，北汉尚且联合契丹，趁着后周政局不稳，大举南侵。现在，周世宗在安排后事时册立皇后，就是想让符彦卿忠心耿耿地为朝廷抵御契丹的入侵。符彦卿的军事才能以及对契丹造成的恐惧力量，能有效地保证北境的安定、中央的安全，从而实现政权的顺利转移。

第三，安抚符氏集团。

符彦卿众多的兄弟子侄，都在后周担任重要的文武官职，执掌着相当可观的政权和兵权，形成了一支以他为代表的家族势力，这是所有其他势力集团都望而生畏的一股强大政治、军事力量。符彦卿如果以外戚的身份维护周室政权，将成为地方节度使保证地方稳定的一个表率。势力强大的节度使尚且勤力护卫周室，其他地方节度使自会效仿，要是有非分之想也会考虑一下后果。

第四，相互牵制。

符彦卿在地方上具有如此威势与声望，能够对朝廷起到监督作用，与中央形成一种制衡关系，从而保证柴宗训统治地位的稳固。

周世宗通过册立符后，收到了一石四鸟的效果：

一是在篡权事件频发地的符彦卿不会觊觎皇位；

二是能够有效威慑妄图南侵的契丹；

三是能够给地方节度使做出表率；

四是能够与中央形成牵制关系。

这是周世宗这一步棋的多重用意。事实已证明，周世宗病故、小娃娃登基之后，北方边境保持了相对稳定的局面。

通过立皇后的办法对地方势力进行了安抚，周世宗开始册立皇子。以皇长子宗训为特进、左卫上将军，封梁王；以第二子宗让为左骁卫上将军，封燕国公。《旧五代史·周书·世宗纪六》

三年前（显德三年），朝廷大臣上表世宗要求分封宗室、册立皇子的时候，周世宗以"为国日浅，恩信未及于人"的理由拒绝了此事，并且说等到"功德大成"《新五代史·周世宗家人传》之时再分封也不迟。现在后周拓展疆域的功业仍未成功，而且建国时间也仅仅增加了三年，可周世宗身染重病，再不册立皇子恐怕就没机会了。他此番册立柴宗训为梁王，明显是确定其继承人的身份。这其实是向后周朝廷发出的政治信号：政权马上要进行交接了。

但是，七岁的柴宗训也确实无力承担如此重任，必须给他安排一个执政集团来辅佐他。辅佐集团的人员必须有威望，必须有政治经验，必须对周室忠心，不会对周室造成威胁。周世宗是怎样安排的呢？

顾命大臣

年仅七岁的孩子没有任何能力处理国家大事，刚刚册立的皇后也缺乏政治经验，所以，周世宗必须安排几个自己非常信任的、有能力的文臣来辅佐小皇帝。

为此，周世宗对现有的文臣权力核心做了一点调整：确定了以范质、王溥、魏仁浦为中心的宰臣集团，这些大臣明显就是世宗心目中的顾命大臣。

范质从周太祖时就一直担任宰相。此人有两大特点：一是清廉耿介，从不接受各地的贿赂；二是性情急躁，喜欢当面驳斥别人。像范质这样廉洁自持、拒收贿赂又喜欢当面驳斥人的大臣，在朝廷之中形成自己的政治集团的可能性不大，周世宗看中的就是这一点，因此，"入受顾命"。

王溥这个人，一是忠诚，二是有胆有识，三是有从政经验，四是吝啬。他从周太祖郭威时就一直追随周室。柴荣即位后第一次亲征北汉、契丹联军时，朝

> 宰臣范质、王溥并参知枢密院事，以枢密使魏仁浦为中书侍郎、平章事、集贤殿大学士，依前充枢密使。——《旧五代史·周书·世宗纪六》

> 质性下急，好面折人。以廉介自持，未尝受四方馈遗。——《宋史·范质传》

廷大臣一边倒，几乎全投了反对票，只有王溥一人表示支持。有主见，说明王溥有识；敢于站在朝廷所有大臣的对立面，说明王溥有胆。周太祖郭威驾崩前，升王溥为相时说：我没啥可担心的了。王溥具备辅佐新天子度过政权不稳时期的经验。人不可能十全十美，有缺点是人的常态，看起来十全十美的人倒是更应该小心提防的。像王溥这样的守财奴不大可能花费巨资去结成政治集团。

魏仁浦出身贫寒，从刀笔小吏起家，周太祖时在枢密院任职。他有一大强项：记忆力惊人。

一次，周太祖郭威问及京城军队的数量以及地方州郡屯兵人数、将校姓名，命令翻阅名册查看。魏仁浦说：臣记得。一一手书在纸，核对名册，丝毫不差。周太祖说：天下事没有值得忧虑的了。可见魏仁浦的确具备安邦定国的实际经验。

周世宗柴荣在提拔他为宰相之时，有人反对，反对者认为他不是科举出身，不能做宰相。世宗力排众议，说：自古宰相难道都是科举出身的？任命宰相关键是看他有没有才，有没有文武才略来辅佐国家。魏仁浦深得世宗器重，升为宰相，自然对世宗的提拔心存感怀，努力效命于周室。魏仁浦为人谦虚谨慎，性格宽厚，虽然位至宰相，形成自己政治集团的可能性也不大。

周祖疾革，召学士草制，以溥为中书侍郎、平章事。宣制毕，周祖曰：『吾无忧矣。』——《宋史·王溥传》

时周祖掌枢密，召仁浦问阙下兵数，仁浦悉能记之，手疏六万人。周祖喜曰：『天下事不足忧也。』——《宋史·魏仁浦传》

议者以仁浦不由科第，不可为相。上曰：『自古用文武才略者为辅佐，岂尽由科第邪！』——《资治通鉴》卷二九四周世宗对顾命宰臣的选择是经过深思熟虑的，在遴选时特别看重德行：一要对周室忠心耿耿，二不能形成自己的政治集团。他考察得非常仔细，甚至连生活细节也仔细斟酌。

周世宗曾经问兵部尚书张昭：大臣中谁可以担任宰相？张昭举荐李涛。世宗惊愕地说：李涛为人轻薄，没有大臣的风度，朕问宰相人选而爱卿首先荐举他，为什么？张昭回答说：陛下所指责的是小事，臣下所荐举的是他的大节。从前晋高祖之世，张彦泽滥杀无辜，李涛屡次上疏请求杀他，认为不杀必定成为国家祸患；到汉隐帝之时，李涛也上书请求解除先帝太祖的兵权。国家的安危还没有形成便能预见，这才是真正的宰相之才，臣因此荐举他。世宗说：爱卿之言很好而且极为公正，然而像李涛这样的人，终究无法担任宰相。李涛喜欢说笑逗乐，不拘小节，与弟弟李瀚以文章博学而著名，虽然感情深厚，却常常调笑放浪，没有长幼的规矩，世宗因此轻视他。

上愕然曰：「涛轻薄无大臣体，朕问相而卿首荐之，何也？」对曰：「陛下所责者细行也，臣所举者大节也。昔晋高祖之世，张彦泽虐杀不辜，涛累疏请诛之，以为不杀必为国患；汉隐帝之世，涛亦上疏请解先帝兵权。夫国家安危未形而能见之，此真宰相器也，臣是以荐之。」——《资治通鉴》卷二九四

周世宗对宰臣的遴选不光看是否有才，品行、日常行为、生活习惯均在考察之列。李涛对晋高祖进谏不已，且"厉声"，又没有长幼的规矩，这样的人即使具备审时度势、高瞻远瞩、安邦定国的才能，对于辅佐幼主也是非常不合适的。

周世宗选择的顾命文臣具备一些共同的特征：有

涛喜诙谐，不修边幅，与弟浣俱以文学著名，虽甚友爱，而多谑浪，无长幼体，上以是薄之。——《资治通鉴》卷二九四

安邦定国之才，为朝廷重臣，有老到的从政经验，有良好的品行，最重要的是不会形成自己的政治集团。

这样一个顾命宰臣集团，自会对周室忠心，不会动辄侵凌幼主，能实现政权的平稳过渡。

谁来管"枪"

安排好朝中宰臣的同时，周世宗开始调整禁军，这是非常关键的一环，也是政权能否顺利过渡的重要军事保证。对禁军将领的安排，让周世宗煞费苦心。

首先，解除殿前都点检张永德的兵权。

史书上讲，周世宗解除殿前都点检张永德的兵权，是因为北伐回军途中出现的"点检作天子"的神秘谶符，但这件事情的可信度并不高。张永德遇事缺乏主见，在"主少国疑"的情况下，不足以担当辅佐幼主的大任，这才是他被解职的主要原因。设想一下，一个手握重兵又缺乏主见的将领，很容易被人说服，即使他没有野心，难保手下没有野心，难保手下不会怂恿撺掇，这对后周政权是一种实实在在的潜在威胁。最佳的解决办法就是解除其兵权，给予更多的虚职，享受高级别的待遇。

其次，任命赵匡胤为殿前都点检。

赵匡胤是周世宗的"藩府旧僚"，是在高平之战后才真正崛起的，声望与军功都比不上张永德（赵匡胤进入禁军，一直在张永德的领导之下。史书记载的赵匡胤的攻战，大都是与张永德并肩进行的，且史书中有故意夸大赵的功绩之处），相应地对后周政权的威胁就小。重要的是，周世宗对赵匡胤非常信任，这种信任是赵匡胤通过自己在枪林弹雨中的厮杀而建立起来的，是通过一系列对周室的忠心行动而建立起来的。

有两件事情，很能说明这个问题。

第一件事发生在首次追随周世宗征伐南唐之时。赵匡胤在清流关取得大捷，接着攻克了滁州城。滁州城被攻克后不几天的一个半夜，赵匡胤的父亲赵弘殷，当时任马军副都指挥使，率领大军途经滁州城下，传令呼喊打开城门，想进城见见自己的儿子。赵匡胤在城上喊话：父子虽为至亲，但是，开关城门，这是公事。原谅我现在不能为您老人家开门。这番冠冕堂皇的表白，言外之意就是忠孝不能两全，当以国家大事为重。天亮的时候，赵弘殷才得以入城。据说，赵弘殷因为在城外过夜着凉，第二天就病倒了。

> 宣祖率兵夜半至城下，传呼开门，太祖曰：'父子固亲，启闭，王事也。'——《宋史·太祖本纪一》

第二件事发生在收复南唐江北诸州之后。赵匡胤在征伐南唐过程中的勇猛表现，引起了南唐国主李璟的恐惧，意识到此人日后终将成为自己的麻烦，就想用离间计除掉他。于是，他修书一封，派遣使者到开封呈递给赵匡胤，暗地里又馈赠白金三千两，想以此制造赵匡胤私通南唐的假象，从而引起周世宗的怀疑。没想到赵匡胤不吃这套，把事件本末报告世宗，白金上交国库。李璟不但没有实现自己的想法，反而搭上

> 唐主畏太祖威名，用间于世宗，遣使遗太祖书，馈白金三千两，太祖悉输之内府，间乃不行。——《宋史·太祖本纪一》

了白金三千两。

赵匡胤在战场上一贯威猛，屡立奇功，每次被提拔之时又总表现出忠顺的姿态，"功业日隆，而谦下愈甚"苏辙《龙川别志》卷上（中华书局1982年版），不给世宗留下功高震主、悍将难制的坏印象，而夜半拒父入城、识破南唐离间之类的事件，不管是有心栽花，还是无心插柳，又不断印证着他对周室的忠心、对国事的勤勉。考虑到后来赵匡胤陈桥兵变拿走了人家的天下，有些人认为赵匡胤所有的这些行为都是在有意作秀，是装给世宗看的。人装一次很容易，难得的是长时间装，如果装一辈子，那就是修养了。因此，即使赵匡胤在兵变前一直在作秀，那也是装得非常到位的。

柴荣明地里暗地里一定没少考察赵匡胤对后周的忠诚度，结论是：赵匡胤是一个难得的好将领。他打仗身先士卒，舍生忘死，公而忘私，从来都是把公家的利益放在第一位，不仅打了胜仗缴获物品都归公，而且父亲在深更半夜想进城来看他，他也坚持原则不放父亲入城，这样坚持原则的将领不多见，是所有后周官员学习的楷模。再说，柴荣把赵匡胤调到身边十年以来，赵匡胤总是把每件事都办得妥妥帖帖。他柴荣还有什么不放心的？就把殿前禁军都交给他统领好了。

再次，提拔韩通为侍卫亲军副都指挥使。

虽然赵匡胤掌控了殿前司禁军，但京城禁军尚有侍卫司，其下分置马军、步军，两司互不统属，形成了互相制衡的关系。

当时，李重进为侍卫亲军都指挥使。李重进是郭威的外甥，根据后来赵匡胤做了大宋王朝的皇帝后李重进叛乱的事情来看，李重进不可能属于赵匡胤集团。

周世宗提拔的韩通,性格刚强而缺乏谋略,说话做事不经大脑,动不动触犯人,与他人多有不合,对部属也很少体恤,动辄责罚,当时获得了"韩瞠(chēng)眼"的绰号。瞠眼就是睁大眼睛,就是瞪眼,意思是说性情粗暴,易动怒。不过,这个人对后周王室是忠心耿耿的。在赵匡胤陈桥兵变回京后,后周朝廷唯一试图抵抗的人就是他,结果被杀。赵匡胤下令追赠中书令,以礼厚葬。但后来在开宝寺墙壁上看到韩通和他儿子的画像时,内心不悦,命令手下:给我抹掉。韩通的儿子倒是颇有谋略,此人小时候得了佝偻病,得了一个"橐驼儿"的绰号。他很早就察觉赵匡胤很有人脉,劝他父亲早做打算,但刚愎自用的韩通并没有把儿子的话当回事儿。因此,韩通与赵匡胤也不是站在同一条战壕里的,不是一条战线上的。

周世宗正是通过对禁军将领的如此安排,使包括赵匡胤在内的禁军将领互相牵制,以避免形成一方独大的不利局面。这一点是很重要的,这是周世宗从后周的政治军事实践中得出的经验。

下面我们再梳理一下周世宗安排的辅政格局。

地方上以符彦卿为首的节度使势力,维护地方安定与周边安全,监督中央势力;中央朝廷中以范质、王溥、魏仁浦为中心的宰臣集团,制订诏策命令,确定大政方

通性刚而寡谋,言多忤物,肆威虐,众谓之"韩瞠眼"。——《宋史·周三臣传》

其子颇有智略,幼病伛,人目为"橐驼儿"。见太祖有人望,常劝通早为之所,通不听。——《宋史·周三臣传》

针;中央禁军以赵匡胤、李重进、韩通为首的殿前禁军与侍卫禁军,互相牵制,负责京都安全与国家稳定。各派势力之间互相制约,而且每派势力内部也互相牵制。

周世宗为幼主安排的辅政格局,是基于自己的亲身经历以及幼主对未来朝政无力驾驭的情况而设计的。当地方势力、宰臣、中央禁军对皇权构不成直接威胁时,幼主的政权就可以稳固了。

事实上,这个辅政格局的安排在周世宗去世的半年内,也的确发挥了相当重要的作用,保证了后周江山的暂时稳定。但是,这个仓促安排的辅政格局能够保障后周的江山一直稳定吗?随着这三方势力的消长,这种辅政格局还能延续下去吗?

危险变成了现实

周世宗安排的地方势力、朝中宰臣、中央禁军三方势力彼此牵制的辅政格局,本身就有一定的缺陷,这些潜在的危险在实际的运行中极有可能转化为现实。

第一,三方势力不均衡。

在三方势力中,朝中宰臣有权无势,没有军事力量作为后盾,始终处于被动的局面。一旦中央禁军或者地方节度使出现意外,朝中宰臣无能为力,只能眼睁睁地看着事态恶化。

在中央禁军殿前司与侍卫司之间,力量也不平衡,不能实现有效的牵制。高平之战前,侍卫司两大系统的兵力远远高于殿前司;高平之战后,赵匡胤受命整顿禁军,将精兵强将集中到殿前司,从此殿前司实力胜过了侍卫司。

地方上，节度使林立，难以形成有效的合力，对中央有威慑作用，但不会很大。三方势力不均衡，在彼此的牵制中，势力强大的必然占据上风，其他势力自然会处于被动的局面。

第二，三方势力互相牵制的局面易遭破坏。

原因是三方势力中的人物关系非常复杂，不同系统内部势力会有彼此合作的可能性。

辅政格局内部势力均衡的破坏，在周世宗去世之前就开始了。据《资治通鉴》记载，周世宗离世那天，病情急剧恶化。他召范质等人入宫接受遗嘱。世宗说：王著是我当节度使时候的老部下了，我百年之后，可以起用他为宰相。范质等人出宫后，商量之后认为：王著终日醉生梦死，哪配当宰相！皇上的话千万不要泄露出去。

世宗幕府的老臣王著最终未能进入顾命大臣之列，被拒理由是嗜酒。

《宋史·王著传》记载："及世宗疾大渐，太祖与范质入受顾命。谓质等曰：'王著藩邸旧人，我若不讳，当命为相。'世宗崩，乃止。"

将这两条记载综合起来看，参加临终托孤的不仅有范质，还有"等人"，这个"等人"中就有赵匡胤。从现存文献看，阻止王著成为宰相的是"范质等人"，

癸巳，大渐，召范质等入受顾命。上曰："王著藩邸故人，朕若不起，当相之。"质等出，相谓曰："著终日游醉乡，岂堪为相！慎勿泄此言。"——《资治通鉴》卷二九四

可见，赵匡胤也不同意王著入相。让王著入相是周世宗的遗命，但是，这道遗命并未能付诸实施。

上述三方势力中，只要有两方势力实现合作，第三方势力所起到的阻碍与牵涉作用则可以忽略不计。至少在阻止王著入相这一问题上，朝中宰臣实现了与禁军的合作，从而使辅政格局失去了互相牵制的作用。

赵匡胤当上皇帝后，有一次举行国宴，这个王著以翰林学士的身份参加，借着酒劲，大声喧哗。赵匡胤命令扶他而出，他不但不肯离开，反而号啕大哭，思念周世宗柴荣。第二天，有人告了御状，赵匡胤说：此人是个酒鬼。一个书生哭哭世宗，能有什么影响？

根据大宋建立后王著的表现，他对新王朝尚心存不满，对周室忠心耿耿，此人如果进入宰臣集团，虽然不一定能改变以后的历史，但或许会给赵匡胤集团增加一点麻烦。从赵匡胤的言谈之中也可以看出，他对没有兵权的宰臣压根儿就没放在心上。

宰臣集团中，王溥很快站在了赵匡胤的一边，私下里向赵匡胤暗送秋波。魏仁浦性情宽厚，总是以德报怨，虽处宰相之位，却依旧谦虚谨慎。对于这样的一个人，赵匡胤如果想搞定的话，应该不会费事。三个人搞定两个后，第三个都懒得去争取了。

> 太祖尝曲宴翰林学士王著。御宴既罢，著乘醉喧哗，太祖以前朝学士，优容之，令扶以出。著不肯退，即趋近屏风，掩袂恸哭。左右拽之而去。明日，或奏曰：『王著逼宫门大恸，思念世宗。』太祖曰：『此酒徒也。在世宗幕府，吾所素谙。况一书生，虽哭世宗，何能为也？』——夷门君玉《国老谈苑》卷一（中华书局2012年版）

> 仁浦性情宽厚，接士大夫有礼，务以德报怨。——《宋史·魏仁浦传》

中央禁军中，殿前司为赵匡胤所掌控，是真正的"赵家军"。赵匡胤担任最高领导殿前都点检，殿前副都点检由慕容延钊担任，慕容延钊与赵匡胤关系非同一般，赵匡胤常像对待兄长一样对待慕容延钊，现在又是他的直接领导，相互之间更加亲密。殿前都指挥使由石守信担任，殿前都虞候由王审琦担任，此二人均是赵匡胤"义社十兄弟"中的成员，因此，殿前司这个系统完全不用担心。

侍卫司系统中，在周世宗去世后，韩令坤任侍卫亲军马步军都虞候，他是赵匡胤儿时的玩伴，素有兄弟之谊，有事好商量。侍卫亲军马军都指挥使由高怀德担任，侍卫亲军步军都指挥使由张令铎担任，高、张二人后来都与赵匡胤结成了姻亲：高怀德娶了赵匡胤的妹妹燕国长公主，张令铎的女儿嫁给了赵匡胤的弟弟赵廷美（原名"匡美"，后因两个兄长相继登基，遂更名"廷美"），可见二人与赵匡胤关系也不一般。侍卫司的一把手是侍卫亲军马步军都指挥使李重进，二把手是副都指挥使韩通。这时，李重进以淮南节度使的身份镇守淮南，不在京城，京城

> 初，延钊与太祖友善，显德末，太祖任殿前都点检，延钊为副，常兄事延钊。——《宋史·慕容延钊传》

仅有韩通一人,不足以与赵氏集团抗衡。

地方上,天雄军节度使符彦卿既是后周外戚,同时与赵匡胤也有姻亲关系,他的第六个女儿刚刚嫁给了赵匡胤的弟弟赵光义,也就是后来的懿德皇后。

这就是周世宗安排的三方辅政格局中错综复杂的人际关系。

三方辅政格局正是因为这错综复杂的人际关系而很快失去互相牵制与制衡的功用,赵匡胤利用其职权与辅政格局的破坏,迅速崛起,拥有了独当一面的政治、军事实力。

一方面,赵匡胤的势力在不断膨胀;另一方面,后周的势力在逐渐萎缩,这是同时进行、此长彼消的。

人站在低处,所以渴望更高。

赵匡胤已经站得很高了,但他似乎并没有满足。他凭借独当一面的政治、军事力量,通过陈桥兵变,兵不血刃地将后周的天下改成了赵家的天下。

陈桥兵变后回京的赵匡胤显得很无辜,很无奈,很委屈:虽然我不是出来打酱油的,但我是被逼的。那么,事情的真相到底是怎样的呢?这扑朔迷离的千古疑案中存在能够探寻事实真相的蛛丝马迹吗?

疑窦丛生

〈六〉

公元960年的正月,在新年的气氛中,历史在不经意间,后浪推走了前浪,后周的殿前都点检赵匡胤通过陈桥兵变黄袍加身一跃而成为大宋的开国之君,这一基本的事实本身并不存在任何疑点。但这一事件的过程扑朔迷离,陈桥兵变的主角在兵变之前似乎毫不知情,置身事外,回到京都后赵匡胤面对后周宰臣"呜咽流涕",很委屈,很无辜:我是被逼的。然而,有关史籍的一些细节描述却矛盾百出,破绽在在,这次兵变更像是一次蓄谋已久、计划周密的闹剧。历史事件本身是唯一的,但是,记录下来的历史确有真实与非真实两种。陈桥兵变中的赵匡胤是完全被动接受黄袍的,还是他准备充分、自编自演了这部贺岁大片呢?

依据宋代最具权威的历史文献《续资治通鉴长编》以及《宋史》的相关记载，陈桥兵变是一次突发事件，赵匡胤对后周朝廷忠心耿耿，事先并不知情，是贪图富贵的将士遵循五代拥立主帅的惯例在行动，赵匡胤是很不情愿地非常被动地不得已才接受了众将的拥立。虽然赵匡胤本人和宋代的史书里都再三声称他是稀里糊涂地当上了皇帝，然而，这次兵变却疑窦丛生。

可以有，但其实真没有

疑点之一，契丹、北汉真的联合出兵了吗？

显德七年(960)正月的这次改朝换代，是通过陈桥兵变完成的，而陈桥兵变发生的导火索是契丹与北汉的联合入侵。可以说，契丹、北汉的入侵，直接导致了陈桥兵变的发生。然而，在兵变完成以后，史书对这次入侵并没有详细记载，只用了一句话敷衍，说契丹与北汉的联军都逃回去了。既然契丹与北汉气势汹汹地南侵，怎么没有任何战斗，没有任何收获，没有任何原因，就匆匆撤兵了呢？这不禁让人怀疑，到底有没有所谓的"入侵"呢？

结果不外乎两种：有或者没有。

有人认为，契丹与北汉的确联合入侵了。

主要根据就是《旧五代史》《宋史》《续资治通鉴长

> 镇州郭崇报契丹与北汉军皆遁。——《宋史·太祖本纪》
> 镇州言契丹与北汉兵皆遁去。——《续资治通鉴长编》卷一

编》以及《契丹国志》等文献的记载。

《旧五代史·周书·恭帝纪》:"显德七年春正月辛丑朔……镇、定二州驰奏,契丹入寇,河东贼军自土门东下,与蕃寇合势。诏令上率兵北征。"

《续资治通鉴长编》卷一:建隆元年,"春正月辛丑朔,镇、定二州言契丹入侵,北汉兵自土门东下,与契丹合。周帝命太祖领宿卫诸将御之。"

《宋史·太祖本纪一》:"七年春,北汉结契丹入寇,命出师御之。"

《宋史·北汉刘氏世家》:"六年冬,(刘)钧结契丹侵周。"

《契丹国志》卷五:"应历十年……春正月辛丑朔,北边奏辽与北汉连兵犯边。"

有以上数种文献记载作为证据,似乎可以说明契丹与北汉的这次联合军事行动是毋庸置疑的。

但是,这些记录的史源是什么呢?

《旧五代史》是宋太祖赵匡胤诏令编纂的官修史书,所以《旧五代》对赵匡胤陈桥兵变的记录肯定会以官方的说法为准。《宋史》和《续资治通鉴长编》的记载源自宋太宗赵光义的儿子宋真宗赵恒时代修撰的太祖朝《国史》,《国史》出于《太祖实录》,《太祖实录》嘛,就不大好说了。一是自己偷了人家的东西,还要求史官给他记下来炫耀一番?二是太祖朝的《实录》于宋代多次重修,有《旧录》,更有《新录》。太宗赵光义时代就改了两次,到了真宗赵恒时代再次重修,时隔几十年,赵匡胤时代的人都老的老,死的死,再没有人证物证了，想怎么说就怎么说，当年的事情自然被补充完善到了现在我们所看到的样子。《契丹国志》从书名看似乎更可靠，其实不然，它是南宋人编纂的关于辽代的史书，此书大部分抄撮《资治通鉴》《续资治通鉴长编》《旧五代史》等南宋所存的北宋资料而成。

一句话，以上几种文献对契丹、北汉联合军事行动记录的史源几乎完全相同，都源自《太祖实录》，而且中间还经过多次加工，其真实性的确令人怀疑。这种文献不管有多少，只要它的史源文献存在问题，后面的就不必多说了。

有人猜测，契丹趁后周"主少国疑"之际，起兵入寇是完全可能的。这种情况发生的可能性也不大。当年三十四岁的周世宗柴荣即位没几天，北汉、契丹举兵南下，就是想趁后周政权交接不稳时捞个便宜。然而，现在柴宗训即位快半年了，政权的交接已经顺利完成，这个时候再出兵，会不会已经错过了最佳时机？当然，对后周年仅七八岁的小皇帝而言，契丹什么时候出兵都是有可能的。不过，仔细查阅《辽史》的记载，在陈桥兵变前后的这段时间里，并没有联汉侵周之事，而是记录了另外一件事情。辽国那时正在闹内讧。辽国王子敌烈、前宣徽使海思及萧达干等谋反，然后被发觉，被平定，被下狱。平定叛乱以后，辽国要祭祀天地祖宗，向老天爷和列祖列宗汇报一下清除叛党的行动大获全胜。

庚辰，王子敌烈、前宣徽使海思及萧达干等谋反，事觉，鞫之。辛巳，祀天地、祖考，告逆党事败。——《辽史·穆宗本纪上》

所以说，辽国这时正忙着呢，忙得焦头烂额、不可开交，即使后周主动献上一片疆土，辽国这时也未必有空来取，哪里还会主动挑衅？

对北汉与契丹的联合军事行动，更多的人认为这是镇州、定州谎报的军情。主要的根据有两点：

第一，《辽史》中没有这次军事行动的任何记载。

《辽史》主要依据辽国的《实录》编纂而成，对辽国而言，这次军事行动没有任何需要避讳与遮掩的地方，是绝对应该记载的。

第二，根据《宋史》《续资治通鉴长编》等文献记载，赵匡胤的出兵不了了之。

既然赵匡胤领兵抵御契丹、北汉的联军，为什么走出京都四十里外穿上黄袍后就不了了之呢？这次防御性的军事行动更像一次行军拉练，到此为止，而且没有任何损失。怪不得前人产生这样的疑问："千秋疑案陈桥驿，一着黄袍遂罢兵。"查慎行《汴梁杂诗》《敬业堂诗集》卷二，上海古籍出版社1986年版）所以说，镇、定二州是在谎报军情。

但是，也有人对此持否定态度，认为镇、定二州并非谎报军情，因为这两州守将都不是赵氏集团的成员，不会配合赵匡胤参与改朝换代的行动。这种推测也是有史实依据的。

陈桥兵变之时，镇州守将是郭崇，定州守将是孙行友。在大宋建国之后，两个人表现得都不够优秀。郭崇常常追念上一代领导人，思念他在后周时受到的恩遇，并因此黯然神伤，痛哭流涕，以致弄得监军很不开心，怀疑郭崇心怀二志，图谋不轨，并向赵匡胤秘密汇报。孙行友在赵匡胤建国的第二年，曾囤积粮草，召集丁壮，有谋反朝廷之心。赵匡胤借派人巡边的一着瞒天过海，将其押至京城，软禁了起来。从郭崇、孙行友二人在宋初的"不良"表现来看，他们绝对不是赵氏集团的人。

但是，镇州、定州的守将不属于赵氏集团，并不能完全证明契丹与北汉联合军事行动的军事情报是真实的。正所谓：有困难要上，没有困难创造困难也要上。凭借赵氏集团当时的实力，伪造或者以欺骗的方式获得这样一份军事急报，应该不是多么困难的事情。其中的暗箱操作，除了当事人，就无人能知了。不过，当赵匡胤黄袍加身的消息被潘美传达给后周朝廷以后，宰相范质下殿抓住王溥的手，指甲都掐到肉中，几乎出血，说：仓促遣将，这是我们的过失啊！从范质的言谈举止来看，他对赵匡胤集团以及军事急报的问题似乎是有所怀疑的，但当时没有来得及多想。

综合上述几点，可以得出这样一个结论：契丹与北汉的这次联合军事行动，可以有，但其实真没有。

> 崇追感周室恩遇，时复泣下。监军陈思诲密奏其状，因言："常山近边，崇有异心，宜谨备之。"
> ——《宋史·郭崇传》

> 建隆二年，乃徙其帑廪，召集丁壮，缮治兵甲，欲还狼山以自固。兵马都监药继能密表其事，太祖遣阁门副使武怀节驰骑会镇、赵之兵，称巡边直入其城，行友不之觉。既而出诏示之，令举族赴阙，行友苍黄听命。既至，命侍御史李维岳就第鞫之，得实，下诏切责，削夺从前官爵。勒归私第。
> ——《宋史·孙行友传》

那为什么赵氏集团要伪造一份军事急报呢？

首先是兵力方面的问题。

高平之战后，赵匡胤整顿禁军，加强了殿前司禁军的力量，形成与侍卫司相抗衡的局面。因此京城中殿前司虽有数万军队，但侍卫司的人数还是超过了殿前司，至少二者是旗鼓相当的。京城的这种兵力对比使赵匡胤无法保证政变一定能够成功。只有率兵出征，利用临时获得的兵权发动政变才更稳妥。

其次是禁军调控权问题。

依照柴荣生前的布置，调动京城军队的权力掌握在侍卫亲军马步军副都指挥使韩通的手里。赵匡胤想要成功实施兵变，必须将军队调出京城。实现这一点，只有出兵；怎样出兵，要有战事；没有战事怎么办，伪造战事。于是，一场子虚乌有的外敌入侵就应时而生了。

兵力部署很可疑

疑点之二，兵力部署的问题。

从赵匡胤出征的人员安排上，隐约可以发现赵匡胤绝非稀里糊涂地当上了皇帝。

随赵匡胤出征的将领包括：侍卫亲军马军都指挥使高怀德、侍卫亲军步军都指挥使张令铎，侍卫亲军步军虎捷左厢、右厢都指挥使张光翰、赵彦徽；留守京城

初，周郑王幼弱，通与上同掌宿卫，军政多决于通。——《续资治通鉴长编》卷一

的是殿前都指挥使石守信、殿前都虞候王审琦；前锋部队是殿前副都点检慕容延钊。这一安排从表面上看甚为合理，殿前司和侍卫司都部分出征，便于相互制约，但仔细想想这些人与赵匡胤的密切关系就能发现一些端倪，他们可都是赵匡胤的人，是赵氏集团的心腹。

再往前追溯到显德六年的冬天，先派韩令坤"领兵巡北边"《续资治通鉴长编》卷一。这一军事部署，显然加强了对河北的控制。考察一下五代的政局，河北各镇的作用十分重要。能否控制河北各个要镇，往往可以决定一个王朝的生死兴亡。清楚这一点，对赵匡胤陈桥兵变时的军事部署就豁然开朗了：要确保京城政变的成功，就必须先派禁军控制河北。

显德七年正月初二，赵匡胤令慕容延钊率禁军先行，进军的目标是河北真定。正月初三，赵匡胤才亲率大军离京，下午到达陈桥驿。傍晚，根据前方送来的消息，慕容延钊的大兵已经渡过黄河，进入河北。于是四日凌晨才正式发动兵变，迅速回师开封，废周建宋。而此时，慕容延钊已"握重兵，屯真定"《宋史·慕容延钊传》。真定为河北枢纽，这样，慕容延钊就与先期到达河北另一重镇成德的韩令坤一起，控制了河北局势。

这一部署的重要性，可以从兵变成功之后耐人寻味的人员安置中看出玄机。在陈桥兵变后的论功加封中，对韩令坤、慕容延钊二人的封赏远在直接参与兵变

前军昨已过河。——《续资治通鉴长编》卷一

的诸将之上：慕容延钊接替赵匡胤，继任殿前都点检；韩令坤担任侍卫司的最高统帅侍卫亲军马步军都指挥使。可见二人虽未直接参加兵变，实则为兵变的顺利进行提供了切实的保障，实际是兵变成功不可缺少的一部分。赵匡胤如此安排实在大有深意。

从当时全局部署看，韩令坤、慕容延钊部北上至河北，石守信、王审琦部留守京城，夹在这二者之间的就是赵匡胤亲率的发动陈桥兵变的部队。三方势力，一方面可以互为声援、接应，另一方面又可互相制约，尤其可以借南北两方的兵威约束和辖制陈桥驿部队的军纪，这一点很关键，这时再想想陈桥兵变时赵普那番话，就发现有恩威并济、软硬兼施的味道了。

必须注意的是，这些将领与赵匡胤都有密切的关系，他们可都是赵匡胤的人。

谣言的力量也很强大

疑点之三，坊间传言、天象问题。

《宋史》《续资治通鉴长编》《涑水记闻》等书异口同声地说，赵匡胤出兵之前，京城里已经到处传言：出军之日，将立赵匡胤做天子。满城风雨，以致富家担心兵变后将领纵容士兵抢杀掳掠，纷纷准备逃匿，但宫中一无所知。

> 及将北征，京师间喧言，出军之日，当立点检为天子。富室或挈家逃匿于外州，独宫中不之知。——《涑水记闻》卷一

另外，大军离开开封以后，军队中又出现一个天象解读专家苗训，煞有介事地说天上出现两个太阳，一个太阳把另一个太阳搞定了。他还不着边际地说：这就是天命啊！而且聆听者对这突如其来的流言蜚语一点儿也不觉得突兀。

由此可知，当时大军未动，策立之说先行；未到陈桥，就有人拿天象忽悠众人。有这样的序曲存在，谁还会相信陈桥兵变是一次偶发事件，不是事先谋划的？否则，京师传言的肇始者以及这个天文专家苗训真可称得上中国历史上最准确的预言家了。

该醉酒时就醉酒

疑点之四，醉酒问题。

《续资治通鉴长编》中描述在陈桥驿议定策立点检做天子的程序是：首先将士相与谋定，都押衙李处耘立刻报告给赵光义，接着二人同见掌书记赵普，赵普一锤定音，下一步应该向赵匡胤汇报了，但是没有。史书上记载，此时赵匡胤喝醉了酒，正在醉乡中做梦呢。众将士只能环列在赵匡胤大帐之前，等待天亮，等着赵匡胤睡觉睡到自然醒。这样重大的事情，还要等着赵匡胤自然醒，不是时机未到，就是胸有成竹了。

赵匡胤是何等精明之人，军事经验何等丰富，军中

太祖醉卧，初不省。——《续资治通鉴长编》卷一

的一举一动岂能不知。但是很奇怪，兵变前军中骚动，他毫无觉察；流言四起，他一无所知；大敌当前，他烂醉如泥。这是从前的那个赵匡胤吗？显然不是。既然不是，只有一个答案：赵匡胤在装，在演，无心喝酒，有心装醉。赵匡胤是故意置身事外，手下人早就在运作了。一大群人围绕在点检军帐之前，赵匡胤要假装不知，只有醉酒了。可见，醉酒也是有境界的。你看人家赵大帅，醉得多是时候，不早不晚，恰到好处。换李白就不行，李白是"但愿长醉不愿醒"。赵匡胤拿捏得好，"初不醒"，但是时机一到，立马清醒。该醉酒时就醉酒，该清醒时就清醒，因为已经到了该出手时就出手的时候了。

道具早就准备好了

疑点之五，黄袍、诏书问题。

第一，兵变时黄袍来得蹊跷。

正月初四黎明，当睡意蒙眬的赵匡胤惊起出帐，立刻有将士上前，不容分说，硬将一件黄袍给赵匡胤披上。这件黄袍，出现得十分诡异。在君主专制时代，除了皇帝本人，对黄色这种颜色都有许多忌讳。至于黄袍，别说是穿，就是收藏，都是灭门诛九族的大罪。郭威当年兵变的时候，就是因为没有这玩意儿，将士们只好把一面黄色军旗披在他的身上，用山寨版的"黄袍"来象征一下。那么，赵匡胤的这件黄袍是哪里来的呢？明人岳正曾赋诗说："仓卒陈桥兵变时，都知不与恐难辞。黄袍不是寻常物，谁信军中偶得之。"这件黄袍显然是预先准备好的。

随着赵匡胤黄袍披挂在身，众将官一起跪地参拜，高呼万岁。这么大的场面，气势如虹，导演导得好！赵匡胤当然一而再再而三地推辞，推辞是推辞，但就是舍不得脱下那件黄袍。史书上明确记载了赵匡胤脱下这件黄袍的时间，当他带领大军回到开封，军队解甲还营，他回到自己的办公室，这个时候才恋恋不舍地脱下黄袍。事实既定，赵匡胤要接见后周的宰臣了，此时多多少少还有点羞答答，再就是下一步要举行禅位仪式了，那时才真正要着龙袍的，所以眼下必须暂时脱下这一心爱的演出服装。

> 诸将翊太祖登明德门，太祖令军士解甲还营，太祖亦归公署，释黄袍。——《续资治通鉴长编》卷一

第二，禅位时诏书来得诡异。

正月初四傍晚之时，后周的文武大臣接到朝廷通知，齐聚朝廷大殿开会，要见证改朝换代的禅位仪式。一切准备就绪，唯独缺少了周恭帝柴宗训的禅位诏书，这是多令人难堪的事情啊。就在这"尴尬"时刻，只见翰林学士承旨陶谷不慌不忙，从袖中拿出诏书，说诏书在此。这道周帝的禅位诏书来得太凑巧，太及时，所以很诡异。

> 召文武百官就列，至晡，班定，独未有周帝禅位制书，翰林学士承旨新平陶谷，出诸袖中，进曰："制书成矣。"遂用之。——《续资治通鉴长编》卷一

翰林学士承旨是皇家的高级顾问，负责为皇家起草诏书，他出具诏书倒不是越权。但是，按理说，陶谷也是刚刚知道赵匡胤即位的消息，怎么早就准备好了诏书呢？不是赵家早有安排，就是陶谷早有准备。即使不是赵匡胤授意他写的，至少也暗示赵匡

胤要当皇帝已经是"司马昭之心，路人皆知"。陶谷很有政治头脑，敏锐地觉察到了这一政治动向，并对事态的发展前景有准确的预期，因此早早写好诏书，来讨赵匡胤的欢心。当然，这一着很有风险。早有安排或许更接近真实。颇有意味的是，赵匡胤登基后对此人很是鄙视。也许，面对后周的满朝官员，赵匡胤对自己的蓄谋已久、安排妥帖真有点不好意思，只能由陶谷承受了。所以，我赵匡胤必须鄙视你一下，鄙视是鄙视，不过请放心，官我还是要给你升的。

赵家的妇女都知道

疑点之六，事变前后家人的反应。

慕容延钊率先锋部队出发以后，京城开封到处流传着大军出兵之日将策立点检做天子的政治谣言。这些政治谣言是不是为赵氏集团所为？《涑水记闻》记载，赵匡胤听到自己要做天子的传言满城风雨，心里有点发慌，跑回家偷偷和家人商量说：外边都说要立我做天子，除了宫中，地球人都知道了，我该怎么办呢？他的妹妹（司马光《涑水记闻》中说是他的姐姐，应有误，因为他亲姐姐"未笄而夭"，因此应该是他那个后来再嫁高怀德的妹妹）当时正在厨房做饭，听到赵匡胤的话，立即走出厨房，脸色铁青，提着擀面杖，对准赵匡胤就打，边打边骂：你是男人吗？面临如此大事，

初，太祖将受禅，未有禅文，谷在旁，出诸怀中而进之曰：『已成矣。』太祖其薄之。——《宋史·陶谷传》

太祖由是薄其为人。——《涑水记闻》卷一

拿定了主意干就是了，事到临头跑回家来吓唬我们妇道人家干啥！一顿连珠炮，赵匡胤被骂了个狗血喷头，默然而出。对这样一个女子，我们除佩服她巾帼不让须眉的气度以外，还为她未来的丈夫高怀德表示深深的担忧，不过后来他们夫妻关系倒是很和谐的。

赵匡胤的母亲杜氏在得知儿子黄袍加身后，不惊不慌，说：我的儿子我了解，我有数，这孩子想当皇帝好多年了，这不现在当上了。因而，谈笑自若，还说：我这孩子天生奇异，人家都说能当皇帝，用不着我担心。

明人岳正曾为此事赋诗说："家母素知儿有志，他人却道帝无心。史官兼载非相牾，后世那知费讨寻。"

这两条记载反映了这样一个事实：赵匡胤想做皇帝，想取后周而代之，绝不是一天两天的事情了，这件事在赵家的妇女中早就不是秘密了。

另外，据宋代的一些笔记记载，赵匡胤在离京之前已经对家人的安全做了安排。将他的母亲杜氏、夫人王氏安置在寺院之中，并且还说，韩通得知赵匡胤兵变以后，到处寻找赵的家人，全赖寺院僧人保护，才免遭毒害。当年澶州兵变之前，郭威在京都开封的家人全遭杀戮。前车之鉴，赵匡胤对家人的人身安全提前做好安置，应该是非常可能的。即使笔记中记载的这件事情不尽可信，但从兵变后赵匡胤家人的安

大丈夫临大事，可否当自决胸怀，乃来家间恐怖妇女何为邪！——《涑水记闻》卷一

吾儿素有大志，今果然。——《宋史·太祖母昭宪杜太后传》

吾儿平生奇异，人皆言当极贵，何忧也。——《涑水记闻》卷一

太祖仕周，受命北伐，以杜太后而下寄于封禅寺。抵陈桥，推戴，韩通闻乱，亟走寺内访寻，欲加害焉。主僧守能者，以身蔽之，遂免。太祖德之，即位后，极眷宠之。——王明清《挥麈后录》卷五引《五季泛闻录》语

全无恙中亦可猜度一二,赵匡胤是做了充分准备的。

该杀的还得杀

疑点之七,韩通被杀问题。

陈桥兵变后,后周朝廷唯一一个准备抵抗者就是侍卫亲军马步军副都指挥使、在京巡检韩通。不幸的是,就在韩通准备组织军队抵抗途中,被散员都指挥使王彦昇逮个正着,一路追到韩通家里,将其杀害。

韩通是在京的侍卫司的最高将领,调集兵马应该是很方便的,居然就这样被迅速解决,不做好周密的安排部署,不事先谋划好,恐怕不好办。韩通被解决后,赵匡胤责备王彦昇不遵守他定下的规矩,我不是说过咱不杀人吗?要杀王彦昇,想了想,我说过不杀人的,所以也不能杀你,王彦昇还是不断升官。虽然赵匡胤事后追赠韩通为中书令,并厚礼安葬(就是给他个皇帝他也活不过来了,所以可以很大方,很体面)。再后来,赵匡胤到开宝寺游览,看见墙上有韩通的画像,立即命令将它擦掉。为什么呢?或许杀韩通就是他指使的,他看见韩通的画像觉得心中有愧,有点恶心自己了。

我的心思你别猜

疑点之八,风生水起,早有大志。

尽管赵匡胤在周世宗面前表演得非常到位,也确实深受柴荣信任。但内心之中的想法仍无法完全遮掩，在他人面前仍偶尔显示出来。他的家人早就知道，当然，家人知道是没事的。

在周世宗下世之前，有三个人察觉了赵匡胤的未来动向。

第一位是后周右拾遗杨徽之。

他曾经向周世宗柴荣进言，说赵匡胤相当有人望，不适合掌管禁兵，早晚要出事的。赵匡胤登基后，有意找碴儿要解决杨徽之。总算赵光义好说歹说，没杀他，但在乾德元年十二月将杨徽之贬放为天兴令。

> 右拾遗浦城杨徽之，亦尝言于世宗，以为上有人望，不宜典禁兵。——《续资治通鉴长编》卷四

第二位是郑起。

他曾经向宰相范质提醒过同样的话，被贬放为西河令。

第三位是韩微。

韩微是韩通的儿子，他多次警告他爹，要小心防范赵匡胤，但韩通并未听取儿子的建议，结果父子都被王彦昇杀死。

这三人都说中了赵匡胤的心思，正中七寸，想必赵匡胤会惊出一身冷汗，"差点坏了我的大事"，赵匡胤衔恨已久，所以得杀，得贬。

虽然"陈桥兵变，黄袍加身"的整个过程策划得很精彩，赵匡胤表现得很无奈，但是，历史的真

> 上即位，将因事诛之。皇弟光义曰：'此周室忠臣也，不宜深罪。'于是亦出为天兴令。——《续资治通鉴长编》卷四

> 见上握禁兵，有人望，乃贻书范质，极言其事，质不听。——《续资治通鉴长编》卷四

相很难被完全掩埋，蛛丝马迹抹也抹不尽，最终还是露了马脚。以上种种疑点显示，赵匡胤陈桥兵变显然不是什么"阳谋"，是赵匡胤及其集团蓄谋已久的有计划、有组织的一次改朝换代的军事政变。

史学家邓广铭在对陈桥兵变详细分析后总结说，周世宗于显德六年以三十九岁的年龄去世，即位的恭帝年仅六岁（邓先生可能指周岁而言）。这寡妇孤儿的局面，自然被宋太祖认为是绝不可失的良机，遂于世宗逝世的次年正月借出兵的机缘而采取行动。陈桥驿呼号拥戴的士兵和将领们，只不过是供其驱使的一群傀儡，赵光义、赵普、石守信，以及张永德、王溥等人，也只是平素与闻其事的参佐人物而已，真正的谋划者还是宋太祖本人。

赵匡胤为什么要把自己设计成为一个毫不知情的角色呢？史书中记载的赵光义、赵普等人又是怎样成了事件的重要参与者的呢？

通过上一章我们对陈桥兵变八个疑点的探讨，可以得知：陈桥兵变是赵匡胤及其军事集团蓄谋已久的从后周孤儿寡母手中夺取政权、改朝换代的一次成功的军事政变。然而，史书对赵匡胤政变中的关键情节却遮遮掩掩。我们谈到的八大疑点归根结底是三个问题：一是赵匡胤被塑造成了一个置身事外、毫不知情的角色；二是赵光义与赵普在陈桥兵变中成为主要决策者；三是陈桥兵变的真相与史书的记载差距如此之大。这一切到底是怎么炼成的呢？

七

百炼成『真』

赵匡胤说：不关我的事啊，是他们逼我的

显德七年(960)正月初四，赵匡胤带领着北上抗击契丹、北汉军队的大队人马，浩浩荡荡，井然有序地返回了开封。

面对后周的宰相范质、王溥等人，赵匡胤痛哭流涕，边哭边诉说：不关我的事啊，是他们逼我的。昨天晚上，我率领大军在陈桥驿驻扎，喝了点酒，你们都知道，我平时也是喜欢喝酒的。昨晚我喝得多了点，喝多了就睡了。啥也不知道，真的。今天一大早，我听到营帐外乱糟糟的，匆忙穿衣出去看看。一出帐门，不知是哪个混账东西把一件黄袍披在我身上，我哪里敢穿这衣服啊？可他们逼我穿，下面将士一起跪倒，高呼万岁。那场面，那是相当大。接着他们又逼着我回师。这不，我没办法，就回来了。是他们逼我的，真的。我深受世宗的恩遇，现在被六军逼迫，不得已走到这一步，不得已，愧对天地啊，你们说说，我能咋办啊！范质、王溥还没来得及说一句话，旁边的军校罗彦瓌提着三尺长剑走上前，厉声喝道："我辈无主，今日必得天子。"赵匡胤呵斥也没用，看来好像真的是被逼的。王溥知趣，赶紧降阶跪拜。范质不得已，也跪拜高呼万岁，他倒真的是被逼的哦！

这个场景虽然不宏大，但策划得很精彩，赵匡胤表现得也很无奈。他的一番哭诉，中心只有一个：我是被逼迫的，不是我有意谋反。身旁罗彦瓌三尺明晃晃的长剑也进一步印证了赵匡胤的表白。不过，前面我们已经分析过，赵匡胤陈桥兵变显然不是什么"阳谋"，是赵匡胤及其集团蓄谋已久的有计划有组织的一次改朝换代的军事

政变。陈桥驿上呼号拥戴的士兵和将领们，也只不过是供赵匡胤驱使的一群傀儡，赵普、罗彦瓌等人呢，也只不过是平素与闻参佐人员而已，真正操纵指使者，正是赵匡胤本人。

赵匡胤是陈桥兵变这一重大历史事件的真正谋划者，是总编剧、总导演兼男一号，为什么他非要把自己设计成为一个毫不知情、被逼无奈的角色呢？

摆脱道德困境。

赵匡胤从后周孤儿寡母手中夺取政权，承担了两项骂名：一是国贼篡政，二是欺负孤儿寡母。这两项恶名让赵匡胤陷入了道德困境。

三国时期的曹操为人处世够直率了，他曾说过："设使国家无有孤，不知当几人称帝，几人称王。"《三国志·魏书·武帝纪一》(中华书局1982年版)曹操实际上是东汉末年名副其实的最高统治者，可他挟持汉献帝十五年，始终没敢篡夺汉献帝的皇位，为什么？就是不愿承担乱臣贼子的千古骂名。赵匡胤也不想承担，但他要篡权。既然要篡权，自己又不想背这口黑锅，就要有人替他背，他自己则一定要打扮成忠臣孝子的模样。谁来背这口大黑锅？当然不能是一个人，要不然，他辛辛苦苦处心积虑还不是为他人做了嫁衣，必须是一群人。最终赵匡胤想到了手下贪图富贵的将士。后周的江山之所以改成了赵家的天下，不是我赵匡胤贪婪，是由于我手下的士兵们自贪富贵，逼迫我这么做的。

赵匡胤之所以对陈桥兵变中的关键场景遮遮掩掩，说到底，还是拘泥于儒家的正统思想。君君臣臣，父父子子，这个社会的秩序必须稳固好。乱臣贼子，自然为儒家正统思想所不齿，人人得而诛之。承担一时的骂名尚是小事,"成大事者不拘小节"嘛。那自己当上一国之君后,如何稳固自己的政权?从赵匡胤建立宋朝后证明自身政权合法性的一系列努力来看,还是费了很大一番功夫的。为什么呢?根本原因在于开创者曾经破坏了能够证明其政权合法性的理论基础。

欺负孤儿寡母也是一大恶名。赵匡胤陈桥兵变选择了最佳时机:小皇帝和新寡妇当政,这当然是千载难逢的机会,精明的赵匡胤自然不会放过。但是,赵匡胤从年幼的娃娃和毫无政治经验的寡妇手中抢了后周的政权,犯了一大忌讳。一个大男人,欺负一个小孩,欺负一个寡妇,抢小孩的东西,抢女人的东西,自己也觉得太不光彩,太不地道。所以,必须想办法洗清自己在陈桥兵变黄袍加身中的"不良表现"。

怎么洗呢?

说起洗,世界上"洗"的学问可就大了。洗衣,洗碗,洗肠,洗眼,洗脑,洗钱。目的不外两个,一是除去污垢,二是将来路不明转换成名正言顺。赵匡胤通过这种极不光彩的方式夺取政权,在个人形象上有重大污点,而且权力来源不正当,必须洗。怎么洗呢?事变之前装不知情,置身事外;事变之中装无辜,被逼无奈;事变之后装正统,天命所归。这样,就把自己塑造成一个事出无奈、天命所归的最佳人选。

赵匡胤就是通过演、通过装、通过洗的方式,把自己塑造成了忠于周室又天命所归的最佳人选,大宋取周而代之也就是顺理成章的事情了。

赵光义说：我哥当皇帝这么大的事，还能少了我

开宝九年(976)，宋太祖在"斧声烛影"中神秘离世。盖棺论定，记载宋太祖一朝历史的《太祖实录》的编修，随即提上了日程。太平兴国三年(978)，宋太宗赵光义命令翰林学士李昉、扈蒙等修《太祖实录》，而修《太祖实录》，第一个绕不过的大事件就是陈桥兵变。这次修撰成的原始文献我们今天已经见不到了，但是，可以肯定，赵光义对这次编修工作是相当不满意的。因为在淳化五年(994)修订《国史》之前，宋太宗对宰相说：太祖朝的事情，才过去几天啊，你看看《实录》中的记载，又粗疏，又简略，该写的没写，该记的没记，还是让史官重新编修吧。接着，赵光义在打了几句史官应该善恶必书、不能隐讳的官腔之后，下了正式命令：太祖承受天命，可不是曹操、司马懿那样天天处心积虑挖空心思篡夺皇位的奸雄。太祖对周室忠心耿耿，日月可鉴，后来登上皇位，绝非有意为之。陈桥兵变的本末，史官记载得太简单了，应该到处搜集一些材料，重新增补完整。

宋太宗这样说的目的非常清楚：一是进一步

上语宰相曰：『太祖朝事，耳目相接，今《实录》中颇有漏略，可集史官重撰。』——《续资治通鉴长编》卷三十五

太祖受命之际，固非谋虑所及。昔曹操、司马仲达皆数十年窥伺神器，先邀九锡，至于易世，方有传禅之事。太祖尽力周室，中外所知，及登大宝，非有意也。当时本末，史官所记殊阙然，宜令至等别加缀辑。——《续资治通鉴长编》卷三十五

表明大宋取代后周，不是蓄谋已久，并非人力所致，实乃天命所归。关于这一点，从赵匡胤时代就努力营造这种舆论了。二是对陈桥兵变前后始末，史官记载缺失得太多了，应该重写。后者或许才是宋太宗赵光义下令重修《太祖实录》的真正用意。

为什么这么说呢？

《续资治通鉴长编》记载陈桥兵变时，众将领把赵匡胤扶上马，准备回师开封，这个时候，赵光义跳了出来，跑到马前，坚决恳求他的哥哥必须下令禁止士兵将领抢杀掳掠，于是才有了太祖约法立誓之举。这段文字之后，《续资治通鉴长编》的编写者李焘有一段小字注释，大意是说：《旧录》中禁止士兵回京抢杀掳掠的事情，是太祖自己约束士兵的，并没有他人进言，这里是根据《新录》的说法。这段注释透露了玄机。

赵光义不满意李昉等人编修的《太祖实录》，下令史官重修，并增补陈桥兵变的始末，原因在于他对《旧录》中未能凸显他在陈桥兵变中的功绩甚为不满，因此在重修之前，先明确表明此意：我哥哥顺应天命，登上皇帝宝座这样的大事，怎么能少了我？

令太宗遗憾的是，他生前没能看到按照其要求编修的《新录》完成，因为编修者之一的张洎仅撰写了一卷就死掉了，这件事情一直拖到赵光义的儿子宋真宗咸平元年(998)才重新提上日程。

> 遂相与扶太祖上马，拥逼南行。匡义立于马前，请以剽劫为戒。——《续资治通鉴长编》卷一

> 《旧录》禁剽劫都城，实太祖自行约束，初无纳说者。今从《新录》。——《续资治通鉴长编》卷一

赵恒说：必须按照我爹的意思重修我伯父的实录

宋真宗咸平元年，赵恒对钱若水等编修的他父亲一朝的《太宗实录》很是满意，因此接着命令钱若水等继续重修他伯父一朝的《太祖实录》。钱若水最初很不想接这活儿，在真宗的劝说之下才无奈地答应了。

也许对宋太宗的生平行事在《太宗实录》中已经盖棺论定，这次对《太祖实录》的编修速度很快，到第二年(999)六月全部完成重修《太祖实录》五十卷。宋真宗赵恒对这次编修的成果似乎还算满意，"上览之称善"《续资治通鉴长编》卷四十四，并对编修人员加官封邑，大加表彰。不过，其中主事者之一的李沆对真宗的奖赏不大感冒，坚决恳辞，真宗没有办法，最后只得同意。

史书记载钱若水、李沆都是耿直之人，从钱若水不愿意揽这活儿到李沆功成之后坚决不受赏赐来看，很可能是不愿意睁眼说瞎话，或者违心说了也内心实在有愧。

《新录》编修过程中虽有间歇，人员虽有更换，但一定贯穿了真宗的父亲赵光义的意图。所以修成的《新录》比《旧录》详细了不少。即使对陈桥兵变

> 上曰：'卿新修《太宗实录》，甚为周备。太祖事多漏落，故再命卿，毋多让也。'"——《续资治通鉴长编》卷四十三

> 凡得姓、受禅、平僭伪、更法制，皆创行纪述，视前录稍详。——《宋会要辑稿》职官一八之六九（上海古籍出版社2014年版）

重要内容的记录详细了不少，可能在关键细节上仍未能达到真宗理想的程度，所以真宗认为还不够全面。于是，到大中祥符九年(1016)的时候，以"还有该记的没有记"的理由，再一次进行了增修，这就是后人所谓的《新录》。

《新录》《旧录》今天我们都见不到，但李焘见到了，并记载了"二录"在陈桥兵变关键场景记载中的差异，但他还是采用了《新录》的说法。

宋人不敢明说，但元人敢。元代的袁桷在编修《宋史》搜求文献之时的《条列事状》中就很明确地指出：

> 《宋太祖实录》，旧有两本。一是李昉诸臣所为，太宗屡曾宣索，已有避忌。至真宗咸平再修，王禹偁直书其事，出为黄州。禹偁所著《建隆遗事》，足见深意。前《实录》无"太宗叩马"一段，后《录》增入，显是迎合。《修辽金宋史搜访遗书条列事状》(《袁桷集校注》卷四十一，中华书局2012年版)

这段文字也明确地指出了《新录》《旧录》在陈桥兵变一事记载中的差异，《新录》增加了太宗叩马进谏一事，从而凸显了赵光义在陈桥兵变中的重要意义。陈桥兵变不同于以前的兵变之处就在于兵变中没有放任士兵抢杀掳掠，这一点也被后人津津乐道。赵光义把这件事情的肇端加冕在自己头上，是想证明他本人在陈桥兵

修国史院言《两朝实录》，事有未备，望降赴本院增修，从之。——《续资治通鉴长编》卷八十六

变中功劳是很大的。改朝换代之后的元人编修《宋史》时，没有这种忌讳，就删去了赵光义叩马进谏的情节。

颇有意味的是，宋真宗时重修《太祖实录》的成员之一王禹偁没有深刻领会到领导的意图，或者仍欲坚守史官秉笔直书的传统，结果被贬黄州。不过王禹偁后来编撰了一部《建隆遗事》，其记载自然与《实录》有所不同。按照王禹偁的记载，陈桥兵变发生之时，赵光义根本就没有随从大军，而是在开封留守，正陪着他的母亲杜氏呢。假如这段记载是真实的，那赵光义不但没有叩马进谏的机会，就连随从大军离开京都的事情都没发生过，那他对陈桥兵变、大宋建国根本就没有多少贡献。退而求之，即使赵光义的确参与了陈桥兵变，其作用也可能绝对没有我们今天看到的文献所记载的那么大。《续资治通鉴长编》中记载陈桥兵变是赵光义与赵普二人定夺的，这里面一定少不了添油加醋的夸张成分。

不管如何，赵光义的目的就是提高他在陈桥兵变大宋建国中的地位，把他塑造成主要策划者，重要措施出台都与他密切关联，以此烘托他的高大形象，也由此证明他继承皇位的合理性（其实很可疑，后面还要详细讲解）。为此，史官逢迎圣意，"别加缀辑"，粉饰、掩盖，大动手脚。经过太宗、真宗父子两代的不懈努力，赵光义在陈桥兵变中的形象顿时高大起来，成为陈桥

咸平初，修《太祖实录》，与宰相论不合，又以谤谪知黄州。——邵伯温《邵氏闻见录》卷七（中华书局1983年版）

上初自陈桥即帝位，进兵入城，人先报曰："点检已作天子归矣！"……晋王辈皆惊跃奔马出迎。——《邵氏闻见录》卷七

兵变大宋建国的重要功臣。

如果从赵光义的角度重新叙述陈桥兵变中的关键场景，赵光义当如是说：

正月初三，我以内殿祗候、供奉官都知的身份，跟随我哥北上抗击外敌入侵。大军纪律严明，井然有序。当天傍晚在陈桥驿驻扎。都押衙李处耘忽然跑到我这里，说军中将领"刚刚做出了一个艰难的决定"，要先立我哥做天子，再北征也不迟。我一听，意识到问题重大，立刻与李处耘去见掌书记赵普，事情还没说清楚，众将纷纷而入。我和赵普好说歹说，我大哥那么忠心耿耿的人，他不会宽宥你们的。有几个人离开了，但不一会儿，他们又集合起来，带着兵器，说什么事已至此，我们岂能坐以待毙。我看到事情不能阻止，就和赵普一起大声叱呵他们，策立这么大的事情，你们不好好策划一下，岂能如此狂妄放肆。我和赵普因势利导，就和他们约定严禁借此掳掠，众将允诺，然后在我哥帐外等候。天亮的时候，我和赵普进帐告诉我哥昨夜发生的事情，众将已在外高呼：策立点检做天子。在众将拥逼之下，我哥上马回师京都。这个时候，我跑上前去，拦住他的坐骑，说一定先要下令禁止抢杀掳掠。必须地，我哥因此约法。就这样，大军纪律严明地回到京都，兵不血刃、市不易肆地改朝换代。整个过程，赵普是最清楚的，不信问他。

赵普说：是，我作证，也有我的份儿

元人编修的《宋史》对陈桥兵变中赵普活动的记载，仅赵普与赵光义在正月初四黎明时分进入大帐一事，但《续资治通鉴长编》中却记载了很多。上述赵光义的行动，在《续资治通鉴长编》中大都是同赵普共同完成的，"普及匡义""普与匡义"等等，而且还有赵普"与匡义同声叱曰"，二人叱责军中将领也异口同声，内容一样，太富有戏剧性了，在人名排序上也都是赵普在前。这些内容暗示，似乎在陈桥兵变谋定之时，赵普的功绩更大些。

《续资治通鉴长编》中对赵普活动的记载，除了参照《国史》及《新录》外，还参照了赵普的个人著作《飞龙记》。

《续资治通鉴长编》的编写者李焘在记述赵普与赵光义对军中将领进行劝说句下，有一段小字注释：

> 赵普《飞龙记》云：处耘亦同普晓譬诸将。按《国史》，处耘见军中谋欲推戴，即遽白太宗，与王彦昇谋，遂召马仁瑀、李汉超等定议。然则晓譬诸将独普与太宗耳，处耘必不在也。今削去处耘名。

大意是赵普《飞龙记》中说同时劝说众将领的还有李处耘，这是不符合事实的，因此此处将李处耘的名字去掉。

另外，李焘在叙述崇元殿禅让仪式之后也有一段小字注释：

> 苏辙《龙川别志》言：韩通以亲卫战阙下，败死。太祖脱甲诣政事堂，范质见太祖，首陈禅代议。与《国史》及《飞龙记》、司马光《记闻》《朔记》等所载都不同，恐《别志》误。韩通仓卒被杀，未尝交锋。而太祖实归府第，将士即拥范质等至，质等见太祖必不在政事堂。其约束

将士不得加无礼于太后、少帝,固先定于未入城时,非缘质请也。惟执王溥手出血及光所记质不肯先拜,当得其实。今参取删修。

大意是苏辙《龙川别志》的记载与《国史》《飞龙记》等所记载都不同。

这些注释文字暗示了两个问题:一是李焘撰写《续资治通鉴长编》时参阅了《飞龙记》,二是赵普《飞龙记》的记载并不完全可靠。

既然《飞龙记》出自赵普之手,记载又不够可靠,那么,他记录的陈桥兵变,也很有可能将自己在陈桥兵变中的功绩有意拔高,从而彰显他在大宋开国中的卓越贡献。比较一下元人编纂的《宋史》与宋人李焘编纂的《续资治通鉴长编》在记载赵普于陈桥兵变中的活动就会清楚这一点。

宋太宗赵光义要凸显他在陈桥兵变中建立的丰功伟绩,赵普也想往自己脸上贴金。反正赵匡胤已经死了,烧香焚纸掘坟,横竖不会起来反驳。到真宗的时候,参与陈桥兵变的那些老家伙也大多不在了,因此就更不用顾忌什么了。宋太宗示意史官把他描绘成陈桥兵变的主要策动人物,方式是"别加缀辑",即要求史官从他处寻找资料。本来没有的事情,到哪里找材料都不好使,难怪有人不想接这活儿,难怪有人心中有愧。史官在窘迫之余,乃发挥合理的想象,编写赵光义与赵普种种言论,以及与军中将领的话语,通过这些空洞的语句以混淆天下及后世的听闻。

于是,我们看到的陈桥兵变就被"炼"成了:

赵匡胤委屈地说:不关我的事啊,是他们逼我的。

赵光义挺着胸脯说：我哥当皇帝这么大的事儿，还能少了我？

赵普乘机说：是，我作证，也有我的份儿。

赵恒坚定地说：必须按照我父亲的意思重新修我伯父的实录，谁不听，给我贬。

史官讨好地说：不听话的走了，领导咋说我们就咋写，是添油还是加醋？

于是，柴宗训稚嫩地说：我年轻不懂事，治理国家这么大的事儿还是交给赵大叔吧。我叫手下写份委任书。

陶谷赶紧说：不用找了，我写好了。"予末小子，遭家不造；人心已去，国命有归……"《旧五代史·周书·恭帝纪》

赵匡胤端坐在崇元殿上，望着下面跪拜的满朝文武大臣，挥了挥手，缓缓地吐出几个字：众位爱卿，朕累了，今天就到这里，大家都散了吧。

至此，陈桥兵变始末出炉。

谎言重复一千次也会成为真理，对此，宋太宗深信不疑。

掩饰、粉饰都改变不了的事实

赵匡胤对陈桥兵变中的所作所为极力掩饰，表现极度被动；赵光义对陈桥兵变的无中生有，按捺不住的积极。其实，兄弟俩的意图是一样一样的，可谓殊途同归，都是为了证明自己，证明自己政权的合法性，解除他们道德上的困境，制造顺天应人的仁君形象。但是，不管是阴谋还是阳谋，不管是掩饰还是粉饰，都改变不了这样的事实：公元960年正月，陈桥兵变的确发生了，大宋取代了后周也是板上钉钉的事情了，陈桥兵变也因此成为大宋三百多年基业的起点，所以说，陈桥兵变取得了巨大的成功。

陈桥兵变的成功至少表现在以下四个方面：

第一，历史选择赵匡胤发动陈桥兵变是历史的幸运。

陈桥兵变是赵匡胤的阴谋，这没错；赵匡胤欺负孤儿寡母，巧取后周江山，这也是事实。然而，我们必须明白，在五代的乱世中，八岁的柴宗训绝对不可能守住后周的江山。如果赵匡胤不取，那很可能就被李重进、张永德或者什么王匡胤、周匡胤取走，无法想象他们建立的朝代是什么样子。有可能更好，也极有可能是继后周之后的第六代，并且还有可能开启第七、第八代，甚至第N代，中华文明还能够"造极于赵宋之世"吗？当然历史不能想象。但可以肯定的是，发动陈桥兵变的赵匡胤具备做一国之君的综合素质：宽仁大度、勤政爱民、励精图治，等等。历史选择了赵匡胤，这是历史的幸运，古代中国在宋代迎来一个发展高峰就成为历史的必然。

我们用了不少篇幅极力恢复赵匡胤陈桥兵变的真相，目的仅仅是让人们尽可能多地了解历史的真相，虽然我们知道完全恢复历史真相是不可能的，但是，我们还想尽力去做。当然，探讨历史的真相绝不是为了贬损赵匡胤。了解陈桥兵变的真相，揭穿赵匡胤、赵光义等人在这一重大历史事件中开脱自己的谎言绝不是批评赵匡胤。了解历史真相与评价历史人物有关系，甚至有极为密切的关系，但是，二者绝对不是一回事。赵匡胤用不光彩的手段夺了后周的政权是一回事，赵匡胤是一位远比五代时期其他君王更称职的皇帝是另一回事。一码是一码，彼此不能代替。

第二，陈桥兵变的收益不可估量。

就直接过程而言，陈桥兵变是短暂的，只用了几天的时间；就开支而言，没有动用大量的人力、物力、财力，充其量只是一次部队短距离、短时间野外拉练的开支。但就结果而言，陈桥兵变的收益很高。陈桥兵变的结果是赵氏家族赢得了后周的万里河山，追随者高官厚禄，封妻荫子，这都不重要。重要的是结束了五代十国乱哄哄的混战局面，迎来了一个在中国历史上持续三百多年、值得称颂的大宋王朝。饱经战火之苦的民众终于有了一个和平安宁的生产生活环境，为社会的进步、经济的发展、文化的繁荣创造了良好的条件。这样的收益是不可估量的。

第三，陈桥兵变为宋代政治文化走向文明化和理性化奠定了基调。

陈桥兵变虽然也是"枪杆子里出政权"，但与五代其他的兵变相比，又有根本的不同。兵不血刃、市不易肆，平稳顺利地实现了政权的交接，从根本上改变了过去以暴易暴的恶性循环，没有给国家与人民带来新一轮的灾难。损失最大的柴家，并没有成为刀下之鬼，而是得到了足够的优待。

陈桥兵变的背后凝结着理性、人道和文明。这使得宋代的政治生活中，理性、人道、文明的色彩在增多，政治运作的文明化、理性化程度大大提高，从而对两宋社会产生了积极的影响。

第四，陈桥兵变为中央集权的加强提供了借鉴。

从准备、策划到实施，陈桥兵变做得非常漂亮，非常精彩，可以说做到了极致。这令此后在北宋的庙堂之上想再实行新的军事政变者望峰息心，难以超越了。更重要的是，赵匡胤从自己成功实施的兵变中总结、借鉴，直接启迪了宋朝的国策。赵匡胤鉴于陈桥兵变，取治以文，既是政治手段，又是现实之需，却在某种程度上促使宋朝经济、文化大放异彩。

公元960年的后周和宋朝的政权更迭是通过一场"和平演变"完成的，它最大限度成全了一个城市，成全了一个国家。就此点而言，陈桥兵变是一举多赢的。

历史选择赵匡胤实施陈桥兵变，是历史的幸运，更是中华民族的幸运。伴随着崇元殿禅让仪式的完成，赵匡胤的历史角色完成了真正的转换。对刚刚登上皇位的赵匡胤而言，一系列的问题在等待着他：新王朝的合法性问题、新王朝与旧臣子的矛盾、中央政府与地方节度使的矛盾……赵匡胤该如何处理这些问题呢？

开国大事

〈八〉

公元960年的正月初五,在中国历史上是两个王朝的分水岭。这一天,后周殿前都点检赵匡胤顺利地进行了角色转换,定国号宋,改元建隆,大赦天下。后周的显德七年成了大宋的建隆元年。建隆的意思就是建立一个兴旺发达的王朝,赵匡胤不希望自己的王朝成为五代之后的第六个短命王朝。但对于这个刚刚建立起来的大宋王朝,百事待兴,四大问题摆在赵匡胤面前,等着新任之君去处理:一是后周的小皇帝该怎么安置?二是怎样处理前朝遗民?三是如何安置自己的那帮弟兄?四是怎么处理各地林立的节度使?

封个称号不算什么

陈桥兵变的完美设计为新皇帝保留了一个完美的形象，但建国能否有成，尚有赖赵匡胤的努力，因为他有大量的问题需要处理。

赵匡胤面临的第一要务是如何处理后周皇室成员。

如何安置后周的小皇帝与太后？赵匡胤早就胸有成竹了。

在从陈桥驿回师东京之前，他曾对手下将士约法三章，第一条就是：少帝与太后，都是我曾经北面跪拜过的人，严禁你们凌辱他们。当赵匡胤在崇元殿以柴宗训禅让的方式全盘接管了后周的政权后，柴宗训的历史使命就算完成了，到了他退出历史舞台的时候了。

但无论从感情上还是政治需要上，赵匡胤对刚刚走下圣坛、损失最大的柴氏家族不能亏待。对此，赵匡胤做了两个重要决定：第一，将柴宗训封为郑王，将符氏封为周太后，迁居西京洛阳（《宋史》云西宫），级别降低了，待遇没多大变化，依然能够过上养尊处优的生活。第二，周室宗庙、寝陵，仍然派人守护，并命周宗正按时祭飨，派朝廷官员祭拜周太祖、周世宗，并以法令的形式规定下来。

> 命宗正少卿郭玘祀周庙及嵩、庆二陵；因诏有司以时朝拜，著于令。——《续资治通鉴长编》卷一

末代皇帝大多以悲剧结尾，少有善终。柴宗训虽然失去了整个天下，但他遇见了赵匡胤，这是他的造化。

对这个孩子来讲，处于五代之中，丢掉天下是迟早的事情。现在他虽然丢掉了天下，但并没有因此丢掉性命，这也许是他不幸中的幸运。

赵匡胤对后周宗室所表现出的宽容与大度，虽可能有宋代史臣溢美的成分在，但大体应该是可信的。建隆三年(962)，刚刚十岁的柴宗训又被移居房州(今湖北房县)，后来赵匡胤派他早年的启蒙老师辛文悦知房州，因为赵匡胤认为辛文悦是一个忠厚长者，才有意做如此安排。柴宗训于开宝六年(973)离世。

赵匡胤对后周宗室的妥善安置与处理，也散见于宋代的一些笔记记载之中。

赵匡胤在进入东京皇宫时，见宫妃抱着一个婴儿，就问是谁的孩子。宫妃回答说是周世宗之子。当时，范质、赵普、潘美都在一旁，赵匡胤问他们怎么处理。赵普等回答说：应该除去，以免后患。潘美默然不语，赵匡胤问他的意见，潘美不敢回答。赵匡胤说：我接人之位，再要杀人之子，我不忍心。这时，潘美说：我和陛下都曾经北面侍奉过周世宗，倘若我劝您杀掉这孩子，实在是有负世宗，如果劝您不杀，陛下必然生疑。赵匡胤就把这婴儿交给潘美抚养，以后也没再问起过，潘美也一直没有向太祖提起这婴儿。这婴儿成人后，取名惟吉，官至刺史。

太祖皇帝初入宫，见宫嫔抱一小儿，问之，曰世宗子也。时范质与赵普、潘美等侍侧，太祖顾问普等，普等曰：『去之。』潘美与一帅在后，不语。太祖召问之，美不敢答。太祖曰：『即人之位，杀人之子，朕不忍为也。』美曰：『臣与陛下北面事世宗，劝陛下杀之，即负世宗。劝陛下不杀，则陛下必致疑。』太祖曰：『与尔为侄，世宗子不可为尔子也。』美遂持归，其后太祖亦不复问，美亦不复言。后终刺史，名惟吉，潘夙之祖也。美本无兄弟，其后惟吉历任供三代，止云以美为父，而不言祖。余得之于其家人。——王巩《随手杂录》(中华书局2017年版)

上面这则逸闻应该是可信的，因为：第一，《随手杂录》这部笔记的撰者王巩是北宋名相王旦之孙，"多识前言往行"，他明确地说这件事情的本末来自潘惟吉的后代，潘惟吉也就是周世宗的儿子，柴宗训的兄弟。第二，南宋绍兴年间的王铚在《默记》中也记载了此事，并且更为详细一些。第三，《宋史·潘美传》中也说潘惟吉是潘美的养子（从子）。因此，在对待后周宗室的问题上，赵匡胤对柴宗训的兄弟也一样采取了极为宽容的做法。

除此以外，宋代的一些笔记中还记载，赵匡胤曾在当上皇帝后的第三年（建隆三年），秘密地镌刻一碑，立于太庙寝殿的夹室，称之为誓碑。每任皇帝即位之初都要将碑文默记在心，并严格遵守。誓碑刻有誓词三条，第一条就是关于厚待后周宗室柴氏及其后裔的戒条，大意是说，柴氏子孙倘若犯了罪也不能用刑，即便是谋反等大逆不道的罪行，也只能赐其在狱中自尽，不能在外公开行刑，更不能实行连坐。

关于太祖誓碑是否为历史真实，或为子虚乌有，一直争论纷纷，我们暂且不论。即使此事为伪造，但从宋朝廷对柴氏子孙的宽厚处理中至少也反映出了部分的真实。

开宝六年（973）暮春三月，郑王柴宗训离世。赵匡胤闻之悲恸，素服发哀，辍朝十日，又派遣朝廷使者

柴氏子孙有罪，不得加刑，纵犯谋逆，止于狱中赐尽，不得市曹刑戮，亦不得连坐支属。——《避暑漫抄》《全宋笔记》第5编第8册，大象出版社2012年版）

前往监护发丧，赐谥号"恭"，葬于周世宗陵的旁边，曰顺陵。

赵匡胤如此厚待亡国之后裔，这在中国历史上几乎是空前绝后的，反映出这位开国之君的仁厚胸怀。

其实，赵匡胤厚待后周宗室，一方面反映了他的自信，他认为自己有足够的力量驾驭亡国之君；另一方面，也是更为重要的一点，对柴宗训与符后的处置是赵匡胤真正成为皇帝后处理的第一件事，原后周文武大臣众目睽睽地在盯着呢，看新皇帝如何处理旧王朝，包括他们自身的未来，他们都想从中揣测新皇帝的工作作风。因此，对赵匡胤而言，人家把帝位都让给你了，封个不值钱的称号又算得了什么，即使花点钱那也是应该的。但他要借此向后周的文武大臣做出一种姿态，放出一个信号：对你们从前的最高主子我尚且如此优待，你们尽管放心好了。

赵匡胤对后周宗室的宽容厚待与保护在原后周官僚阶层中产生了极大影响，在很大程度上让他们忐忑不安的心稍稍放松。他们满怀信心地认定，后周的宗室既然能够得到保全，那么他们这些前朝旧臣也不会遭到厄运。那么，事实会怎样呢？赵匡胤接下来是如何处置这些文武大臣的呢？

> 皇朝开宝六年春，崩于房陵。今上闻之震恸，发哀成服于便殿，百僚进名奉慰。寻遣中使监护其丧。——《旧五代史·周书·恭帝纪》。又见《续资治通鉴长编》卷十四

一朝天子两朝臣

中国历来有句古训：一朝天子一朝臣。赵匡胤却不是这样，他采取的政策是"一朝天子两朝臣"。什么意思呢？后周所有的大臣，不管文臣还是武将，不管京官还是地方官，赵匡胤采取了统一的安置政策：后周旧臣全部留用，重臣权相给予加官，文武近臣各有赏赐。

宰相一职，仍由范质、王溥、魏仁浦担任。范质不像王溥那样很早就向赵匡胤暗送秋波，表达诚意。陈桥兵变后，当他被罗彦瓌押逼到殿前都点检赵匡胤的公署时，还义正词严地指责赵匡胤大逆不道，忘恩负义，因此他是在刀光剑影中不得已才被迫臣服的，但赵匡胤依然对他给予了极大的信任。范质生病，赵匡胤亲自登门探望，赏赐黄金二百两、银器一千两、绢两千匹，不久又赐钱百万。对魏仁浦也是如此，魏仁浦生病之时，赵匡胤亲自登门慰问。而且，赵匡胤对上述三人分别予以加官，加侍中、司空、右仆射之类官职。赵匡胤的态度，很快就使尚心存不满的前朝宰相范质自觉地更换为宋代开国宰相的角色，并满怀忠诚地为新王朝的发展建言献策。

官场历来有四定律：一是要职和闲差大不一样，二是当大官和当小官大不一样，三是任正职和任副职大不一样，四是在岗和退休大不一样。对已经卸任的后

> 先帝养太尉如子，今身未冷，奈何如此？——苏辙《龙川别志》卷上

> 幸宰相魏仁浦第视疾。——《续资治通鉴长编》卷一

周有名望的大臣，赵匡胤没有忘记他们。对前司徒窦贞固，前司空李谷，太子太师侯益、扈彦珂等在洛阳居住的后周元老，一律赐以金钱器物。对李谷尤为尊重。李谷退休后，曾经私下接受后来叛将李筠的贿赂五十万钱。李筠叛乱后，李谷惊恐愤怒，因此发病而死，赵匡胤仍为之辍朝二日，并加赠侍中。

留用现任的，不忘退休的。赵匡胤对后周旧臣表现出了极大的诚意与耐心，最大限度地笼络了后周的大部分旧臣，因此保证了改朝换代之时国家机器一如既往地正常运转。特别是对已经退休的后周大臣，赵匡胤的做法令人赞叹。退休大臣历来不受本朝重视，何况新朝？能够想到退休官员已属不易，优待退休官员更属不易。赵匡胤对前朝退休大臣能够敬重有加，即使是一种策略，也足以显示出一种人道的力量。

全盘接收后周文臣，对稳定地方节度使也发挥了重要作用。当赵匡胤派出的中央使者到地方传达国家政权转移已经改朝换代的时候，地方节度使总会询问使者：现在的宰相是谁，枢密使谁担任，禁军将领是谁，属官有哪些，等等。当得知一切没有多大变动时，这才下拜接旨。从地方节度使对形势的思量与行为看，赵匡胤这着棋真走对了。

当然，不排除有个别知识分子还生活在对后周

前司空、赵国公李谷，初归洛阳，李筠以谷周朝名将，遗钱五十万，他物称是，谷受之。及筠叛，谷忧恚发病，乙卯，卒。上为废朝二日，赠侍中。——《续资治通鉴长编》卷一

太祖既受位，使告诸道，东诸侯坐使者而问：『故宰相其谁乎？枢密使副其谁乎？军职其谁乎？从官其谁乎？』皆不改旧，乃下拜。——陈师道《后山谈丛》卷四（中华书局2007年版）

的留恋之中，比如我们前面讲过的翰林学士王著。这位曾经做过周世宗幕僚的旧臣，曾经在一次宴会上借着酒劲儿，在赵匡胤御前痛哭世宗，这种行为很不给赵匡胤脸面，御史台上书要求严加惩处。赵匡胤对此表现了足够的宽容。

从赵匡胤对王著宽容的态度可以看出，赵匡胤对后周旧臣以及知识阶层的笼络与收买胸有成竹，他之所以极力地接收后周的全套行政班子，目的就在于保持国家机构的正常运转。对手无寸铁的文臣他不担心，一朝天子两朝臣，能让他们继续留任，对他们而言，就是莫大的恩赐了。赵匡胤内心深处真正在乎的还是那些掌握军队的武将，对此他更加小心谨慎。

首先，追赠韩通。

陈桥兵变中后周唯一被杀的大臣是侍卫亲军马步军副都指挥使、在京巡检韩通，赵匡胤建宋后迅速追赠韩通为中书令，并以高级别的葬礼厚葬他，表彰他在后周危难之际不苟全性命的英勇（在赵匡胤成为皇帝后的第三天立即举行）。当然，韩通之死很可能是赵匡胤预先设计的清除死敌的重要步骤，他对韩通的追赠与厚葬也不过是做做样子。现在是开国之初，该做的样子还是要做的，而且必须做，及时做。

其次，加官地方实权派。

赵匡胤分别派使者携带诏书宣谕镇守各地的节度

> 赠韩通中书令，以礼葬之，嘉其临难不苟也。——《续资治通鉴长编》卷一

使,并对他们分别予以加官晋爵。天雄军节度使符彦卿守太师,雄武军节度使王景守太保,定难军节度使李彝殷守太尉,荆南军节度使高保融守太傅,其余诸节度使并进爵。《宋史·太祖本纪一》按照宋代的官员任用制度,带"守"字是资格未及而暂加之意,明显有越级提升待遇级别的意思。

赵匡胤对地方节度使的安抚政策很快起到了成效,有两个地方节度使迅速表达了归附新朝的态度。第一个就是天雄军节度使符彦卿。符彦卿的两个女儿进入了后周的内宫,符太后的就是他的女儿,可谓前朝近亲,是周世宗的老丈人。赵匡胤当上皇帝不几天,符彦卿就上表,请求以后不能再喊老丈人了,直接呼名吧,赵匡胤没有答应。另外还有一个原因,赵匡胤的弟弟赵光义也娶了符彦卿的女儿,因此,赵匡胤对符彦卿每每加以礼遇。

> 上表乞呼名,诏不允。彦卿宿将,且前朝近亲,皇弟匡义汝南郡夫人又彦卿女也,上每优其礼遇。——《续资治通鉴长编》卷一

第二位是忠武军节度使张永德。张永德的妻子是后周太祖郭威的女儿晋国公主,也是地道的皇亲,赵匡胤的殿前都点检一职也是从张永德那里接手的。赵匡胤做了皇帝以后,对其仍呼驸马,甚是礼遇。对两位前朝皇亲国戚的做法,无疑给其他地方节度使吃了定心丸,等待、观望中的地方节度使很快打消了疑虑,纷纷归附新朝。

> 自许来朝,命改镇邓,恩宠优渥,旧臣无与比者。——《续资治通鉴长编》卷一

当然,赵匡胤并不奢望所有的节度使都能见风

使舵，顺水推舟，总会有不识时务者、自不量力者、心怀野心者要出来闹事。对此，赵匡胤早就有所预见，然而他并不担心，地方节度使臣服是早晚的事情。他现在争取的是稳定，稳定压倒一切，等一切走上正轨后，再收拾那些不服者也不迟。

处理完开国这两件大事后，赵匡胤这才开始考虑那些拥立他登上皇帝宝座的将领与谋士，他将怎样有效地安置这些人员呢？

一个都不能少

赵匡胤对陈桥兵变中立功的全体将领与谋士，一律越级优赏：加官、晋爵、赏赐。

侍卫亲军马步军都指挥使给了韩令坤，侍卫亲军马步军副都指挥使给了石守信，侍卫亲军马步军都虞候给了张令铎，侍卫亲军马军都指挥使给了张光翰，侍卫亲军步军都指挥使给了赵彦徽，赵匡胤曾经做过的殿前都点检给了慕容延钊，殿前副都点检给了高怀德，殿前都指挥使给了王审琦，并各领地方节度使，官爵勋阶都是越级提升。

收获最丰的当属高怀德。建隆元年（960）八月，赵匡胤又把自己的妹妹燕国长公主嫁给了他。

将领之外，对内外马步军士也多有赏赐。

成事在武将，谋事在文臣，赵匡胤对出谋划策的谋臣加官晋爵也顺理成章。

刘熙古由节度判官升为左谏议大夫，掌书记赵普提升为右谏议大夫、枢密直学士，吕余庆由观察判官提升为给事中、端明殿学士，沈义伦由摄观察推官提升为户部郎中，张彦柔由节度副使提升为池州刺史。赵匡胤的弟弟赵光义升为殿前都虞候，并领睦州防御使。

在立功的众将领中应该得到提升但暂时没有提升，还差一点丢了性命的是王彦昇。

陈桥兵变后回师开封，王彦昇一马当先，追杀韩通至家，并杀了韩通的妻、子。不管这件事情的发生是不是赵匡胤事先布置，从表面上来看，王彦昇的确违背了赵匡胤回京之前的约法三章，有损于赵匡胤的形象，赵匡胤龙颜大怒，以"弃命专杀"的罪名暂时拘捕王彦昇，还表示要斩首以惩其"专杀"之罪。但考虑到建国之初，最后还是没杀。王彦昇在非常时刻做了一件非常之事，自然需要承担"罪名"，暂时不能加封。但不久即拜其为恩州团练使，领铁骑左厢都指挥使，与罗彦瓌所升的控鹤左厢都指挥使相当；后为京城巡检，负责首都开封的治安，韩通在被杀前以侍卫亲军副都指挥使兼任此职，可见京城巡检之亲要，说明宋太祖对王彦昇信任有加。但得意忘形的王彦昇在非常之时又做了一件非常之事。

建隆元年(960)三月的一天深夜，王彦昇到了宰相王溥的家中，由于此前有过追杀韩通全家的先例，以

> 壬戌，归德节度判官宁陵刘熙古为左谏议大夫，掌书记赵普为右谏议大夫、枢密直学士，宋、亳观察判官安次吕余庆为给事中、端明殿学士，摄观察推官太康沈义伦为户部郎中，归德节度副使张彦柔领池州刺史。甲子，以皇弟殿前都虞候匡义领睦州防御使，赐名光义。——《续资治通鉴长编》卷一

致身为宰相的王溥心惊胆战。落座之后,王彦昇说:我半夜巡逻累了,来求壶酒喝。

王溥的父亲王祚做过多年的地方官,擅长积财,家累万金。王彦昇此行的目的根本不是找壶酒喝那么简单,他本意在索取贿赂,但是碰到的是一个非常小气的宰相。王溥装傻,假装不懂王彦昇的意思,好酒好菜地招待他,王彦昇无功而返。

次日,王溥向赵匡胤密奏此事后,赵匡胤非常生气,立即罢去王彦昇铁骑左厢都指挥使的军职,还将他外放为地方官,降为唐州(今河南唐河县)团练使,虽然后来王彦昇还是升了官,但从这件事情中看出赵匡胤要严惩一切胆敢胡作非为的将领,尤其是在非常时刻,即使拥立他做皇帝有功也不行。

史书上说,王彦昇擅长剑术,外号"王剑儿",有力气,但为人非常残暴。后提升为原州(今宁夏固原市原州区)防御使,在大宋西北边陲镇边。西人有犯汉法者,王彦昇也不用刑罚,而是召集下属同僚喝酒,自己用手撕下犯法者的耳朵大嚼,作为酒肴,前后数百人,戎人畏惧,因此不敢犯塞。史书上还说,王彦昇终身未受节钺,是因为他在陈桥兵变时擅自杀死

祚频领牧守,能殖货,所至有田宅,家累万金。——《宋史·王溥传》

王彦昇夜抵宰相王溥私第,溥惊悸而出。既坐,乃曰:"此夕巡警困甚,聊就公一醉耳。"——《续资治通鉴长编》卷一

然彦昇意在求货,溥佯不悟,置酒数行而罢。翌日,溥密奏其事,上益恶之。丁丑,出彦昇为唐州团练使。——《续资治通鉴长编》卷一

在原州凡五年,戎人有犯汉法者,彦昇不加刑,召僚属饮宴,引所犯戎人于前,手捽其耳嚼之,下以卮酒。戎人流血被体,股栗不敢动。前后啖其耳者数百,戎人畏惧,不敢犯塞。至天圣中,西戎犹有无耳者,盖彦昇所啖也。——《续资治通鉴长编》卷十

韩通一家，这有可能是为了美化赵匡胤的形象。符节与斧钺是加重权力的标志，赵匡胤不授王彦昇节钺，是因为他了解王彦昇，对这样一个残忍又一意孤行的武将是不能给予太大权力的。让他在西北边陲镇边，也算是好钢用在了刀刃上吧。

有功赏赐，违法则罚，即使拥立有功，也不能例外，赵匡胤必须给尚心存疑虑的下属做出一个样子，同时也能有效地威慑一些仍然保持了五代军阀作风的将领。

仪式的力量

大宋建国后的第四件大事，祭天奉祖，尊母立后。

古代中国所有的王朝，都经过一系列的仪式，来确立自己政权的合法性，这就叫奉天承运。因此，此类的典礼与仪式远比我们今天想象的更为重要。所以，在宋朝建国后处理旧臣、安抚新贵的同时，一系列相关礼仪活动也在马不停蹄地进行。

第一，正月初五，在赵匡胤刚刚确立国号，改元建隆之后，立即派遣官员分别告祭天地、社稷，向天述职，汇报他的成功，祈求更多的庇佑。

第二，立太庙，奉祀先祖。根据宗法原则，开国之君都要建立太庙，按时祭祀先祖。经过百官会议研讨，

> 命官分告天地、社稷。——《续资治通鉴长编》卷一

最后采纳了兵部尚书张昭的建议：遵循隋唐的太庙制度，追尊高、曾、祖、祢四代号谥，一一追尊祖考为皇帝，妣为皇后。赵匡胤当上了皇帝，他的祖上四代都冠上了皇帝的荣誉称号。

第三，根据五德终始的运行原则，宋代受周禅，周木德，木生火，大宋当以火德王，颜色崇尚赤，腊用戌，以此进一步论证自己政权的合法性。

第四，确立祭祀宴享乐名。对祭天地、宗庙、皇帝出入、饮食等方面所用的乐曲一一定名。

第五，尊奉母亲杜氏为皇太后，立王氏为皇后，皇妹为燕国长公主。

这一系列繁文缛节的礼乐制度在今天看来似乎没有多大意义，但通过这些仪式，向民众不断暗示自己政权的合法性，强化皇权的合法性，每一个新的王朝都是如此，而对刚刚进行和平演变夺取天下的大宋来说，似乎更有必要，更具有强烈的政治意义。

赵匡胤发动的陈桥兵变，如果不是有日后三百多年稳固的大宋江山的话，那就与五代时期其他的兵变没有什么两样。对于当时的百姓，他们对这次兵变并不觉得多么意外，新皇帝换旧皇帝，新王朝换旧王朝，他们见得多了。这种思想表明他们对神圣的赵氏皇权尚心存某种程度的否定。因此，赵匡胤一方面通过一些礼乐仪式来向广大的子民展示与强化自己政权的合法

> 伏请追尊高、曾四代，崇建庙室。——《宋史·礼志九》

性，同时他要证明给尚在观察与思量中的广大民众看。

得民心者得天下

民众的真心拥护与支持是一个国家长期稳定发展的根本动力。赵匡胤深谙于此，因此从兵变开始，就做了大量的工作。

第一，严禁士兵抢夺掳掠。

赵匡胤做到了市不易肆，给开封百姓展示了一个良好的开国气象。将士纪律严明，不过仍有一些无赖奸民乘此机会打砸抢。赵匡胤下令搜捕，严加惩治，将捕捉到的趁火打劫者拉到闹市砍头，杀一儆百，同时国家赔偿受害者的损失。这显然不同于以往的任何一次兵变。

第二，改革漕运疏浚办法。

京都开封一切供给全都依仗汴河的漕运，疏浚河渠是当务之急。以前，每年都征调民众自带衣食疏浚。赵匡胤下令，从此以后，丁夫清理汴河淤泥，疏浚河道，由国家提供日常衣食。

第三，平衡物价。

河北连年丰收，粮食价格大跌，国家实行调控，高价收购。

> 先是，京城居人闻上至，皆大恐，将谓循五代之弊，纵士卒剽掠。既见上号令，兵士至即时解甲归营，市井不动，略无骚扰……满城父老皆相贺曰：『五代天子皆以兵威强制天下，未有德治黎庶者。今上践祚未终日，而有爱民之心。吾辈老矣，何幸见真天子之御世乎？』——《邵氏闻见录》卷七

> 汴都仰给漕运，故河渠最为急务。先是，岁调丁夫开浚淤浅，粮粮皆民自备。丁未，诏悉从官给，遂著为式。——《续资治通鉴长编》卷一

> 河北仍岁丰稔，谷价弥贱，命高其价以籴之。——《续资治通鉴长编》卷一

这一切，都是在开国后的几天内发生的。一系列的措施都表明，新登基的皇帝与从前的皇帝有所不同，宽厚仁慈，关注民生，开科考试，有条不紊。国号改了，天子换了，但是一切并没有出现断裂，都在按部就班地进行着，并且不断有新的改革。种种迹象表明，赵匡胤正努力给民众留下一个良好的印象，正努力营造一个良好的开国气象。

民间关于赵匡胤真命天子的说法迅速流传开来。

赵匡胤的出生以及他幼年的经历被赋予了传奇色彩，这些前面已经提过。再举两例。

赵匡胤、赵光义兄弟幼时随母亲杜氏逃避战乱，因为年幼，杜氏把他兄弟俩放在箩筐里担着走，被道士陈抟见到了，不无感叹地说：都说当今没有真龙天子，没想到一担挑着两个。

赵匡胤、赵光义年龄相差十二岁，赵光义出生时，赵匡胤早就是少年了，显然已经过了上担挑的年龄，因此这则笔记不是事实，不过，也从一个侧面反

> 先是，中书舍人安次扈蒙权知贡举，庚寅，奏进士合格者杨砺等十九人姓名。——《续资治通鉴长编》卷一

> 初，兵纷时，太祖之母，挑太祖、太宗于篮以避乱先生遇之，即吟曰："莫道当今无天子，都将天子上担挑。"——《古谣谚》卷七十二（中华书局1958年版）

映出了宋初民心的转移。

还是这位陈抟，在五代更迭之际，总是表现得很不开心，但有一天骑驴在华阴游荡时听说赵匡胤做了皇帝，哈哈大笑，还说天下从此安定了。民间对天子神化的说法显然暗示着广大民众对新王朝、新天子的极大认同。

赵匡胤在开国之初办的几件大事，围绕稳定压倒一切这个中心，安置旧帝，沿用旧臣，安排新贵，举行典礼，关注民生，顺利地实现了政权的平稳转移。但是，赵匡胤并没有奢望他的怀柔政策能够在全国畅通无阻，尤其是在掌握军队大权且有一定实力的地方节度使那里，因为他们还在观望和掂量。在一些地方节度使还在观望之时，就有不识时务者跳了出来。赵匡胤不担心，而且他需要这样的出头鸟，他要借此机会给地方节度使发出一个明确的信号：我的天下我做主。首先按捺不住的地方节度使是谁？赵匡胤是如何平定地方叛乱的呢？

> 陈抟，宇图南，有经世之才，生唐末，厌五代之乱，入武当山，学神仙导养之术，能辟谷，或一睡三年，后隐于华山。自晋、汉已后，每闻一朝革命，则颦蹙数日，人有问者，瞪口不答。一日，方乘驴游华阴，市人相语曰：『赵点检作官家。』抟惊喜大笑，人问其故，又笑曰：『天下这回定叠也。』太祖事周为殿前都点检，抟尝见天日之表，知太平自此始耳。——魏泰《东轩笔录》卷一（中华书局1997年版）

玩火自焚

九

赵匡胤稳定压倒一切的怀柔政策显然收到了预期的效果,大宋王朝的国家机器得以井然有序地运转。然而,赵匡胤没有也并不奢望他的怀柔政策能够在全国所有的角落都畅通无阻,因为仍有不少手握重兵的地方节度使尚在观望之中,尚在掂量之中。对赵匡胤而言,留给他们少许观望的时间也就足够了。就在这一观望、一掂量的时候,赵匡胤在皇帝宝座上已经坐了一百多天了。终于有人按捺不住,跳了出来,举起了反宋复周的大旗。最先失去耐心的这个人是谁?他有能力对新建的大宋政权造成威胁吗?

挑战者有挑战者的逻辑

最先向赵匡胤表示不服、进行挑战的是昭义军节度使、并州太原(今山西太原市)人李筠。

李筠，曾用名李荣，后周的柴荣当上皇帝后，为了避讳，改用现在的名字。当初改名的时候，有人建议名筠，他随口说道："李筠，李筠，玉帛云乎哉。"《宋史·周三臣传》听者无不捧腹大笑。孔老夫子有句名言："礼云礼云，玉帛云乎哉。乐云乐云，钟鼓云乎哉。"《论语·阳货》李筠取其谐音脱口而出，可见李筠也是读过一点书的，有点知识，也很喜欢搞笑。但就是这个在日常生活中颇有幽默感的人，首先拉下脸来，举起了反宋的旗帜。

> 筠稍知书，颇好调谑。
> ——《宋史·周三臣传》

李筠自幼擅长骑马射箭，这是当时军人所必须具备的基本素质，但他又与众不同，有力气，拉满一百斤的硬弓，尚有余力，且连发连中。正是凭这一技之长，他毛遂自荐，在后唐时期投到秦王李从荣麾下，开始了军事生涯。在后汉乾祐三年(950)郭威叛汉攻入东京的时候，李筠随从作战，建立功勋。郭威称帝后，论功行赏，迁李筠为昭义军(治所在潞州，今山西长治市)节度使，其后又加检校太傅、加同平章事、加兼侍中、加检校太尉。

> 弓力及百斤，府中无能挽者，从荣令筠射，引满有余力，再发皆中。
> ——《宋史·周三臣传》

此后数年，李筠一直在昭义军节度使的位子上镇守后周西北边境，多次与北汉以及支援北汉的契丹作战，频频大捷，先后攻克辽州(今山西左权县)与长清寨等地，俘获刺史、大将数百名，成为后周朝廷西北边境的有力屏障。

到赵匡胤陈桥兵变的时候，李筠在昭义军节度使的位置上已经超过八年，多年与北汉构兵对决，攻则为先锋，守则为屏障，养成了自恃勇力、专横放肆、嚣张跋扈的军阀作风：擅自动用朝廷赋税，召集亡命之徒，还曾经因一己之私愤囚禁了朝廷派去的监军使。对此，周世宗虽然内心很不满、很不舒服，但拿他也没啥好办法，后周的西北边陲需要他，所以最终也只是象征性地下诏责备一番了事。

论资历，李筠为昭义军节度使镇守潞州的时候，赵匡胤在张永德手下刚刚做上禁军东西班行首这一小头目。一转眼，仿佛一瞬间，赵匡胤变成了大宋的开国之君，成了新王朝的最高统治者。一向狂妄放肆、连周世宗也不得不让他三分的李筠内心会平衡吗？他自称与周世宗义同兄弟，柴家的天下就这样没有了，作为兄弟的他会不会做出什么出格的举动呢？

<u>总要有人跳出来</u>

赵匡胤一经登基，立刻宣谕天下，派遣使者分别到地方向各地节度使通告政权变化，诏谕节度使维持原职，并以加官的方式笼络，保持地方的稳定。当朝廷

> 擅用征赋，颇集亡命，尝以私愤囚监军使，世宗心不能堪，但诏责而已。——《宋史·周三臣传》

派遣的使者到达潞州，宣谕李筠加兼中书令（正二品）的时候，李筠的第一反应是拒不受命。左右苦苦劝阻，好说歹说，讲了一大通赵匡胤天命所归的大道理，直说得他心烦意乱之后，他才不得已勉强下拜，但是态度仍然很不端正，一副很不屑的样子，不知是对新皇帝不屑，还是对加官不屑，总之是没有应有的恭敬之貌。

接下来又发生了令人更意想不到的一幕。

在招待朝廷使者的宴席上，置酒张乐，刚才的尴尬场面似乎已经过去，气氛也很融洽。谁知酒过数巡，李筠忽然又有新的创意，他命令手下取出周太祖郭威的画像，悬挂于厅壁之上。李筠对着画像拜了又拜，放声大哭，泪流不止。在朝廷使者的面前公然悼念前朝的主子，这可是路线问题。随从陪侍的官员面面相觑，惊慌失措。还算有人聪明，出来及时圆场：李公喝多了，失态失态，请大使您多多包涵，请勿见怪。

既然接受了赵匡胤的诏书，就表示认可新朝；归附新朝了，却又公然缅怀前朝。是效忠周室，还是归附新主？李筠到这时还没有拿定主意。

有人郁闷有人喜，高兴的人是北汉主刘钧。

刘钧得知李筠在接待大宋朝廷使者酒宴上"动人心弦"的一幕后，知道李筠内心不服，心存二志，不想归附大宋，不想向大宋尤其是向赵匡胤称臣，觉得这是个千载难逢的机会。他连忙写了一封密信，用蜡封好，

> 遣使谕以受周禅，筠即欲拒命，左右为陈历数，方俛偻下拜，貌犹不恭。——《宋史·周三臣传》

> 既延使者升阶，置酒张乐，遽索周祖画像置厅壁，涕泣不已。宾佐惶骇，告使者曰："令公被酒，失其常性，幸毋怪也。"——《续资治通鉴长编》卷一

遣人送到潞州，极力怂恿李筠与北汉联合，共同起兵对付大宋。

李筠行事总是与众不同。一方面，他得知北汉愿意出兵援助，共同对付赵匡胤，这坚定了他站在大宋朝廷对立面的信心；另一方面，他又把北汉刘钧的密信转送给中央，是向赵匡胤示威呢，还是让赵匡胤放心，抑或是麻痹赵匡胤？没人知道他在想什么。但可以肯定的是，他内心蠢蠢欲动的念头开始活动了。因此，虽然比他识时务的长子李守节多次哭泣劝谏，但以李筠的个性，他哪里还听得进去。

初次交手亮亮牌

宣谕使回京后，自然会把李筠的种种不良表现上报给赵匡胤，李筠又把北汉刘钧的密信转送给朝廷，赵匡胤也早就对可能不服的个别节度使心中有数，李筠很可能早就进入了他重点防范的视野。但是，赵匡胤现在还不能出兵，一方面他尽量避免使用武力解决事端，另一方面，重要的是现在出兵尚师出无名，因为李筠还没有反。所以，他特意亲赐诏书，语重心长地抚慰李筠，同时又召李守节进京出任皇城使，这是个掌管宫门出入、保卫宫廷的官职。

安抚李筠，是希望他悬崖勒马；让李守节任京官，

> 北汉主知筠有异志，潜以蜡书诱筠。筠虽具奏，而反谋已决。筠长子守节涕泣切谏，筠不听。——《续资治通鉴长编》卷一

是试探李筠的心意：是否铁了心要跟我赵匡胤过不去？

李筠也不笨，他清楚赵匡胤此举的意图，是想通过李守节作为人质来试探他。他也有他的小九九，遂将计就计，派李守节进京。如此，还可以准确地把握朝廷的动向，然后伺机起兵，把握可能更大。

李守节一进京，赵匡胤劈头一句话就让李守节方寸大乱：太子，你怎么来了？赵匡胤到底技高一筹。何故而来？还不是你让我来的？李守节可不敢说。一声太子，早把他吓得魂飞魄散。称呼李守节为太子，就是要告诉他，你父亲的那点狼子野心我心里是明明白白的。李守节惊慌失措，不住地磕头：陛下何出此言？一定是有人离间父亲与陛下的关系。赵匡胤非常从容地说：也不用狡辩了，我早就听说，你多次劝谏，只是那个老贼不听你的，把你派来，就是想让我杀掉你，然后借此起兵。赵匡胤面色一沉，接着说：不过我不会杀你，你回去告诉那个老贼，我没当皇帝时，他爱咋咋地，现在既然我做皇帝了，他就不能稍微让让步？

李守节火速回到潞州，将赵匡胤的一番话原原本本地学给他父亲听，又苦苦劝谏。李筠不但不听劝谏，还认为既然底牌都亮出来了，也无须戴什么遮羞布，不用藏着掖着了，由此反而加快了起兵的步伐。

话说到这个份儿上，事情也发展到这一步，看来双方的战争不可避免。赵匡胤、李筠都开始了军事部署。

> 太子，汝何故来？——《续资治通鉴长编》卷一

> 盍归语而父，我未为天子时，任汝自为之，我既为天子，汝独不能小让我耶？——《续资治通鉴长编》卷一

> 守节驰归，具以告筠，筠谋反愈急。——《续资治通鉴长编》卷一

李筠很傻很天真

建隆元年(960)四月，李筠令幕府起草讨伐赵匡胤的檄文，内容无非列举赵匡胤的罪名，痛斥其犯上作乱，言语激烈，词多不逊。这标志着李筠下定决心正式起兵了。接着，将监军亳州防御使周光逊、闲厩使李廷玉以及手下教练使刘继冲、判官孙孚送往北汉，作为人质，请求北汉出兵支援。第三步，派遣军队袭击泽州(今山西晋城市)，杀死刺史张福，占领了军事要地泽州城。泽州在潞州的南部偏西，再往南为怀州(今河南沁阳市)、孟州(今河南孟州市)，是通往太行山的门户，素有中原屏障之称。

五月，李筠与北汉刘钧在太平驿(今山西长治西北，东南距潞州四十公里)相会。李筠把希望都押压在了北汉的援助上，但是，李筠与北汉的共同反宋联盟存在着先天的缺陷，根本就不是什么制胜的法宝。

第一，利益大相悖。

北汉与后周有世仇，而且李筠在昭义军节度使的位置上也不止一次地与北汉构兵。因此，刘钧对李筠尚心存疑虑。不过，刘钧举一国之力联合李筠，实现灭宋的野心是千真万确的，因为当北汉左仆射赵华进谏说"李筠举兵轻易，一定不会成功，而陛下带领举国之兵长途跋涉，我觉得不合适"的时候，刘钧大怒，不听劝谏，拂衣上马而去。但刘钧联合李筠对付赵匡胤，显然不是

左仆射赵华曰：『李筠举事轻易，事必无成，陛下扫境内而赴之，臣未见其可也。』北汉主瞋目谓华曰：『朕志已决，卿安能知其必无成耶。卿有长策，顾当何如？』华未及对，北汉主拂衣上马。——《续资治通鉴长编》卷一

真心实意地帮助他打败赵匡胤而扶植自己的又一个对手。与此相应，李筠的臣服也是暂时的妥协，他的最终目的是自身的强大而非他人势力的激增。他们之所以能达成盟约，也是在面对强大的共同敌人时的无奈之举、权宜之计。

第二，关系不平等。

他们的联盟还有一点致命之处，双方地位不平等。太平驿相会，李筠一方面以臣子之礼拜见刘钧，被封为西平王；另一方面又口口声声说忠于周室不敢臣宋等。历史上的孙权和刘备两家结成联盟共同对付曹操，也是权宜之计，各家有各家的小算盘，但是，他们基本上还是平等的，不像李筠是臣服北汉。地位不平等会导致心态的不均衡，当然，如果结盟的一方不是李筠，而是甘于忍让臣服之人，联盟还能继续下去，偏偏北汉又考虑不到李筠的性格因素。

筠自言受周祖大恩，敢爱死不庸。——《宋史·周三臣传》

第三，内部相猜忌。

太平驿相会，李筠非常失望，他发现自己高估了北汉的实力：原本以为能够凭借北汉的军队帮助自己成就大气候，没想到北汉的军队不但少，而且都是老弱病残；刘钧也根本不像个能成事的人，内心就后悔了。更令他气愤的是，刘钧根本就不信任他，还派宣徽使卢赞随军监视。卢赞多次要求与李筠商谈军事，李筠骄横自专惯了，根本就不搭理他。李筠需要的是北汉的军事援

筠见北汉主仪卫寡弱，不似王者，内甚悔之。——《续资治通鉴长编》卷一

助,并不需要北汉派人指指点点,因此他当着卢赞的面故意对左右讲,大梁的将士都是我从前的旧识,见到我就会立刻投降的,言外之意是何必卢赞你来操心。二人遂产生摩擦,刘钧不得已又派宰相卫融前去调解。

联盟松散,各怀意图,自然不会产生很大的合力,之后的事实也证明了他们的联盟不堪一击。

李筠手下的从事闾丘仲卿早就看清了问题的严重性,他对李筠分析形势说:主公您是孤军起兵,形势非常被动;刘钧的援助恐怕不会有啥用处;赵匡胤兵多将广,兵甲精锐,很难和他正面直接交锋。但事已至此,他建议李筠:"不如西下太行,直抵怀、孟,塞虎牢,据洛邑,东向而争天下。"闾丘仲卿的意思很清楚,是说以现在李筠的军队与大宋进行正面交锋,必定失败,当下只有暂时撤离潞州,西下太行,占据今天河南沁阳、孟州、洛阳一带,退可守,进可攻,同时可以和北汉、契丹形成三方夹击大宋之势,或许尚有希望。

闾丘仲卿对时局与地利的分析非常精准,这一点也正是赵匡胤最担心的,可刚愎自用的李筠并没有听取这个建议,他对自己的影响力估计过高:我是周室老将,和周世宗就像兄弟,禁军里都是我熟悉的朋友,看到我来,一定会立刻倒戈。何况我还有两件致命武器：儋珪枪、拨汗马。儋珪是李筠的一员猛将，有勇力，善用枪；拨汗是李筠的骏马，能日行七百。有这两大武器，我还有啥好担心的呢？

分析一下李筠的形势，占领军事要地泽州无疑是正确的，既可以作为潞州的缓冲地带，也可以由此西下太行。但他并没有听取手下的建议，做下一步的准备。他先寄希望于北汉，看到北汉没希望后又寄希望于禁军旧识，希望他们阵前倒戈，这一点是很天真的。再就是寄希望于自己手下的一员悍将和骏马，这一点是很幼稚的。总之，李筠对战争的形势根本没有做认真的分析，把希望寄托在虚无缥缈的事情上，妄逞匹夫之勇，可谓很傻很天真。

> 吾周朝宿将，与世宗义同昆弟，禁卫皆吾旧人，必将倒戈来归。况吾有儋珪枪、拨汗马，何忧天下哉！——《续资治通鉴长编》卷一

老赵很精很老到

再看赵匡胤的部署。

李筠反叛的消息传至开封后，赵匡胤立刻召见枢密使吴廷祚。吴廷祚分析了李筠的优势与劣势。优势在客观的地利方面，潞州地势险要，易守难攻，若李筠西下太行山，占据孟州、洛邑等地，以虎牢关为屏障，足以与大宋一争高下；劣势在李筠的性格方面，有勇无谋，骄横恣肆。因此，根据李筠的优势与劣势，大宋朝廷应该首先占据通往太行的要塞，断绝他的后路；然后

引其出洞，就地歼灭；大宋刚刚建国，不宜打持久战，必须速战速决。赵匡胤采纳了这个建议，这一点与李筠就形成鲜明的对比：西下太行是李筠能对大宋构成的最大威胁，但他刚愎自用，拒不采纳下属的进言；赵匡胤正相反，他亲征经过荥阳时，又招西京留守向拱咨询，还向枢密直学士赵普咨询，多方征求意见，集思广益，结果意见基本一致。

接下来，赵匡胤进行了全面的军事部署。

令侍卫亲军马步军副都指挥使石守信、殿前副都点检高怀德率前军先发，要求他们必须占据通往太行的要塞。

令殿前都点检镇宁节度使慕容延钊、彰德军留后王全斌由所镇守之地率军由东路与高怀德、石守信会合，形成夹攻之势。

令户部侍郎高防、兵部侍郎边光范为前军转运使。

令三司使张美调集兵粮。张美提供了一条重要信息，怀州刺史马令琮预料李筠必反，早就储备了大量粮草，如此，军粮可就近供应。赵匡胤立刻升怀州为团练州，由马令琮任团练使。

令宣徽南院使昝居润赴澶州巡检，防止契丹乘机南下。

令洺州团练使郭进为本州防御使兼西山巡检，令永安节度使折德扆向东攻击，牵制李筠的同盟北汉的兵力。

令侍卫亲军马步军都指挥使韩令坤屯兵河阳。

> 潞州岩险，贼若固守，未可以岁月破。然李筠素骄易，无谋，宜速引兵击之，彼必恃勇出斗，但离巢穴，即成擒矣。——《续资治通鉴长编》卷一

以枢密使吴廷祚为东京留守，端明殿学士、知开封府吕余庆辅佐，皇弟殿前都虞候赵光义为大内都点检。

分析一下赵匡胤的部署，足见其考虑周详、深谋远虑的军事战略眼光。

前线战场，高怀德、石守信占据西下太行的要塞，断绝李筠的后退之路，以免日后成为大宋朝廷的祸患；慕容延钊、王全斌在东路由所镇之州率军与高怀德、石守信会合，对李筠形成夹击之势。同时，派军防备契丹，防备北汉，北汉即使与李筠联合，也不敢倾全国之力，两股主要外敌不敢轻举妄动。在南方，也有一个意欲谋反者李重进，赵匡胤通过他的心腹之臣翟守珣的哄骗劝说，让李重进暂时放弃了反叛行动，南方暂时也不会出现动乱，这是后话。军队物资供应上，转运使、三司使负责。京都由赵光义控制近卫军队，不会出现大的问题。吴廷祚为人"谨厚寡言"《宋史·吴廷祚传》，周世宗亲征时就曾留守开封。

赵匡胤还有一个不被注意的重要部署：令韩令坤屯兵河阳。

屯兵河阳，就是在河阳驻扎军队，但并不参加直接的战斗。《国老谈苑》记载，赵匡胤亲征之前对其弟赵光义说：这次征讨，胜利了则不必说，万一出师不利，可使赵普分兵守住河阳，再做长远打算，东山再起。由此可见河阳的军事地位，进可直接参与讨伐李筠的战

因谓太宗曰："是行也，朕胜则不言，万一不利，则使赵普分兵守河阳，别作一家计度。"——《国老谈苑》卷一

争，退可防止京都出现意外变故。

仔细看看赵匡胤的军事部署，可以发现他对这场战争相当重视，赵匡胤的的确确是个军事行家。这是开国第一战，只能胜不能败，而且要速战速决，战争一久恐怕那些蠢蠢欲动者都会跳出来，会一发不可收。

再比较一下李筠，不听部下的建议，一味沉浸在幻想之中，指望他从前的旧相识阵前倒戈。战争未打，胜败已分。

接下来的结果都在意料之中。

李筠将长子李守节留下驻守潞州，自己则带领三万人马南下，与宋军先锋战于长平，败绩，死者三千余人，大会寨又被攻下。李筠节节败退，在泽州南，高怀德、石守信大破李筠三万余人，三千多人投降，俘虏北汉河阳节度使范守图，斩杀北汉派去的监军卢赞，李筠只得退守泽州城，作困兽之斗。

赵匡胤到达泽州，亲自督战，将泽州城围得水泄不通，李筠手下几个将领看到大事不妙，率军投诚；北汉主刘钧看到大势已去，慌忙逃遁。泽州陷落，李筠投火自焚。宋军继续进攻潞州，李守节没有守节，举城投降。

大宋开国后的第一战以胜利告终，从四月十四日李筠发布讨伐檄文开始，到六月十八日李守节投降结束，前后历时两个月。

万事有因必有果

李筠是一个性格复杂的人。他飞扬跋扈，颐指气使，但就是这样一个赳赳武夫，却很讲究孝道。他一旦大动肝火、将要杀人时，他的母亲总要在屏风后呼唤李筠，为人求情。李筠对别人的话听不进去，对母亲却很孝顺，一听母亲求情，立刻就把人放了。他自称与周世宗"义同昆弟"，对后周忠心耿耿，从无异心。在家孝，所以顺从母亲；对周室忠，所以必须伐宋；对朋友义，所以他天真地认为他的旧识会阵前倒戈。而且，李筠优柔寡断、不知权变，这是李筠性格的缺陷。这些方面的因素，就注定了他的悲剧。

接受赵匡胤的诏书，却又公然痛哭先帝；紧锣密鼓准备起兵，同时又派自己儿子深入虎穴涉险；联合刘钧造反，却又献上密书向赵匡胤示好。一边以臣子之礼参拜北汉刘钧，一边又口口声声说"忠于周室"。首鼠两端，左右不定，决定了李筠在多重较量中始终处于下风。

在泽州城被围困之时，李筠的爱妾刘氏问他：军中现在还有多少匹马？李筠问：你怎么问这事？刘氏说：现在是孤城一座，要不了多久就会被攻破。如果得马数百匹，与自己的亲信突围，走保上党，便于防守，易于求援，不比在这里死守好吗？看来刘氏也很有军事头脑。李筠查看军中马匹尚有千匹，准备傍晚突围，身边有人说：现在在城内，

筠性虽暴，事母甚孝，每怒将杀人，母屏风后呼筠，筠趋至，母曰：『闻将杀人，可免乎？为吾曹增福尔。』筠遽释之。——《宋史·周三臣传》

筠有爱妾刘氏，随筠至泽，时被攻城危，刘谓筠曰：『城中健马几何？』筠曰：『尔安问此？』刘曰：『孤城危蹙，破在俄顷，今诚得马数百，与腹心溃围，出保昭义，求援河东，犹愈于坐待死也。』筠然之。——《宋史·周三臣传》

都与你同心,一旦出城,难保有人劫持你投降,到时再后悔也晚了。李筠想了想也是,但犹犹豫豫,不能定断。第二天,泽州城陷落,李筠纵火一跳,这生命中最后的一跳倒是非常果断决绝,彻底解构了他一生的优柔寡断。

李筠不知权变,不能与时俱进,不看时局大势,认不清双方的力量对比,看不准北汉的结盟意图,听不进手下的正确建议,看不到大宋取代后周是历史发展的必然趋势。他为忠于后周两代君主的信任,不顾个人安危,仓皇举事,一战大败,肝脑涂地,落得个出师即败,投火自焚的结局。在这一点上,他远远比不上他的名为守节却并不守节的儿子。

李守节投降后,赵匡胤升他为单州(今山东单县)团练使,后又出知辽州及任和州(在今安徽和县)团练使。李筠自焚时,刘氏已有身孕,后来李守节找到她,产下一子。李守节无后,以其弟嗣之。

> 召左右计马尚不减千匹,以是夕将出,或谓筠曰:『今帐前计议,皆云一心,县门既发,不可保矣,倪劫公而降,悔其可及。』筠犹豫不决。——《宋史·周三臣传》

杀鸡儆猴猴明白

一场反宋复周之战,来势迅猛,去势亦速,成为赵宋震骇其他心存二志势力的宣言书。

李筠之乱被平定后,立竿见影,收到了良好的效果。

成德节度使郭崇，听说赵匡胤夺取后周的天下后，心怀怨恨，时常痛哭流涕，追忆周室的恩遇。当时的监军陈思诲将这一动向密报赵匡胤，建议赵匡胤早做打算。赵匡胤派使者前往查看，郭崇心惊胆战，怕有性命之虞。幸亏有高人从中指点，他恭恭敬敬地招待朝廷来使，并尽全力表明心迹。不久，郭崇请求进京朝拜，这表明他对新朝的臣服。

保义（治所在陕州，今河南三门峡市）节度使袁彦听到赵匡胤取得帝位后，立即招兵买马，修备甲具，磨刀霍霍，意欲造反。赵匡胤派潘美前往监军，潘美单骑入城，气度不凡，宣谕袁彦进京朝圣。袁彦打消念头，乖乖地打点行装进京。

建雄（治所在晋州，今山西临汾市）节度使杨庭璋是后周外戚，他的姐姐是周太祖郭威的妃子。李筠叛乱的时候，曾派使者前去联合，杨庭璋虽然拒绝并把此事上报朝廷，但赵匡胤仍心存疑虑，派遣晋州兵马钤辖荆罕儒密切注意他的动向。荆罕儒每次入杨府，都全副武装。不久，杨庭璋也乖乖打点行装，单车进京面圣。

史书上讲，这些人在赵匡胤登基之后，一时没有适应，都有过起兵的计划甚至已经行动起来。但

> 观察判官辛仲甫曰：「公首效诚节，且军民处置，率循常度，朝廷虽欲加罪，何以为辞？使者若至，但率官吏郊迎，尽礼致恭。淹留伺察，当自辨明矣。」——《续资治通鉴长编》卷一

李筠叛乱被平定不久，一个个乖乖地进京面圣，接受朝廷安排，移镇他地，臣服新朝。

李筠叛乱两个月就被迅速平定，落了个投火自焚的下场，这给其他尚在观望之中、心存二心的地方节度使敲响了警钟。地方节度使纷纷收敛，转变心态，竭力表达对新王朝臣服的心迹，这是赵匡胤最愿意看到的。然而，在血的教训面前，仍有心怀二志者，还在犹豫，还在徘徊，其实他早就进入了赵匡胤的黑名单，即使他现在不反，也会是赵匡胤下一个清洗的对象。这个人是谁呢？是他不识时务，还是赵匡胤有步骤地清洗呢？

请君入彀

十

当昭义节度使李筠在大宋西北边陲联合北汉举起伐宋大旗的时候，在大宋的南部边境也有一个人蠢蠢欲动。他派遣自己的心腹前往北地秘密联合李筠，意欲对大宋形成南北夹攻之势。赵匡胤及时掌握了这一动向，采取相应措施，暂时安抚住了南方，得以集中兵力安定了西北边陲。泽、潞之乱平定之后，赵匡胤把他的目光转向了淮南。这个在大宋王朝关键时刻想给赵匡胤添麻烦的人即使不反，赵匡胤也想收拾他。现在，到了该清理的时候了。那么，这个在关键时刻想从背后捅赵匡胤一刀的人是谁？他会不会也像李筠一样落得个灰飞烟灭的下场呢？

"黑大王"李重进

在大宋南部准备反叛的这个人是淮南节度使李重进。李重进是有资格且有理由谋反的。

李重进是周太祖郭威的妹妹福庆长公主的儿子,他是周太祖的亲外甥。从血统上讲,他实际比周世宗柴荣更接近"帝系",因为柴荣只是郭威妻子的侄子,郭威虽收为养子,但与老郭没有直接的血缘关系。而且,李重进的年龄比柴荣大,资格比柴荣老,以至于郭威在临终前,要特意在正规场合举行一个小型的仪式,即当着朝廷重臣的面,命令李重进向柴荣下跪朝拜,以确立柴荣的继承人身份。

向年龄比自己小、功绩没自己大、血统没自己纯的柴荣下拜,李重进内心或许会不平衡,但他到底还是做到了,而且一旦做到之后,便对周世宗忠心耿耿,追随世宗,南征北战,立下了赫赫战功。高平之战后,他开始掌握禁军,任侍卫亲军马步军都指挥使,征伐淮南,大振军威,令吴人闻风丧胆。李重进长得比较黑,因而从对手那里获得了"黑大王"的光荣称号。

柴宗训即位后,加李重进为检校太尉,改任淮南节度使,出镇淮南,仍领侍卫亲军马步军都指挥使。此时的赵匡胤已经升任殿前都点检,与李重进共同掌控朝廷主要军队禁军。朝廷似乎对李重进有点忌惮,所以他虽然依旧

> 吴人大惧,以重进色黔,号『黑大王』。——《宋史·周三臣传》

掌握侍卫亲军，但调离了中央，让他到地方镇守。这样的格局当然就给赵匡胤坐上天子的宝座提供了良机。

赵匡胤当上了大宋的皇帝后，对拥立他登上帝位的将领论功行赏。当然，李重进不属于赵匡胤集团，陈桥兵变时，他正在扬州给后周守卫边境呢。因此，侍卫亲军马步军都指挥使的位子授给了陈桥兵变时驻守北地的韩令坤，也就是剥夺了李重进对禁军的掌控权。同时，赵匡胤给李重进加了一个虚职——兼中书令，以示安抚。

热脸蹭个冷屁股

尚没有完全从事变中反应过来的李重进，最终接受了赵匡胤做天子的事实，接受了朝廷剥夺他侍卫亲军马步军都指挥使的事实，接受了朝廷授予他兼中书令虚职的事实。他接着上书要求入朝觐见新任天子。

按理说，李重进积极要求觐见，对赵匡胤是一件求之不得的事情。地方节度使进京觐见新任皇帝，就表示他承认了新朝廷，表示他归附新朝，表示他是新朝的臣民，愿为新皇帝鞍前马后，肝脑涂地。一系列开国大事紧锣密鼓地实施之后，不少地方节度使匆匆打点行装，纷纷到首都拜见新皇帝，向赵匡胤展示他们忠于新朝的决心，赵匡胤心里非常满意。但是，对于李重进的举动，赵匡胤并没有很高兴，他不想让李重进来京觐见。赵匡胤此时心里的小

重进请入朝，上意未欲与重进相见。——《续资治通鉴长编》卷一

九九，史书没有明确记载，只是说赵匡胤不想见李重进。对此，我们不妨做如下推测：

第一，赵匡胤与李重进有旧怨。

两人在后周朝廷曾经共同执掌禁军，所谓"一山不容二虎"，他们之间势必会产生矛盾争斗，一旦一方握有生杀予夺的最高权力，反扑清算的悲剧必然会上演。这种推测有一定的道理，但是这种推测似乎与李重进的性格不符。我们在第四章提到的李重进妥善处理与张永德关系的做法显示出李重进是"宰相肚里能撑船"，豁达而且以国家利益为重之人。所以，李重进虽然与赵匡胤同朝为臣，虽然权势相当，虽然对赵匡胤也有所比较，但是，他们之间，至少在表面上不可能有什么宿怨。当然，李重进心无芥蒂不代表赵匡胤也一样大度。

第二，没有想好对策。

没有宿怨并不等于在政局稳定中没有矛盾，并不等于赵匡胤会与李重进"把酒话桑麻"，拉拉家长里短，说说故旧亲朋。一个人对政局的威胁不仅仅在其所掌管的兵权，更多的是一种精神力量。李重进在后周享有一定的威名，军事过硬、忠心可鉴、为人豁达，拥有一定的粉丝群。这种潜在的力量一旦聚合在一起，其破坏力不可小觑！精明老到的赵匡胤是不会对此置之不理的。但是，建国之初，事务繁多，或许赵匡胤对于怎样安置处理李重进还没有想明白。在这种情况下，不见或许是一种比较好的方法。

第三，故意刺激李重进。

赵匡胤此举为既定计划中的"投石问路"。同为后周大臣，但是一夕之间，曾经的同事变为需要跪拜的当朝天子，对于李重进来说需要一个适应期或转变期。如果再给他一次闭门羹，不太平衡的心理是不是会激起千层浪呢？赵匡胤需要确认一下，或者他要的就是这千层浪的效果。

历史不可能重演，不管哪种推测相对契合历史真实，有一点是可以肯定的，那就是对于赵匡胤来说，李重进是"独特"的一个。当然，这一独特不仅表现在李重进身份、影响力的独特，还表现在赵匡胤处理方式的独特。

李重进已经做出了积极的表态，而赵匡胤不愿意见面，那又该如何拒绝呢？

赵匡胤找来翰林学士李昉，对他说：给我起草个诏书，要委婉，但要表达清楚，拒绝李重进来京觐见。李昉没有辜负圣命，诏曰："君为元首，臣作股肱，虽在远方，还同一体。保君臣之分，方契永图，修朝觐之仪，何须此日。"《续资治通鉴长编》卷一大意是说：皇帝就是脑袋，臣子就是胳膊大腿，即使相隔千山万水，毕竟还是身体的一部分，心意是始终相通的。保持君臣的名分，希望长久延续，施行朝觐的礼仪，又何必急于一时呢？李昉这个翰林学士不是白当的，前面写得四平八稳，情深意长：我赵匡胤和你李重进就像是人的身体，我是脑袋，你是胳膊大腿，咱们是密不可分的。后面四句又隐含着严词厉色、断然拒绝之意：你来朝觐，保持皇帝臣子的名分，我是很愿意的，我也渴望能够长久地保持这种名分，但又何必着急呢？

既有你安安分分做你的臣子，不能有其他念头的警告，又有青山不改、绿水长流，后会有期的意思。但不管如何委婉，中心意思只有一个：李重进，我赵匡胤坚决不同意你现在进京，即使来给我磕头也不行。

李重进本想做出积极的表态，向从前的老同事、现在的新皇帝表达自己拥护新朝的一腔热情，表达一下忠于以赵匡胤为首的宋政权的决心，没想到自己的热脸贴到了冷屁股上，赵匡胤以"两情若是久长时，又岂在朝朝暮暮"的方式给回绝了。

这一回绝不要紧，李重进心里就犯嘀咕了。

别无选择只能反

李重进接到诏书，忧心忡忡，越发不安，内心狐疑：我李重进身为前朝懿亲，你赵匡胤现在拒绝我，这明摆着是不相信我，是要防着我，弄不好要抛弃我，我必须早做打算。因此，李重进开始招集亡命之徒，加固城墙等防御工事，疏浚战壕。史书上讲，李重进这个时候开始谋划背叛朝廷了。其实，李重进即使真的进行上述活动，更多也可能是出于自保，因为他深知以"残破扬州，数千弊卒"《续资治通鉴长编》卷一对抗朝廷，无异于以卵击石。

就在此时，昭义军节度使李筠首先沉不住气，联合

重进得诏，愈不自安，乃招集亡命，增陴浚隍，阴为叛背之计。——《续资治通鉴长编》卷一

北汉造反了。李筠率先发难,给李重进以极大的鼓舞。李重进打仗是个行家,他立刻觉察到这是个良机,所以遣人秘密前往北地,联系李筠。二李联盟一旦结成,一南一北,形成夹击之势,一定能对新建的王朝造成严重威胁。至此,李重进的反叛工作才算启动。

可惜,李重进没有识人用人的本领,他派遣亲信翟守珣前往北地秘密联络,但这个亲信只可亲不可信。

翟守珣与赵匡胤早就是老相识了,他欣然接受了李重进的密令,立即动身,但并没有前往潞州,而是偷偷地跑到了京城,去见了枢密承旨李处耘,通过李处耘得到了大宋王朝一把手的亲切接见。他把李重进意欲谋反、派他前往北地秘密联系李筠的详情一一向赵匡胤做了汇报。

赵匡胤问翟守珣:我打算赏赐李重进丹书铁券,他会相信我吗?翟守珣回答道:李重进终究不会归顺。太祖这时候想赐李重进免死金牌,并不是要与他和解,而是想尽量稳住他,避免他与李筠同时起兵,使自己陷入两面作战的境地。

于是,太祖给了翟守珣丰厚的赏赐,许诺事成之后赏以高官厚禄,并且给他安排了一项艰巨的任务:卧底!让他回去想方设法劝说李重进,拖延李重进起兵的时间。翟守珣回去以后,劝说得很给力,巧舌如簧,说什么要"养威持重,未可轻发"云云,就是说现在先

上召问曰:『我欲赐重进铁券,彼信我乎?』守珣曰:『重进终无归顺之志矣。』——《续资治通鉴长编》卷一

积聚力量，不能轻易起兵。李重进认识到起兵的良机，却在翟守珣的劝说下，没有及时发难，没有让赵匡胤腹背受敌。看来，翟守珣的确有张好嘴。从这个角度看，李重进派他去联系李筠，也算没看走眼。

至此，李重进的谋反工作中途搁浅，暂时进入所谓的保存实力、积聚力量阶段。

就在李重进"养威持重"的过程中，他的敌对一方赵匡胤已经顺利解决了李筠。

顺利平定了李筠之乱，赵匡胤在京城接见了一些见风使舵的地方节度使，给他们都调换了一下工作区域，在一个地方工作时间太长了不好，让他们到新的地方上班去了。接下来，赵匡胤看看，李重进怎么还没动静？不能再等了。于是，他一纸调令发到了扬州：令淮南节度使李重进任治所远在青州的平卢节度使。

从级别来看，李重进的这次调动算是平级调动，实际上，青州哪比得上扬州呢？按照惯例，更换工作岗位，先要进京面圣，要谢主荣恩。可是，李重进会听话吗？赵匡胤也想到了这一调动必定会增加李重进的怀疑恐惧之心，接着又让六宅使（西班属官）陈思诲拿着铁券赐予李重进，以示以后绝不加罪之意。但是，卧底翟守珣早就说了，铁券是收买不了李重进的。

> 上厚赐守珣，许以爵位，且使说重进稍缓其谋，无令二凶并作，分我兵势。守珣归，劝重进养威持重，未可轻发，重进信之。——《续资治通鉴长编》卷一

> 度重进必增疑惧……又遣六宅使陈思诲赍铁券往赐，以慰安之。——《续资治通鉴长编》卷一

陈思诲一到扬州，李重进接旨就准备行装，想和陈思诲一同进京面圣。李重进手下的人阻拦说，这一去定然凶多吉少。李重进犹豫不决，最终决定：扣留陈思诲，加强防御工事，并派遣使者前往南唐，求助南唐国主李璟，请求发兵支援。至此，反叛工作因为赵匡胤的刺激进入第二个阶段。

> 重进欲治装随思诲入朝，为左右所惑，犹豫不决。又自以周室近亲，恐不得全，遂拘思诲，治城隍，缮兵甲。——《宋史·周三臣传》

周世宗时代，三次亲征南唐，赵匡胤三次从征，南唐江北之地全部陷落，赵匡胤也名震南唐。因此，赵匡胤一上台，南唐立刻前来祝贺，并隔三岔五地不断进贡，以求苟延残喘。赵匡胤在战场上所向披靡的八面威风，至今让南唐君臣心惊肉跳。总之一句话，这个人是得罪不起的。而且，当年在南唐叱咤风云，叫得出名字的后周将领基本上都进了大宋的领导班子，你说南唐还敢蹚这浑水吗？李璟接到密信后，马上派人向赵匡胤做了汇报。

> 遣人求援李景，景惧而不纳，闻之太祖。——《宋史·周三臣传》

赵匡胤正在为师出无名而心烦意乱呢，这南唐送来的密信真是时候，正是"天堂有路你不走，地狱无门你闯进来"。前面的这两个阶段都是李重进自己在打着算盘，做着工作，赵匡胤未曾露面，装的是蒙在鼓里一无所知的样子，当等待已久的"东风"到达之后，赵匡胤要出面了。

但对赵匡胤而言，该做的样子还是要做的。

李重进有两个儿子在京城当差。一天夜里，赵匡胤把他们招来，说：你们的父亲何苦要谋反呢？江南既无精兵，又无良将，谁能帮他呢？你们抓紧乘驿站的公车回去告诉他，我不会杀他，让他放心就是。李重进这两个儿子吓得汗流浃背，痛哭流涕，立刻跑回扬州。李重进正在和手下将士商讨起兵的事呢，二子把赵匡胤的话原原本本说给他听，李重进"大骇"，士卒听后也惊疑不定，人心开始涣散。

这件事情见于《东都事略》卷二十二、《东轩笔录》卷九中，《宋史》和《续资治通鉴长编》都没有记载，其真实性难以确知。不过，李重进手下确实开始出现叛离者了。扬州都监、右屯卫将军安友规率领身边亲信数人杀出扬州，投奔京都。李重进因此怀疑手下大将都不会追随自己，逮捕了十几名军校问斩，军校高呼：我们都是为周室戍边，您既然供奉周室，为什么不让我们效力？李重进不听，全部斩杀。

李重进真的反了，正式举起了反宋的大旗。

大棒还加胡萝卜

赵匡胤有一点兴奋，他终于可以大张旗鼓地讨伐李重进了，因此立刻部署。

第一，令侍卫亲军马步军副都指挥使、归德节度使石守信为扬州行营都部署、兼知扬州行府事，殿前都指

> 吾辈为周室屯戍，公苟奉周室，何不使吾辈效命？——《续资治通鉴长编》卷一

挥使、义成节度使王审琦为副，宣徽北院使李处耘为都监，保信节度使宋延渥为都排阵使，即刻率领禁军前往扬州，讨伐李重进。这次，高怀德没有参加，因为这时的高怀德已经成了赵匡胤的妹夫，正在与燕国长公主卿卿我我度蜜月呢。

第二，李重进既然已反，就是逆贼了，赵匡胤下诏削夺李重进官职爵位。这个时候，从扬州逃出来的安友规到达京都，赵匡胤任命他为滁州刺史，令他监护前军进讨。

第三，任命赵光义为大内都部署，吴廷祚为权东京留守，吕余庆辅佐。后方的安排与讨伐李筠时没有变动。

第四，下诏亲征。建隆元年(960)十月二十一日，赵匡胤在百司六军的扈从下，乘舟东下。第三天，到达宋州，这是赵匡胤曾经工作过的地方，是他的老根据地，大宋的国号也是从这里来的。城中军队有在扬州戍边者，家属听说赵匡胤要亲征扬州，又惊又怕，于是赵匡胤吩咐手下安抚他们。

> 城中军有戍扬州者，父母妻子颇怀疑惧，分命中使就抚之。——《续资治通鉴长编》卷一

赵匡胤率军奔赴扬州的途中，石守信率大军直逼扬州城下，把扬州城团团包围。他派人向到达大义驿站的赵匡胤报告说：扬州城已经危在旦夕，热烈欢迎御驾亲临现场指导，欢迎众将士围观。

赵匡胤到达扬州城下，石守信等立刻攻城，顷刻而

破。李重进率领家人赴火自焚。在城陷之前，有人想起监狱中还有一个人质——陈思诲。当然，一个小小的陈思诲并没有太多的利用价值，他不可能拖延赵匡胤的进攻步伐，但撕票也许能解心头之恨。李重进说：现在我就要全家自焚了，杀他何用？虽然李重进没有心思也认为没有必要做这件事，但是陈思诲还是被李重进的乱军杀死，"因公殉职"。

进城之后，一向温情脉脉的赵匡胤这一次表现得不同寻常，大开杀戒：将捕获的李重进死党数百人全部处死。李重进的兄长深州刺史李重兴听说李重进起兵，知道不是太祖的对手，立即自杀。李重进的弟弟李重赞和李重进的儿子李延福都被斩首示众。

李重进事件还牵连出另外一个人——张崇诂。当初，李重进离开京都到淮南赴任时，途经泗州，张崇诂当时任泗州刺史。据说他给李重进出了个馊主意，让李重进养兵蓄锐、加固城墙。李重进起兵后，赵匡胤下诏逮捕张崇诂，没收家产，斩杀于闹市。

等杀得差不多了，赵匡胤适时颁布三道命令：第一，赈济扬州百姓，赐给他们粮食；被李重进强行胁迫当兵的老百姓，赐给他们衣服，让他们回家。第二，赦免李重进的家属、部下，逃亡者自首免罪。第三，埋葬战亡者，死于城下的役夫，赐绢三匹，免除家属三年赋税徭役。同时，李处耘接管扬州，又找到卧底翟守珣，任命他为殿直官，不久升为供奉官。

我真是被逼的

李重进最终举家自焚，在史书上大多被评论为反叛大宋的必然结果。实际上，李重进的起兵，颇有被逼谋反的意味。

李重进并没有在赵匡胤受禅之时起兵，而且积极主动要求进京面圣，有心归顺，却遭到太祖的断然拒绝。《宋史》《续资治通鉴长编》中都说：当初，李重进和赵匡胤共同侍奉周世宗，一个掌握殿前禁军，一个掌握侍卫亲军，而李重进觉得赵匡胤比自己更有才，因此心存畏惧，其实这何尝不是赵匡胤的真实心态。陈桥兵变未发之前，李重进就被调离京师，出镇淮南，背后未必没有赵匡胤的撺掇。在赵匡胤看来，李重进对他是极大的威胁。

史书中还多次提到，李重进谋反，是因为他考虑到自己是前朝至亲，很可能不会有好果子吃，这一点其实也是自相矛盾的。符彦卿、张永德都是前朝至亲，陈桥兵变后，两个人都积极表态，不仅有好果子吃，而且所受到的恩遇几乎无人能比。而李重进的积极表态，却遭到了拒绝，这不能不令其狐疑：同样是前朝至亲，同样积极表态，差距咋就这么大呢？

> 始与上俱事世宗，分掌内外兵权，而重进以上英武出己右，心常惮焉。——《续资治通鉴长编》卷一

关键一点，李重进是侍卫亲军的最高领导，在禁军中有一定的影响与实力，这是赵匡胤最担心的。陈桥兵变时，赵匡胤严禁杀戮，但侍卫亲军副都指挥使韩通被杀了；赵匡胤当上皇帝后，立刻撤销了李重进的侍卫亲军都指挥使的官职，但对他仍不放心，因为他在侍卫亲军中的影响力并不会因为撤掉他的官职就消失不见，所以，李重进得死。从扬州陷落后赵匡胤表现出的与从前宽宏大量截然不同的专横残暴、大开杀戒的情形中，似乎也可以发现一点端倪。

史书中还多次提到李重进在整个起兵过程中的犹豫不决，这与他随从周世宗征伐淮南时的果断刚毅的性格断然不同。李重进的犹豫，正表明他对当前的形势看得很清楚，以他目前的实力是很难与大宋朝廷抗衡的，谋反的结果必然是失败。知道必定失败，还要孤注一掷，当然是被逼无奈，毫无选择了。

史书上还讲，李重进很早就心怀异志，表现之一就是修城墙、挖战壕，扬州事件结束后竟然还有张崇诂因为给李重进出了个"畜兵完城"的计谋而被弃市。史书不断强调李重进的这些做法，似乎想说明李重进造反是蓄谋已久的。但是，就是这样不断修缮的城墙、战壕竟在宋军的攻击下瞬间土崩瓦解。扬州城陷落得太容易，以至于史书对扬州事件的记载三言两语就无话可说了。想想攻打李筠的泽州城的时候，还是这些将领，还是这些禁军，用了十多天的时间才攻下。当年南唐的刘仁赡不就凭着一座小小的寿州城死守了一年多吗？这些问题就很令人怀疑，"蓄谋已久"的李重进到底有没有做战事准备呢？如果没有，那是否蓄谋已久呢？

如果说赵匡胤在陈桥兵变前后表现出的被逼无奈是惺惺作态的话，李重进在扬州叛乱中的被逼无奈则是真真切切的。

李重进的叛乱注定要失败，李重进自己清楚，兵部侍郎、枢密副使赵普看得更清楚。

李筠之乱平定后，论功行赏，赵普升为兵部侍郎、枢密副使。在亲征之前，赵匡胤就扬州之事向他咨询。

赵普分析道："李重进守薛公之下策，昧武侯之远图，凭恃长淮，缮修孤垒。无诸葛诞之恩信，士卒离心。有袁本初之强梁，计谋不用，外绝救援，内乏资粮，急攻亦取，缓攻亦取。"《续资治通鉴长编》卷一

什么是薛公之下策？当年刘邦建汉初始，手下的大将英布要造反。于是刘邦就找来英布曾经的同事薛公前来问策。薛公当场分析，指出英布有上、中、下三策可供选择。不过像英布那样的人，必会取下策，而此乱必可轻松平定。事实证明，薛公堪称神机妙算。

什么是武侯之远图？武侯当然是指诸葛亮，赵普认为李重进绝对没有诸葛亮的深谋远虑。

什么是诸葛诞之恩信？诸葛诞是三国时期魏国人，曾任扬州刺史，在司马氏集团争夺政权的过程中，他见到自己的不少亲朋战友都被诛杀，内心不安，丝毫不吝啬国库钱币粮食，广泛施舍，笼络人心，甘心为其死者数以千计。后来，诸葛诞起兵失败，手下数百人拒不投

倾帑藏振施以结众心，厚养亲附及扬州轻侠者数千人为死士。——《三国志·魏书·诸葛诞传》

降，说：为诸葛公而死，死不足憾。

可见诸葛诞深得士卒拥护。赵普说，李重进没有诸葛诞的恩信，所以士卒离心，没有凝聚力。《续资治通鉴长编》中还说：李重进是个吝啬的人，从来不舍得赏赐士卒一壶酒一块肉吃，士卒内心很不满。

什么是袁本初之强梁？袁本初即袁绍。袁绍出身名门望族，从曾祖父起四代有五人位居三公，所以有"四世三公"之说。初平元年 (190)，袁绍曾为反董卓的联军盟主。汉末群雄争霸时，袁绍占有冀州、青州、并州、幽州，势力极大，故称袁本初之强梁。

李重进唯一可以倚靠的不过是淮河天险，一座孤城罢了。况且他没有诸葛诞于士兵的恩信，士卒离心，而又外无强援，内缺粮草。所以，在赵普的眼里，李重进实在不足为患。这一通话引经据典，把李重进分析得透彻明白。赵普的言语之中当然有夸张之处，要是李重进真的士卒离心，孤家寡人，那赵匡胤进城屠杀的逆党数百人是不是逆党就很值得怀疑了。

李重进是周室懿亲，如果效忠周室，在赵匡胤受禅之日早就起兵了；如果一心图谋反叛，李筠起兵之日，以他的军事头脑，不管翟守珣如何花言巧

诞麾下数百人，坐不降见斩，皆曰：『为诸葛公死，不恨。』其得人心如此。——《三国志·魏书·诸葛诞传》

重进性鄙吝，未尝有觞酒豆肉及其士卒，下多怨者。——《续资治通鉴长编》卷一

语，他也不会坐失良机的，何必要等到赵匡胤平定潞州之乱后再仓皇起兵呢？在《宋史》中，韩通、李筠、李重进被收在《周三臣传》中，韩通被视为后周的忠臣，二李则被视为大宋的叛将。《宋史》编纂者说：叛乱与否不是那么容易说清楚的，周代所谓的刁蛮之民，难道不是殷商的忠臣吗？然而历史终究是胜利者的历史，赵匡胤胜出了，李重进自然就是叛臣了。

李重进谋反，不管是主动的，还是被动的，毕竟反了。赵匡胤没费多大劲儿就给平息了。赵匡胤心中的一个假想敌就这样被轻易地剔除了，大老远兴师动众地跑来，围观了一下，杀了数百个逆党，他甚至有点失望。不过既然来了，总得干点啥吧，他甚至萌生了顺便把南唐也消灭的想法，但在南唐户部尚书冯延鲁鱼死网破的恫吓之下，一笑了之。现在不灭你，也得吓唬吓唬你。赵匡胤命令大宋水军在长江迎銮口进行了一次军事演习，弄得南唐国主李璟非常不安，因此下定决心迁都。这算是赵匡胤此次亲征的一个意外收获吧。

建隆元年，赵匡胤做皇帝的第一个年头，就这样过去了。在平息了李筠、李重进的反叛后，国内已经没有足以与之抗衡的势力。开国容易守国难，他开始考虑一系列安邦定国的策略了，如何加强自己的权力，进一步巩固统治呢？

> 李筠、李重进旧史书叛，叛与否未易言也，洛邑所谓顽民，非殷之忠臣乎？——《宋史·周三臣传》

> 南唐主惧甚。——《宋史·太祖本纪一》遂决迁都之计。——《续资治通鉴长编》卷一

释杯兵权酒

〈十一〉

赵匡胤先后顺利平定了李筠、李重进的"二李"叛乱，给心怀二志的地方节度使以极大震慑，他们纷然转向，努力表达对新朝的热情与拥护，这是赵匡胤最愿意看到的。其实，他真正担心的还不完全是地方节度使的图谋不轨，因为藩镇暂时还没有足以颠覆中央政府的军事实力。赵氏之忧，不在藩镇，而在"萧墙之内"。作为一个依靠禁军势力登上最高权力宝座的人，赵匡胤深知禁军的力量，他的成功也给手下树立了一个典范，难保他们有一天不学习他，实习一下，这才是赵匡胤内心深处最担忧的。但是，现在统率禁军的将领都是和他出生入死、拥立他登上皇位的兄弟，应该采取什么方式，既不伤和气、不激化矛盾，又能成功地解除他们的兵权，实现皆大欢喜的结局呢？

最近比较烦

于是，在大宋初年的历史上出现了非常戏剧化的一幕。

建隆二年(961)七月，一天晚朝结束后，赵匡胤请客，与石守信、王审琦等一帮老朋友喝酒聊天。待酒酣耳热之后，赵匡胤命令侍从退下，对这些禁军宿将发表感言：没有你们，就没有我老赵的今天，我是天天念叨你们的功德啊。但做天子也太艰难了，还不如当节度使来得快活，所以最近比较烦，连一个安稳觉都睡不了！

> 我非尔曹之力，不得至此，念尔曹之德，无有穷尽。然天子亦大艰难，殊不若为节度使之乐，吾终夕未尝敢安枕而卧也。——《续资治通鉴长编》卷二

石守信等人就有点恍惚了，当皇帝竟然还不如节度使快乐，那为什么还处心积虑要做皇帝呢？太祖说：这个还不明白？天子这个位置，谁不想坐坐呢？石守信等人一听不大对头，皇上话里有话，都连忙叩头道：陛下何出此言！如今天命已定，谁敢再怀异心！

太祖说：我知道你们没有异心，但你们手下的人要贪图富贵怎么办？一旦把黄袍加在你们身上，即使你们不想干，也办不到啊！

> 上曰：'不然。汝曹虽无异心，其如麾下之人欲富贵者，一旦以黄袍加汝之身，汝虽不欲为，其可得乎？'——《续资治通鉴长编》卷二

宿将们知道受到了猜疑，弄不好就招来杀身之祸，赶紧频频磕头，痛哭流涕地说：我们这些人都是猪脑子，恳请陛下可怜，给我们指条生路吧。

太祖看时机差不多了，趁机开导道：人生在世，就如白驹过隙，眼睛一闭一睁，一辈子就过去了。所以说追求富贵的人，也就是想多积攒点金银财宝，自个儿好好享乐，让子孙也不再贫乏，做个富二代、富三代什么的。你们何不放弃兵权，出守藩镇，买块好地，买点好房，置点不动产，为子孙留下永久的产业；再多收些歌儿舞女，每天喝喝酒，听听歌，看看美女，乐和乐和，以终天年。我与你们约为婚姻，君臣之间，用不着相互猜疑，上下和谐，这是多么美好的事情啊！

众将领听赵匡胤说得如此清楚明白，立刻叩头拜谢说：陛下为我们想得太周到了，真是我们的再生父母啊。

第二天，石守信、高怀德、王审琦、张令铎等都上书称病，言辞恳切，请求朝廷解除他们的兵权。太祖一概允准，让他们出镇地方为节度使，除天平节度使石守信还名义上保留侍卫亲军马步军都指挥使的空名外，其他宿将的禁军职务都被免掉了。到建隆三年(962)，石守信的虚名也被剥夺了，从此，侍卫亲军马步军都指挥使这一职位也就空缺了。

赵匡胤是个言而有信的人，所以不久之后，又与这些将军结为儿女亲家，互通婚姻，他的长女昭

人生如白驹之过隙，所为好富贵者，不过欲多积金钱，厚自娱乐，使子孙无贫乏耳。尔曹何不释去兵权，出守大藩，择便好田宅市之，为子孙立永远不可动之业，多置歌儿舞女，日饮酒相欢以终其天年。我且与尔曹约为婚姻，君臣之间，两无猜疑，上下相安，不亦善乎！——《续资治通鉴长编》卷二

皆拜谢曰：『陛下念臣等至此，所谓生死而肉骨也。』明日，皆称疾请罢，上喜，所以慰抚赐赍之甚厚。……独守信兼侍卫都指挥使如故，其实兵权不在也。——《续资治通鉴长编》卷二

庆公主下嫁王审琦之子王承衍，次女延庆公主下嫁石守信之子石保吉，皇弟赵廷美还娶了张令铎的女儿为夫人。

这就是北宋初年著名的"杯酒释兵权"事件。

根据《续资治通鉴长编》的记载，这一重要历史事件发端于赵普。

在平定了"二李"叛乱之后的一天，赵匡胤把他的心腹大臣枢密副使赵普召来，问道：天下从唐末以来，几十年的时间，帝王更换了八姓，战火不息，生灵涂炭，天下大乱，这是什么原因造成的呢？我想从此停止战乱，建立长治久安、和谐稳定的社会，有啥好方法没？赵普先拍了一通马屁预热一下：陛下能想到这些，真是天、地、人、神的福气啊。然后他才说出这个问题的关键：这种情况的出现，没有其他原因，就在于藩镇势力太重，君弱臣强罢了。对症下药，治理的办法也没有什么捷径，只要逐渐地削夺他们的权力，控制他们的经济，收回他们的精锐军队，让他们成为"三无产品"：无权、无钱、无枪，天下自然而然就安定了。赵普的话还没说完，赵匡胤就连声说：打住，打住，朕全明白了。于是，一个集权于皇帝的计划就这样酝酿出炉了。

当赵匡胤的老朋友像石守信、王审琦等人或在殿前司或在侍卫司掌控着大宋禁军的时候，赵普就

> 天下自唐季以来，数十年间，帝王凡易八姓，战斗不息，生民涂地，其故何也？吾欲息天下之兵，为国家长久计，其道何如？——《续资治通鉴长编》卷二

> 惟稍夺其权，制其钱谷，收其精兵，天下自然安矣。——《续资治通鉴长编》卷二

曾经多次进言宋太祖，建议给这些亲朋故友换个工作岗位，不要老是让他们在中央禁军的位子上干，干长了不好，赵匡胤没同意，一直没动作。趁这次赵匡胤向他咨询的机会，赵普又旧事重提。太祖说：他们是绝对不会背叛我的，你何必那么担忧呢？赵普说：我倒不是担心他们反叛，但我仔细调查了，他们都缺乏掌控手下的本事，驾驭不了部下，军伍间万一有作孽者，到那时就由不得他们了。这话说得直接，根本就是拿陈桥兵变的前例来提醒，太祖立即领悟了，不能再拖了。

于是，就出现了杯酒释兵权的戏剧性一幕。

这是真的吗

杯酒释兵权作为宋初政治、军事中的一件大事，几乎所有的相关史书都在一遍又一遍地诉说着这个戏剧性的故事，很少有人怀疑。但到20世纪末，一些专家学者开始对这个生动而富于戏剧性的故事产生了怀疑，开始质疑此事的真实性。他们认为，杯酒释兵权事件很可能是后人杜撰出来的。

归纳他们的观点，质疑的主要证据有三点：

第一，杯酒释兵权的故事主要来源于宋人的笔记，而不是官方正式的文书记载。

上面叙述的杯酒释兵权的故事依据的是南宋李焘

> 然熟观数人者，皆非统御才，恐不能制伏其下。苟不能制伏其下，则军伍间万一有作孽者，彼临时亦不得自由耳。——《续资治通鉴长编》卷二

的《续资治通鉴长编》，在此条之下李焘有一段注释，大意是说：杯酒释兵权这样的大事，在《正史》《实录》中基本没有记录，这是很可惜的，现在我追记一下，详细书写，而追记的资料来源则基本上是宋人的三部笔记：王曾的《王文正公笔录》、丁谓的《丁晋公谈录》和司马光的《涑水记闻》。

李焘的注释透露出这样的信息：杯酒释兵权这样一件大事，在当时的官方史书如《国史》《实录》中都没有记录。而且，元朝依据《太祖实录》《三朝国史》等编纂的《宋史·太祖本纪》中，对此也未留痕迹。

如此重要的国家政治、军事大事，《国史》《实录》等官方史书会如此惜墨如金吗？因此，杯酒释兵权的故事很值得怀疑。

第二，杯酒释兵权故事的出现与记载，在宋代经历了一个从无到有、从简略到翔实的过程。各种版本之间互相增添补充，人为渲染，最终被演绎成一个声情并茂的戏剧化故事。

宋人关于这件事情的记载，最早见于丁谓的《丁晋公谈录》。丁谓在宋真宗时做过宰相。他的笔记中是如此记载此事的：有一天，赵普对赵匡胤讲：不能再让石守信、王审琦掌控禁军了。赵匡胤问：为啥呢？难道这两个人会造反？赵普回答说：他们两个是不会造反的，但是他们不能制服下属，臣担心的是万一他们的手下

> 此事最大，而《正史》《实录》皆略之，甚可惜也，今追书……王曾《笔录》皆得其实，今从之。文辞则多取《记闻》，稍增益以丁谓《谈录》。——《续资治通鉴长编》卷二

要造反的话，到那时他们就身不由己了。太祖接着说：这两个人受国家如此重用，怎么能有负于我呢？赵普说：只怕像陛下，不也有负于周世宗吗？赵匡胤恍然大悟，听从了赵普的建议。

这段记载说明赵匡胤解除众将的兵权是在赵普的劝说之下进行的，根本就没有杯酒释兵权的戏剧故事发生。

此后，王曾的《王文正公笔录》的记载在故事情节上又进了一步。王曾在仁宗朝做过宰相。他是如此描述的：太祖坐上皇帝宝座好几年了，石守信、王审琦一直掌管禁军。宰相赵普多次进言，又上书请求改授他职。太祖不得已，于是设宴，先一起回忆过去亲密无间的快乐故事，忆苦思甜之后，顺着话题，太祖说：我和诸位，义同亲生兄弟，哪有什么掖着藏着的？但是言官进说不已，说得我头都大了，各位不如自选风水宝地，出守外藩，世袭官爵，赋税收入，足以自奉，这样优哉游哉，终享天年，不亦乐乎？我的几个儿女，与诸位结为婚姻，以示君臣无猜，各位看如何？石守信等叩头称谢，交出兵权，到地方上享受生活去了。

一日，奏太祖曰：「石守信、王审琦皆不可令主兵。」上曰：「此二人岂肯作罪过！」赵曰：「此二人必不肯为过，臣熟观其非才，但虑不能制伏于下，其间军伍忽有作孽者，临时不自由耳。」太祖谓曰：「此二人受国家如此擢用，岂负得朕！」赵曰：「只如陛下，岂负得世宗？」太祖方悟而从之。
——丁谓《丁晋公谈录》（中华书局2012年版）

太祖创业，在位历年，石守信、王审琦等犹分典禁兵如故。相国赵普屡以为言，上力保庇之。普又密启，请授以他任。于是不得已，召守信等曲宴，道旧相乐，因谕之曰：「朕与公等，昔常比肩，义同骨肉，岂有他哉？」而言事者进说不已，今莫若自择善地，各守外藩，勿议除替。赋租之入，足以自奉，优游卒岁，不亦乐乎？朕后宫中有诸女，当约婚以示无间，庶几异日无累公等。」守信等咸顿首称谢，寻各归镇，几二十年，贵盛赫奕，始终如一。前称光武能保全功臣，不是过也。
——王曾《王文正公笔录》（中华书局2012年版）

这段文字已经具备了杯酒释兵权的雏形，有了酒宴的氛围，但对酒宴间的戏剧性情节尚付阙如。

到宋神宗时，司马光的《涑水记闻》中才出现了前面所说的详细、生动的情节。而李焘《续资治通鉴长编》中的记载主要是以司马光的《记闻》为主，参照《笔录》《谈录》而写成的。

质疑者认为，丁谓的记载较符合历史事实，而后来的王曾、司马光等有关酒宴的记载大都是后人杜撰的。

第三，杯酒释兵权的故事发生在何时，笔记中大都没有明确的记载，而《长编》将之系在建隆二年(961)七月。为什么将之系在这个时候呢？因为在建隆二年七月以后，石守信等人确实换了工作岗位，到地方上任职去了。但是，这一年的六月初二，赵匡胤的母亲杜太后去世了。按照旧俗，从六月初到七月初，是国丧期间，朝廷上下是禁止宴饮作乐的。赵匡胤是个孝子，太后病时，一直亲自侍奉于左右，因此不可能在此期间宴饮。所以杯酒释兵权的故事值得怀疑。

当代一些历史学者主要依据上述三条证据断定，北宋初年的政治大事杯酒释兵权乃子虚乌有，是一个生动的历史故事，出于后人的杜撰。那么，这个对宋代政治、军事产生过重大影响的历史事件果真是宋代文人演绎出来的吗？

> 六月甲午，皇太后崩。——《续资治通鉴长编》卷二

> 上侍药饵不离左右。——《续资治通鉴长编》卷二

这不是真的吗

史载王曾天性端庄仁厚，相貌俊秀。在朝廷中，言谈举止有一定之规，平日里不苟言笑，连当时最爱开玩笑的杨亿见到他也一本正经，不敢造次。史书里还记载，王曾对虚妄之事深恶痛绝，不屑一顾。他外任应天府知府期间，民间传言有个形状像帽子的妖怪，夜里袭扰百姓，百姓都很惊慌。王曾命令夜里打开城门以安民心，发现那些胆敢散布谣言的人立即逮捕，最终也没有发现什么妖怪。天圣四年(1026)夏天，天降大雨。有人传言说汴河决口，洪水很快就要到京城了，京城的人很惊恐，想往东逃难。皇帝问王曾怎么办，王曾说：汴河决口，却没有奏书报上来，看来这只是民间的谣传罢了，不值得忧虑。不久证明果然是这样。像这样一个严肃认真、痛恨虚妄之事的人，会对前朝的事情造假吗？另一方面，曾经编纂过《资治通鉴》的司马光，一向被认为是严谨的历史学家，他会没有依据就对释兵权的事件增加大量细节吗？

首先必须指出，"释兵权"是一定存在的，而且，早在建隆二年(961)七月之前，赵匡胤就开始了第一步。建隆二年闰三月，赵匡胤罢免了殿前都点检、镇宁节度使慕容延钊的职务，出为山南西道节度使，并且此后殿前都点检的职位不再设置。同时，赵匡胤也罢免了

> 曾资质端厚，眉目如画。在朝廷，进止皆有常处，平居寡言笑，人莫敢干以私。——《宋史·王曾传》

> 河决奏未至，第民间妖言尔，不足虑也。——《宋史·王曾传》

侍卫亲军都指挥使韩令坤的职务，任为成德节度使。二人赴任之前，赵匡胤还在广政殿设宴为他们饯行，并由此成为一个惯例。本年七月以后，石守信、王审琦等人禁军将领的职位也的确都发生了变化，出为地方节度使。所以说，赵匡胤解除他那帮老兄弟禁军兵权的事实肯定是存在的。

问题的关键是以什么方式解除的，即使不是通过"杯酒"的方式，也不能因此否认释兵权的存在。

况且，赵匡胤通过设宴（杯酒）的方式解除宿将兵权是非常有可能的。

质疑者最重要的一个证据是建隆二年（961）六月至七月是国丧时期，禁止饮酒。

据《宋史·礼志》记载：建隆二年六月二日，皇太后杜氏病故。太常礼院进言：按照以往的惯例，丧期采取"以日易月"的制度，二十五日即可脱去丧服。

> 太常礼院言：『准故事，合随皇帝以日易月之制，二十五日释服，二十七日禫除毕，服吉，心丧终制。』从之。——《宋史·礼志二六》

什么是"以日易月"的服丧制度呢？

古代的丧期，依据生者与死者的亲疏，分别有三年丧（即两周年）、期年丧（一周年）、九月丧和三月丧。实际执行时，则会依据具体情况有所变通。"以日易月"就是一种变通方式，即一天等于一月，三年丧实际上是两周年，也就是二十四个月，用二十四天来代替。所以，杜太后去世在六月二日，二十五日即可脱去丧服。就此而言，论者所谓的"六月初到七月初，乃国丧期间"的说法，既不符合一般理论上的丧期，也不符合变通后的丧期，只是想当然的延长而已。

因此，在建隆二年(961)七月，赵匡胤是可以宴饮的，而且在宋代的官方史料中也确实有在这段时间宴饮的记载。《宋会要辑稿》就有建隆二年七月十九日宴群臣于广政殿的记载《宋会要辑稿》礼四五之一。广政殿宴饮是场面较大的国宴，像七月"杯酒释兵权"的那种带有君臣叙旧性质的私宴，又何尝不可呢？

而且赵匡胤的一生，嗜酒如命，似乎与酒结下了不解之缘，他曾经亲口说：朕每次宴会，都好喝醉，酒醒后就后悔喝这么多酒。当然，在喝酒必醉这件事上，赵匡胤是一个"有错就改、改了再犯"的人。他一生中的重大事件，大都与酒相关。他在陈桥兵变中借醉酒装作不知情，已众所周知。借酒宴来营造某种气氛，或者借着酒劲儿说说平时不好讲的事情，在酒桌上议定一些国家大事，这是赵匡胤政治运作的技巧。像"杯酒释兵权"这类事件，在当时并非绝无仅有。

太祖刚即位的时候，藩镇大都骄横不法，尤以"义社十兄弟"为甚。有一天，太祖喊上他们，赐给他们弓箭，一人一骑，到固子门（开封城西北门）外的树林中，下马喝酒。酒酣耳热之际，太祖忽然对他们说：这里僻静得很，没有别人，你们想当皇帝的，大可以杀了我自己当。大家都非常惶恐地趴在地上，太祖再三询问，那些

朕每因宴会，乘欢至醉，经宿，未尝不自悔也。——《涑水记闻》卷一

将领均浑身哆嗦，不敢回答。太祖说：你们真拥护我做皇帝吗？大家都下拜，呼喊万岁。太祖说：你们既然拥护我做皇帝，就必须像个臣子的样子，不要再吊儿郎当，把我当作空气，骄横不法了。大家高呼万岁，大醉而归。

这俨然是杯酒释兵权的一次预先排演，如果认为此则记载仍带有逸闻的性质，那么在开宝二年(969)十月赵匡胤设宴罢黜王彦超等几个藩镇节度使的事实与此则如出一辙。

虽然不知出于何种原因，北宋当时的官方史书中没有详细地记载此事，当然官方史书里面没有记载的大事也绝非仅此一件。但元代编纂的《宋史》中实际有对此事的记载，只不过不在《太祖本纪》里，而是在《石守信传》中罢了。

总之，以宴饮的方式解除禁军主要将领的兵权，是宋初政治、军事中的一件大事，酒酣耳热之际，谈笑风生之中，平静地对禁军进行改革，虽然可能有细节的夸张与渲染的成分，但这一基本的事实应该是真实可信的。

吃顿饭就能解决问题吗

肯定了杯酒释兵权存在的真实性，还有一个问

> 太祖即位，方镇多偃蹇，所谓『十兄弟』者是也。上一日召诸方镇，授以弓剑，人驰一骑，与上私出固子门，大林中下马，酌酒，上语方镇曰：『此处无人，尔辈要作官家者，可杀我而为之。』方镇伏地，战恐。上再三喻之，伏地不敢对。上曰：『尔辈是真欲我为主耶？』方镇皆再拜，称万岁。上曰：『尔辈既欲我为天下主，尔辈当尽臣节，今后无复偃蹇。』方镇复再拜，呼万岁，与饮，尽醉而归。
> ——王巩《闻见近录》(中华书局2017年版)

题需要解决，那就是杯酒释兵权得以实现的必然性。大权在握的禁军将领、大宋的开国元勋就那么愿意交出兵权吗？实际上，这是两者在地位、实力、智力等方面暗暗较量的结果。

第一，从赵匡胤来说，建国以来的众多措施已形成众星拱辰之势。五代君主建国之初未尝不想大权独握，但都未能梦想成真，最终都是打下了江山给了别人。赵匡胤之所以能实现独握大权之势，有高于五代诸国国君之处，那就是他的果敢、决断以及实力扩充。清朝乾隆皇帝对杯酒释兵权曾经有过如下评价：历来诵读史书的人大都认为宋太祖在宴饮之间轻松地解除了禁军将领的兵权，在不知不觉间不声不响地使天下归于安定，这实在是鄙陋浅见。石守信等数位禁军首领如果不是受制于宋太祖，又怎能靠几句客气话、知心话、暗带威胁的话就放弃了自己所掌握的兵权。只不过因为当时宋太祖比这些禁军将领更加机智勇武，未雨绸缪，当断则断。石守信等人当时接受命令还来不及，又怎么敢有不同意见？修史的人没有远见卓识，只是在宴饮这一移权方式上不断来炫耀其中的奇异之处，而不是从宋太祖本身的英勇决断处入手，甚为可笑！乾隆做皇帝六十载，对于君臣之间的微妙关系自然比一般文人体会得深刻，他一针见血地指出了"杯酒释兵权"和

> 读史者率以宋祖"杯酒释兵权"为不动声色而措天下之安，此鄙见也。守信数人若果不可制，岂数言委曲规讽所能罢其兵者？彼时宋英勇固出数人之上，操纵由己，消患未然。守信诸人方承命不暇，又何敢有异议乎？史家无卓识，徒于杯酒诡辞处炫奇，以为秘计神谋，而不于宋主英断勇为处着眼，而后世遂以为是妙策独出。吁！可笑矣！——《御批历代通鉴辑览》卷七十二（景印文渊阁四库全书本）

平表面下涌动的权力争斗。赵匡胤之所以能用宴饮的方式实现权力转移，最为关键的在于他掌握了主动权，在双方的角逐比量中，人单势不弱。

第二，从禁军首领来说，早就适应了君臣之分。石守信、王审琦等人虽然是与赵匡胤同甘共苦的战友，但是，在赵匡胤建宋前后的一系列实施恩惠、征伐过程中，他们看到了赵匡胤的卓尔不群。赵匡胤在成为宋太祖之前，在殿前都点检的位置上也有年头了，他的这些故友做过他的下属，上下级的关系早就习惯了。所以，当赵匡胤坐上皇帝宝座后，他们不会不适应。赵匡胤建宋之后还举行了一系列的仪式，强化皇帝的老大地位，因此即使是生死兄弟也要恪守君臣之礼。所以他们在赵匡胤的君主权威面前渐渐明确了心理定位，身为人臣，必须以服从为首要任务。

第三，赵匡胤解除禁军将领的兵权也不是一下子完成的，而是采取了循序渐进、各个击破的步骤。这显然是有意安排的，并且意味深长，足见赵匡胤的政治才能。第一步，在建隆二年(961)闰三月，先解除慕容延钊、韩令坤的禁军领导职位。当时他们二人一个是殿前司的最高领导殿前都点检，一个是侍卫司的最高领导侍卫亲军马步军都指挥使。为什么先从他们下手呢？因为这两个人虽然名义上是禁军的最高将领，但一直驻守地方，对禁军其实没有足够的掌控力，最多算是个兼职。既然只是一个名誉，解除这个名誉对他们来说也没啥了不起的。因此，从他们开始比较稳妥。第二步就是杯酒释兵权事件中解除职位的四位领导，对他们而言，一把手都被罢免了，他们这些二把手、三把手再被罢免，心里也不会有多少不平衡，何况赵匡胤还有不少优惠条件在等着他们呢！第三步，收尾。免除包括太祖亲弟弟赵光义在内的几位高级禁军将帅的职位，只留下侍卫亲军步军都指挥使韩重赟继续在禁军中，但从侍卫司改到了殿前司，改任殿前都指挥使。这个过程前后持续了四个多月，杯酒释兵权只是其中最重要的一个场景而已。

赵匡胤在与禁军将领的博弈中最后以绝对优势胜出，杯酒释兵权成功上演。

影响，那是相当大

毫无疑问，杯酒释兵权是宋初重要的事件，将其视为大宋王朝的一个历史标签，也不算过分。对于大宋开国之初喜剧性的这一幕，不少人都认为，赵匡胤此举创立了有宋一代"以文制武"的祖宗家法，甚至大宋帝国所谓的"积弱"也由此肇始。如此的解读固然有一定的合理性，但是否能总结其蕴含的全部意义，则值得进一步深入思考。

"杯酒释兵权"，就其直接意义而言，一是从根本上预防了禁军将帅发动政变，重演"黄袍加身"事件；二是比较成功地解决了开国将帅居功自傲、骄横不法的问题。由此，极大地促成了宋初政局的稳定，使北宋避免了重蹈五代短命王朝的覆辙。

将杯酒释兵权这件事置于历史的长河中来看，赵匡胤所解决的，是中国封建政治中一个最为棘手的问题——如何处理皇帝与开国功臣之间的矛盾？

"飞鸟尽，良弓藏；狡兔死，走狗烹。"诛杀功臣，是一些开国之君惯用的手法。皇帝担心功臣拥有的权力危及皇权，而功臣怕兔死狗烹而不敢放弃自己的权力，这种互相猜忌容易导致皇帝痛下杀手或者功臣铤而走险。比如汉高祖刘邦在开国后诛杀功臣就是在这样一种困境下的解决办法。赵匡胤的做法与刘邦截然不同，他只是剥夺了功臣们的兵权，但给予他们丰厚的赏赐和崇高的地位，并通过互相结为姻亲的方式巩固彼此的关系。赵匡胤的"杯酒释兵权"其实是一种赎买，即以子孙世代享有丰厚的物质待遇、崇高的政治地位来换取功臣掌握的危及皇权的权力，从而使双方走出困境，达成一种互信，也算是一种双赢。

宋初的"杯酒释兵权"，通过一种较为理性和文明的方式，在谈笑之间，解决了一个历代统治者深感棘手的问题，对宋代的文化、经济的全面繁荣也有深刻影响。

功臣宿将对禁军的掌控权被罢免了，他们夺取赵匡胤皇帝宝座的潜在可能性没有了。但是，禁军还存在，禁军还需要将领，如何调整禁军的领导格局，选拔什么样的领导来掌控禁军，这也是一个非常关键的问题。对此，赵匡胤是如何运作的呢？

煞费苦心

〈十二〉

赵匡胤当上皇帝的第二年七月,通过"杯酒释兵权",于酒酣耳热之际,在谈笑风生之中,"轻松"地解除了功臣宿将对大宋禁军的掌控权,将威胁皇帝宝座的潜在可能化解于无形之中。但是,大宋的中央禁军依然存在,而且必须存在,宿将退居二线了,但禁军必须有将领来统率。怎样调整禁军将领的格局才不会产生新的威胁呢?

过河一定要拆桥

杯酒释兵权后,大宋中央禁军的格局发生了四个明显的变化:一是两司变成了三衙,二是掌兵权与调兵权分离,三是实行更戍法,四是新一代的禁军将领登台。

第一,两司成三衙。

宋初,中央禁军承袭五代制度,由殿前司和侍卫司组成。

殿前司的高级将领排列顺序是:殿前都点检——副都点检——都指挥使——副都指挥使——都虞候。

侍卫司的高级将领排列顺序是:马步军都指挥使——副都指挥使——都虞候——马军(步军)都指挥使。

陈桥兵变后,殿前都点检一职由慕容延钊担任,但在建隆二年(961)闰三月,也就是在杯酒释兵权发生之前,赵匡胤就罢免了慕容延钊的殿前都点检军职。什么理由呢?很简单:赵匡胤曾经担任过这个官职,现在赵匡胤是皇帝了,所以,殿前都点检这个职位不适合再安排其他人员担任,从此不再设置。与慕容延钊同时被罢免的还有马步军都指挥使韩令坤,由原来的马步军副都指挥使石守信暂时担任,副都指挥使空缺。

杯酒释兵权主要解除了石守信、高怀德、张令铎、王审琦的职位,石守信虽然还有马步军都指挥使的头

自是,殿前都点检遂不复除授。——《续资治通鉴长编》卷二

衔，但已不再掌握实际权力，而且一年后这个名誉职位也被解除了。殿前副都点检高怀德被解除军职以后，此职位也不再设置。

> 殿前副都点检自是亦不复除授云。——《续资治通鉴长编》卷二

杯酒释兵权后，侍卫司的前三个最高职位——马步军都指挥使、副都指挥使、都虞候以及殿前司的前两个最高职位——殿前都点检和副都点检不再任命将领担任。原先侍卫司实际下分马军与步军两大系统，随着最高将领不复设置，统率两大系统的将领不复存在，侍卫司实际上一分为二：马军与步军。

所以，杯酒释兵权后，大宋中央禁军殿前司与侍卫司形成了新的格局：马军都指挥使、步军都指挥使和殿前都指挥使分别统率，原先的两司变成了三衙。三衙的名称虽然到宋真宗时才出现，但在赵匡胤杯酒释兵权后事实上已经形成。三衙鼎立的禁军格局，遂成为有宋一代的禁军制度。

赵匡胤为什么要这样调整呢？

一是降低禁军将领地位与声望。

殿前司与侍卫司的最高将领罢置后不再补人，禁军最高将领从此不再设置。这样做的目的在于有意降低禁军将领的地位与声望，不至于造成尾大不掉的局面。

二是削弱侍卫司权势。

侍卫司原来兼有步兵和骑兵，实力强大。取消了侍

卫司最高级别三位将军的职位，以往统一领导侍卫司步兵与骑兵的将军不复存在，马步军分裂为马军与步军。这样，大大削弱了侍卫司高级将领的权势。

三是减少禁军对皇权的威胁。

侍卫司和殿前司是禁军的两大系统。赵匡胤不设两司的最高领导职位，以殿前司都指挥使、马军都指挥使、步军都指挥使作为禁军三大部门的最高领导，无形中大大降低了这些部门领导的品级、地位、声望、权势，使他们对皇权构成的潜在威胁大大降低。

第二，分割掌兵权与调兵权。

五代以来，政权更替频繁、战乱不断的局面，很大程度上是由禁军对兵权的绝对控制，进而形成了禁军以绝对兵权控制皇帝而造成的。权力的绝对集中，必然会引发人的贪欲，要消灭这个恶端，小打小闹不行，选拔亲信也不行，必须从制度上加以改革。

赵匡胤在对禁军将领职位进行了罢置、调整后，又对他们的权力进行了调控、限制。三衙指挥使握有重兵，负责士兵的日常训练、禁卫戍守和将士的升降赏罚，但没有调遣军队的权力。调兵权属于枢密院。一旦战争爆发，枢密院负责调拨兵马，派军出征，但枢密院没有军队。而且，没有皇帝的命令，枢密院不能调遣指挥使掌管的军队。这样一来，既有掌兵权又有调兵权的实际上只有皇帝一人，三衙与枢密院互相牵制。由于皇帝直接掌握了禁军，这样就从制度上杜绝了五代以来禁军驾驭皇帝的现象。赵匡胤是通过掌控禁军当上的皇帝，他最清楚兵权在握的力量，所以现在必须"过河拆桥"，从根本上杜绝此类事件的重演。

第三，实行更戍法。

禁军最初的职能只是保卫皇帝与京城，至赵匡胤时，禁军除在京师防卫以外，还被派到边境以及重要地区戍守。赵匡胤时代，禁军总数为二十余万，警卫京师与戍守地方各占十余万，两方数量大致相当，互相制衡。而且，驻守地方的士兵或者将领，每三年更换一个地方，以免其驻扎某地时间太久，形成根据地。这样，在制度约束之下，宋代的禁军力量不会过于集中，士兵与将领之间不会形成非常密切的关系，对朝廷的威胁自然也就减小了。

第四，禁军新一代领导上台。

杯酒释兵权作为一个标志，标志着追随赵匡胤建国的功臣宿将掌管禁军的时代已经结束。到建隆二年（961）九月以后，掌控中央禁军的高级将领职位仅保留了四个。具体情况是：马军都指挥使由刘光义担任，步军都指挥使由崔彦进担任；殿前都指挥使由韩重赟担任，殿前都虞候由张琼担任。

这些将领或者资历浅，或者才能平庸，然而都能忠实贯彻赵匡胤的意图，全是听话的好干部。宋太祖任命这批新干部，看重的不是他们的才能，并非选贤任能，而是反其道而行之，选"庸才"，更看重的是他们是不是听话，好不好管理。

有一件事可以从一个侧面见证赵匡胤此举的用心

所在：地位、声望太高的人，朝廷绝对要避免其掌握禁军。

建隆四年(963)二月，天雄军节度使符彦卿来中央朝拜宋太祖。当时，赵匡胤除了大量赏赐符彦卿，还打算让他典掌禁军。对于这次任命，赵普极力表示反对，他反对的理由是：符彦卿在后周末已为藩镇节度使，又是周世宗和赵光义的岳父，名位太盛，绝对不宜再委以禁军兵权。不过赵匡胤并没有采纳赵普的建议，而且下了诏书。赵普截留了诏书，怀揣着去见赵匡胤，赵匡胤问：你是为符彦卿的事情来的吧？赵普说：不是，臣有他事要奏。等汇报完后，赵普从怀中掏出诏书，要求宋太祖收回。太祖说：果然不出我所料，诏书怎么会在你这里呢？赵普回答：臣借口有个别地方语言不妥，又留下了，还望陛下深思熟虑，考虑利弊得失，免得后悔。太祖说：你为何总是怀疑彦卿？我待他不能再好，他岂能背叛我！赵普说道：那陛下何以有负周世宗？太祖默然无语，收回成命。

> 赵普以为彦卿名位已盛，不可复委以兵柄，屡谏，不听。——《续资治通鉴长编》卷四

> 惟陛下深思利害，勿复悔。——《续资治通鉴长编》卷四

> 普曰：『陛下何以能负周世宗？』上默然，事遂中止。——《续资治通鉴长编》卷四

我们不清楚赵匡胤在让符彦卿掌管禁军这件事上出于什么心理，而且他的态度似乎还很坚决。赵普以符彦卿名声、地位太高来进言，要求太祖权衡可能存在的利弊得失都无果后，只得以宋太祖的过去现身说法，结果太祖哑口无言，此事也不了了之。从这件事情上可以看出，掌管禁军的人名声、地位越高，

其对皇权的潜在威胁也就越大，赵匡胤自身就是一个明显的例证。

因此，在宋初禁军将领的遴选上，赵匡胤以听话、忠心、无心计、权力欲不强作为重要的选取标准，经过精心挑选，最终选定了刘、崔、韩、张四人。

即使这些将领很听话，很容易管理，然而一旦有什么风吹草动，赵匡胤照样不会含糊。

一个留任者的遭遇

在这四位禁军高级将领中，韩重赟是比较特殊的一个，他不是赵匡胤招纳的新手，而是属于老部属职位提升。韩重赟是宋太祖当年的"义社十兄弟"之一，陈桥兵变后，他因为拥戴有功，被提拔为龙捷左厢都校，属于侍卫司下马军分部级别较高的中层干部，但尚未进入禁军的高层领导行列。他进入高级干部行列是在平定了李筠的叛乱之后，当上了马军都指挥使。杯酒释兵权后，他是唯一没有被罢免禁军掌控权的老干部，但换了一下岗位，从侍卫司转到殿前司，任殿前都指挥使，不但没有被罢免，反而成了殿前司名副其实的一把手，品级似乎也提高了。据说，韩重赟之所以没有被罢免，反倒提升，是因为这个人比较听话，而且进入禁军的高级将领行列也没多久，此时还没多少声望。

杯酒释兵权后上任的四位禁军高级将领中，韩重赟资格最老，又在殿前司任职，且很听话，因而此后一段时间的国家大事都交付他去办理，他出面的机会比较多，屡负重任。先是监督管理京城壮丁数千人修筑皇城，并按照洛阳宫殿的样式在开封修筑宫殿。后来黄河在澶州一带决口，他又监督管理数十万壮丁堵塞决口。国家举行郊祀大典的时候，他又出任仪仗都部署。

"木秀于林，风必摧之。"韩重赟受到皇帝的信任，被委以重任，在公开场合露面的机会增多，遭到了他人的妒忌，有人开始造谣中伤，说韩重赟私下选取殿前司亲军作为自己的亲信随从。这条罪名很大，一下子触动了赵匡胤的敏感神经，为什么呢？因为赵匡胤正是这样发展势力，最终夺取后周政权的。所以赵匡胤听不得这样的事情，他勃然大怒，未经查证就要诛杀韩重赟。这时，赵普进谏说：殿前司禁军，陛下您必定不会亲自统率，自然需要选定合适的人来统领，如果韩重赟仅仅因为有人进谗言就被诛杀，那么其他的人都会由此而害怕获罪，谁还会再来为陛下统领禁军呢？赵普这一谏言很尖锐也很实际，杀韩重赟有害无利。但当时赵匡胤仍在盛怒当中，即使利弊得失摆在面前，也还是想杀韩重赟，后经赵普反复劝说，赵匡胤才勉强饶过韩重赟一命。

谣言之事暂时告一段落，但这始终是赵匡胤的一块心病，不曾忘却。在时隔不久的乾德五年(967)二月，韩重赟被赵匡胤解除军职，出为彰德军

> 三年，发京畿丁壮数千，筑皇城东北隅，且令有司绘洛阳宫殿，按图修之，命重赟董其役。乾德三年秋，河决澶州，命重赟督丁壮数十万塞之。——《宋史·韩重赟传》

> 时有谮重赟私取亲兵为腹心者，太祖怒，欲诛之。赵普谏曰："亲兵，陛下必不自将，须择人付之。若重赟以谗诛，即人人惧罪，谁复为陛下将亲兵者。"太祖纳其言，重赟得不诛。——《宋史·韩重赟传》

(治所在相州，今河南安阳市)节度使，走上了和石守信等人同样的道路。

韩重赟是"义社十兄弟"之一，对赵匡胤也算忠心，只因他的职位过于敏感，兄弟之情便荡然无存。赵匡胤一听说他在殿前司发展自己的势力，即使仅仅是听说，是捕风捉影，也视为既定事实，按照事实成立去处理，立刻就想除掉他，大有宁可错杀、不能漏网的意味。从这件事情上，完全可以窥视赵匡胤的心态，一切可能对其皇帝之位造成威胁的他都毫不手软地扼杀在萌芽状态，不管对方是谁，兄弟也要翻脸。

严格来讲，赵匡胤的杯酒释兵权到此时才算完成，韩重赟更像是赵匡胤有意留在禁军中以便顺利完成禁军领导新旧交替的一枚棋子。在开国后的论功行赏中，韩重赟未能进入禁军高级将领的行列，而是在平定李筠之乱后以军功得以进入高层干部行列。赵匡胤选择让他继续留在禁军领导中，是因为他能够非常忠实地贯彻自己的意图，是非常听话的好干部，非常得力的好兄弟，而且还没有自己的忠实粉丝团，看不出有什么威胁。在石守信等人到地方上享受生活以后，国家大事几乎全是仰仗韩重赟来完成的。就是这样一位认真负责、安守本分的军队好干部，却因为子虚乌有的谣言，几乎断送了性命。

离职之后的韩重赟与当初因杯酒释兵权而得以"歌儿舞女以养天年"的石守信等人的感受已经是大为不同。石守信等人是于风雨欲来之时及时抽身，虽有矛盾挣扎，但最终也是小阴转大晴，韩重赟则在他人离职之时有了升迁，可谓春风得意，但是好景不长，他便切身感受到了身居要职的危险，他这棵不算太招摇的小树也惹得狂风暴雨砸了下来，心情由大晴转为大暴雨。这两种转变对于人的影响是大为不同的，经受了风雨飘摇、世道沧桑的韩重赟在心理上、外在行为上都变了。到地方上出任节度使的六七年里，韩重赟信奉佛教，经常督促监管当地百姓砍伐树木，大建寺院，也差不多成为郡内一害，但赵匡胤对此种现象却不闻不问，说不定心里还在偷着乐呢。这也许是韩重赟为了保全性命的"自晦"吧。

> 重赟信奉释氏，在安阳六七年，课民采木为寺，郡内苦之。——《宋史·韩重赟传》

韩重赟是幸运的，因为有赵普言辞恳切地替他说情，可有人就不那么走运了。殿前都虞候张琼就是这样不幸的一个。

几个替代者的悲剧

建隆二年 (961) 七月，赵匡胤请石守信等人吃了顿饭，各位将领第二天都请病假到地方上疗养去了。但是，大宋的禁军必须有人统率。这个时候，赵匡胤想到了张琼。赵匡胤对身边人讲，殿前卫士勇猛残暴如虎狼者上万人，必须有更加英勇、更加残暴的人才能够统领他们，张琼正是这样的人，所以，把他从马步军都头的位子上提升为殿前都虞候。这个位子赵匡胤曾经做过，而张琼的前任是赵匡胤的弟弟赵光义。殿前都虞候的品级虽然不高，但由于前面的高级将领位置大多空缺，实际上是殿前司名副其实的二把手。

> 上谓殿前卫士如虎狼者不下万人，非张琼不能统制。——《续资治通鉴长编》卷二

赵匡胤为什么选择张琼担任殿前都虞候这个职位呢？有两个主要原因。

第一，忠勇。

张琼很早的时候就追随赵匡胤打天下，有勇力，善射。有两件事很能表现张琼的忠勇。

第一件事，后周显德三年(956)正月，赵匡胤随周世宗征伐南唐，而张琼当时在赵匡胤手下做事。周世宗命赵匡胤率禁军攻打南唐水兵，在十八里滩寨被南唐战舰包围。当时南唐有一员猛将手持盾甲，驾快舟大喊大叫地向周军冲杀过来，所向披靡，周军无人能够阻挡。正在这危急时刻，张琼冲向前去，弯弓搭箭，大吼一声，一箭就把来将射倒，南唐军顿时大乱，因此溃退。

> 太祖从世宗南征，击十八里滩寨，为战舰所围。一人甲盾鼓噪而前，众莫敢当。太祖命琼射之，一发而踣，淮人遂却。——《宋史·张琼传》

第二件事也发生在征伐南唐过程中。在攻打寿春城的时候，赵匡胤率领水兵乘皮船入寿春护城壕中。城上万弩齐发，史书上说"矢大如屋椽"，这不是一般的箭，是用机器发射出来的。张琼见状立即奋不顾身扑向赵匡胤，用自己的身体为赵匡胤撑起保护伞，箭镞射入张琼大腿骨里，张琼当场昏死，赵匡胤急忙下令退兵。后来张琼醒了过来，得知箭头因射在大腿骨拔不出来，随即命人端酒，满饮一大杯后，令人破骨拔出箭镞，血流数升，面不改色。

> 太祖皇帝乘皮船入寿春壕中，城上发连弩射之，矢大如屋椽。牙将馆陶张琼遽以身蔽之，矢中琼髀，死而复苏。镞著骨不可出，琼饮酒一大卮，令人破骨出之，流血数升，神色自若。——《资治通鉴》卷二九三

张琼在危急关头奋不顾身的救命之举，自然会让赵匡胤感慨良久。那一次躲过了一劫，但现在政局尚未完全稳定，要面对的险境会比战场上大如屋椽的弓箭更加可怕，那时候会有谁帮助他力挽狂澜，不顾安危舍命相救呢？当他要对禁军将领进行调整时，救命恩人张琼无疑成为一个可选对象。

第二，无机。

正如赵匡胤所言，大宋的殿前禁军中像老虎、恶狼一样凶猛者，不下万人，只有张琼这样的勇猛之人才能够驾驭他们。但是，对赵匡胤而言，这绝对不是他最关注的，毕竟勇猛之人不止张琼一个。他更看重的是张琼的无机。

无机，就是没有心计，缺乏计谋，说得不好听就是没脑子、二百五。没有心计，因此性情率真，说话直来直去，从不掖着藏着，而且他脾气火爆，对下属也不是很体恤，因此很容易得罪人，不会形成众军拥戴的局面。

赵匡胤用他，看重的就是这一点，然而也正因为如此，才造成了他的命运悲剧。

当时张琼的手下有两个人，一个叫史珪，一个叫石汉卿，二人官职不高，却很受赵匡胤信任，其实就是赵匡胤安插在禁军中的密探一类的人。赵匡胤当上皇帝不久，想了解宫廷之外的事情，就派遣史珪四处打探，然后向他报告。当然，赵匡胤最初也是调查了一下的，

> 琼性暴无机，多所凌轹。——《宋史·张琼传》

发现史珪汇报的都是事实，因此对他很信任。因为有皇帝信任，有皇帝撑腰，所以史珪后来肆无忌惮，作威作福。石汉卿这个人呢，是个比较狡猾的人，很善于揣摩皇帝的心事，多次向赵匡胤打小报告，一般人在他面前从不敢多讲一句话。

说白了，史珪、石汉卿之流是赵匡胤安插在禁军中的耳目，是来监控禁军将领的，一般人在他们面前都会谨小慎微，小心翼翼的。但张琼做不到，他是凭忠诚和打仗勇猛晋升上去的，不会去讨好别人，对史珪、石汉卿靠向皇帝打小报告的特务行径更是十分不齿，因此打心底里鄙视他们，言谈之中不自觉地就带有轻侮之意，甚至将他们比作老巫婆。别人对于皇帝安排的这两个亲信、当时的大红人，巴结还来不及，张琼却对他们不太感冒，瞧不上他们的投机取巧，他完全顺任本性，直言不讳，由此可以看出张琼确实有勇无谋，没有心计。

张琼的鄙视与侮辱还乱起绰号的做法让史珪、石汉卿痛恨得咬牙切齿。于是，他们罗织了张琼几条罪状汇报给赵匡胤。

一是擅自选用官马，即不经过领导批准，把公车变成了私车。

二是接纳叛将李筠的部下。

三是蓄养部曲一百多人。部曲就是家兵，这些

太祖初临御，欲周知外事，令珪博访。珪廉得数事，白于上，验之皆实，由是信之。——《宋史·史珪传》

汉卿性桀黠，善中人主意，多言外事，恃恩横恣，中外无敢言者。——《续资治通鉴长编》卷十

时史珪、石汉卿方用事。琼轻侮之，目为巫媪。——《宋史·张琼传》

家兵作威作福，连禁军都很惧怕他们。

四是诬陷赵匡胤的弟弟。

这四条罪状，如果属实，除第一条外，哪条罪名都不轻。尤其是第三条，私养家兵，这是赵匡胤最忌讳的，难道你要学我赵匡胤不成？

史珪、石汉卿能够取得皇帝的信任，也非平庸之辈，至少在某些方面也算是很有才的。他俩选择了一个恰当的时机向赵匡胤做了汇报，什么时机呢？当时，大宋朝廷马上要举行郊祀大典，皇帝已经下了诏书通告全国了，郊祀期间，京城必须保持安定和谐的秩序，因此，朝廷正要准备严打、整顿。史珪、石汉卿就是在这个时候给赵匡胤做汇报的，这一着可以说是稳、准、狠。

乾德五年(967)八月，赵匡胤下诏于金銮殿上亲自审问张琼。张琼没做过这些事情，自然不服。赵匡胤勃然大怒，下令：给我狠狠地打。石汉卿立即拿起铁杖，往张琼的脑袋上奋力一顿狂击乱打，把张琼打得奄奄一息。太祖又下令将其拖出去，送交御史府审问。张琼知道自己这次难逃一死，行至明德门，解下所系腰带，托狱吏转交他的母亲，然后自杀身亡。

张琼死后被抄家，至此时，宋太祖赵匡胤方知其家无余财，仅有三个仆人，于是斥责石汉卿：你说张琼私养家兵超过百人，现在这些人在哪里？狡猾的

琼尝擅选官马乘之，又纳李筠仆从于麾下，潜琼养部曲百余人，自作威福，禁旅畏惧，且诬毁皇弟光义为殿前都虞候时事。——《续资治通鉴长编》卷四

时上已下郊祀制书，方欲肃静京都。——《续资治通鉴长编》卷四

召琼面讯之，琼不伏。上怒，令击之，汉卿即奋铁挝击其首，气垂绝，乃曳出，遂下御史府按鞫。——《续资治通鉴长编》卷四

石汉卿忙辩解说：张琼养的这些人，都是以一敌百。太祖深感后悔，遂下旨优恤其家，这种给人一棒再给个蜜枣吃的做法没有任何意义，只不过是做一下面子工程罢了。史书上有句话讲得意味深长，"然亦不罪汉卿"，石汉卿等人明显是诬告，但赵匡胤责问一句了事，一方面说明石汉卿深得太祖信任，另一方面也展示了赵匡胤宁可错杀一千、不能放过一人的疑忌心态。

这位救过赵匡胤性命、耿直无心计的都虞候遭了黑手，最后被迫自杀。之后，这一要职由既没有战功也没救过皇帝性命的杨信接任。

杨信上任不久，就突发哑病，口不能言。好在杨信有个贴身家童能够准确"破译"杨信的哑语，每当杨信入朝上奏，或传令军中，只需杨信用手比画几下子，家童就能把杨信的意思准确表达出来，丝毫不影响杨信掌控军队。因为杨信忠直，没有花花肠子，赵匡胤委任军职不疑，后又将殿前司的高级职位也交给了他。让人最最想不到的是，哑了十二年的杨信竟然在临死的前一天奇迹般地"康复"了，向前来探望他的宋太宗赵光义声情并茂地诉说他深切感念两朝的知遇之恩。

至此，人们才恍然大悟，原来杨信在装哑，为

上旋闻其家无余资，止有奴三人，甚悔之，责汉卿曰："汝言琼部曲百人，今安在？"汉卿曰："琼所养者一敌百耳。"——《续资治通鉴长编》卷四

忠直无他肠，故上委任之不疑。……质实……故见信任，而终始无疑焉。——《宋史·杨信传》

暴疾失音。——《续资治通鉴长编》卷七

信自言遭遇两朝，恩宠隆厚，叙谢感慨，涕泗横集。——《宋史·杨信传》

了避免重蹈前任的覆辙而装哑。杨信临终之前的老泪纵横与其说是在称颂皇恩浩荡，不如说是对于十二年装哑生活的大发泄。事实上，杨信装成功了，而且装来了荣华富贵，装来了大权在握，并得以善终。这位史书上记载"忠直无他肠"的人其实还是非常狡猾的，但是，杨信的狡猾是不得已的，是被现实政治逼出来的。

顺便说一下新任的步军都指挥使崔彦进，他频立战功，但是有个特点：喜欢聚敛财物，所到之处没有善政。崔彦进爱财，所以对待权力就不太热衷，赵匡胤对他也就比较放心。不善理政的崔彦进也不善理家，他死后，几个儿子为争夺他的遗产，竟然闹到了宋太宗赵光义那里。

> 好聚财货，所至无善政。——《宋史·崔彦进传》

总结一下，赵匡胤选择禁军将领的标准是以"忠实易制"为原则，不用能将，不用宿将，而信用庸将，重用新将。不过，就算是平庸之人，赵匡胤一旦听到什么风吹草动，即使是无中生有，也往往不加勘察，一棍子打死。所以，即使有才能的人，一不小心被任职，往往自晦，往往装聋作哑，以此来打消皇帝的疑忌。

赵匡胤从制度层面、技术层面上防范了黄袍加身的重演。大宋帝国的主力军队已经牢牢地被赵匡胤抓在了手中。他下一步的改革重点又是什么呢？

集权集权

〈十三〉

建隆二年七月,赵匡胤通过富有戏剧性的杯酒释兵权,解除了禁军宿将掌控军队的大权,并进一步解决了中央禁军的问题,拉开了集权的序幕。从一国之君的权力层面而言,无非涉及两个方面的问题:一是中央与地方权力的消长,二是君权与相权的分割。赵匡胤从这两个方面进行了权力的集中。此时的赵匡胤正面对着这两大难题:一是地方上的割据势力还没有触及,二是宰相的权力问题也没有解决。赵匡胤如何处理这两个关乎中央集权的大问题呢?

先收兵权

开宝二年(969)冬十月,赵匡胤在御花园请客,这次被请者是几位从地方进京朝见述职的节度使。

酒酣耳热之际,赵匡胤不慌不忙、悠闲舒缓地发表他早就准备好的"现场"感言:你们都是国家的功臣宿将,长久地在第一线为国家服务,事务繁忙,这实在不是朕优贤待士的本意,这让朕心里怎么过意得去呢?

"酒无好酒,宴无好宴","听锣听声,听话听音"。凤翔节度使、兼中书令王彦超脑子好使,转得快,立刻明白了太祖的意图,心领神会地马上跪倒在地上奏说:卑臣本来就没什么功劳,却一直深受皇恩宠爱,心里惭愧得很。现在卑臣年龄也大了,继续留在节度使这个位子上实在是尸位素餐,恳请陛下赐臣归老田园,实现卑臣的最后一个愿望吧!

王彦超是何等聪明之人!当年赵匡胤去复州寻找发展机遇,就是他拒绝了赵匡胤的这个要求,但当赵匡胤坐上皇帝宝座而旧事重提之时,王彦超却说:复州那个小地方怎么能容下真龙天子,庙小留不下大菩萨,一切都是天意。一席话,赵匡胤自然很受用。现在他辞官养老,正合赵匡胤的心意,赵匡胤自然也很高兴。

另外几位节度使如安远节度使武行德、护国节度

> 卿等皆国家宿旧,久临剧镇,王事鞅掌,非朕所以优贤之意也。——《续资治通鉴长编》卷十

> 臣本无勋劳,久冒荣宠,今已衰朽,乞骸骨,归丘园,臣之愿也。——《续资治通鉴长编》卷十

使郭从义、定国节度使白重赞、保大节度使杨廷璋等就不那么懂事了，前面王彦超已经做了示范，他们还没明白过来。相反，他们以为赵匡胤的一番现场感言是发自肺腑的，于是就顺着赵匡胤的话往下说，七嘴八舌，竟相回忆他们当年攻城略地的功劳以及遭受的艰难困苦，实在是不懂得察言观色！这当然不是赵匡胤想要看到的，因此一句话就打断了他们：这都是前代的事情了，还有啥值得说的。

> 竞自陈攻战阀阅及履历艰苦。——《续资治通鉴长编》卷十

第二天，赵匡胤就下诏，免去了这些人节度使的职位，授以太子太傅、上将军之类的"环卫官"，名义上是护驾皇帝，名头大得吓人，品级都是从二品、从三品，俸禄也十分优厚，但都没有实际兵权，都是些在开封养老的闲职。

> 此异代事，何足论也。——《续资治通鉴长编》卷十

这是一幕集体撤藩的大戏，而且撤得非常成功。这是杯酒释兵权的第二次成功上演，五代的宿旧大藩，一举裁罢，藩镇之祸自此消弭。

唐代中叶以来，藩镇之祸愈演愈烈，藩镇之权愈来愈重，为什么面对赵匡胤的第二次杯酒释兵权，一向骄横不法的藩镇竟如此听命呢？

因为赵匡胤在此之前早已经做足了功课。

收夺禁军大将兵权顺利完成之后，罢黜藩镇节度使兵权的工作随即按部就班地展开。事实上，对藩镇节度使兵权的控制与加强控制禁军的改革是密切联系在

一起的。

乾德三年(965)八月，赵匡胤下令地方州郡，精选地方军队中的勇猛战士，造册上报，送至京都，用来补充禁军缺额。选拔的标准是全国统一的，而且，最初采用活人"兵样"，即选拔禁军中身强力壮者，送到各地，以此为标准"模特"，进行选择；后来又用"木梃"，即将树干做成标准样，主要是掌握身高。要求地方按照规定的标准选拔，选拔后先进行训练，等到训练成熟之后才能送至京都。送至京都的地方精兵，还需要经过赵匡胤亲自检验。到当年九月，赵匡胤对地方上选送的精兵一万多人进行了一次阅兵比武，继而新建骁雄军与雄武军对新进人员进行安置，隶属于侍卫司。

表面上，赵匡胤此举是为了加强侍卫司的力量，实际上，赵匡胤是在有意识地削弱地方藩镇的军事力量。由此形成了如下局面：守京师、被征戍的中央禁军能始终保持兵强马壮，而地方诸州之驻兵多是老弱病残。地方军成为中央禁军之后备部队，骁勇劲卒选送京城后，地方余留之兵平时很少训练检阅，也就是充当杂役罢了。因此，宋廷之中央禁军的战斗力与人员数量，远非地方所能抗衡；藩镇之兵权名存实亡，内重外轻之势形成，征伐得以自天子出，藩镇只有唯命是听的份儿了。

八月戊朔，令天下长吏择本道兵骁勇者，籍其名送都下，以补禁旅之阙。——《续资治通鉴长编》卷六

其后又以木梃为高下之等，委长吏、都监等召募教习，俟其精练，即送都下。——《续资治通鉴长编》卷六

余留本城，虽无戍更，然罕教阅，类多给役而已。——《宋史·兵志三》

建隆三年十一月，赵匡胤在开封的西郊，先后两次举行了规模宏大的阅兵仪式，用以检验一年来他对禁军改革的成效。赵匡胤对这次阅兵很满意，他兴高采烈地对身边的大臣说：从后汉、后晋以来，禁军卫士数量也不下十万，但是管用的寥寥无几。朕一年来，按照档案记载，把老弱病残全部裁掉，又多次亲临现场，考核他们训练击刺骑射的功夫，你们看，现在全是精锐之师了。赵匡胤言谈之中，流露出对自己改革禁军的得意。其实，赵匡胤的改革措施主要是剔除禁军中的老弱病残、胆小怕事者。这些被裁减下来的士兵，称"剩员"，朝廷给予安置，即仍保留军籍，但不参加征戍，军俸减半，在军中服杂役，类似军队里的后勤服务人员。这成为宋代安置军人的一项制度。

禁军中裁汰老弱病残，人员必然减少，因此需要不断补充，兵员从哪里来呢？在这方面，赵匡胤是有经验的。早在后周追随周世宗的时候，赵匡胤曾受命对后周禁军进行过改革，曾经从地方选拔精兵补充禁卫军。实践证明，这是一条可行之路。

地方上的厢军，老弱病残，皆非京师精锐禁军之敌，因此不敢心生二志，赵宋政权步入一个新境界。

藩镇的割据，自然有所凭恃，第一凭借的是军队，故宋太祖在加强禁军的同时，削弱了地方藩镇的军事力量。

> 朕顷案籍阅之，去其冗弱，又亲校其击刺骑射之艺，今悉为精锐，故顺时令而讲武焉。——《续资治通鉴长编》卷三

> 诸镇皆自知兵力精锐非京师之敌，莫敢有异心者。——《涑水记闻》卷一

再缴财权

第二凭借的是财赋，以财赋养兵，又以士兵聚敛，因此势力会日趋膨胀。赵匡胤掌管了"枪"以后，开始打地方藩镇"钱"的主意。赵匡胤是如何做的呢？

第一，取消地方留使、留州的特权。

自唐代天宝年间以来，藩镇开始称霸一方，其主要原因是他们掌握了地方财政大权。他们征收的地方赋税，只交给朝廷很少一点，大部分归地方留用，这叫作"留使"或"留州"。地方藩镇有了强大的经济基础，就招兵买马，蓄养军队，这种情况在宋初尚普遍存在。赵匡胤深知此弊的潜在危险，因此，采纳赵普的建议，于乾德二年(964)下令诸州：自今年起，每年所收地方赋税，除留下地方行政的基本开支所需外，其余全部上缴中央，不得以"留使""留州"的名义截留。第二年三月，赵匡胤又一次下令，重申此规定，剥夺了地方节度留使、留州的特权。但是，允许地方上留下基本的行政费用，仍然会给地方截留赋税留下可乘之机，于是，到开宝六年(973)，赵匡胤又一次下令：从今以后，地方收支、账簿必须经中央审核批准，也就是地方上的财政预算、决算都必须经过中央审批。至此，地方彻底丧失了经济自主权。

第二，设置转运使，监控地方财政。

> 自唐天宝以来，方镇屯重兵，多以赋入自赡，名曰留使、留州，其上供殊鲜。——《续资治通鉴长编》卷六

> 申命诸州，度支经费外，凡金帛以助军实，悉送都下，无得占留。——《续资治通鉴长编》卷六

> 六年，令诸州旧属公使钱物尽数系省，毋得妄有支费。——《文献通考》卷二十三（中华书局2011年版）

据《宋史·职官志》记载，转运使的主要职能是掌管某个区域的地方财政，并检查财赋的增加或减少，以满足上缴朝廷的经费。每年到所属部门，检查储备情况，考查账簿，凡有官吏违法和百姓疾苦，均要上报朝廷。地方财政全由转运使掌控，转运使还享有审计、监察等多种权力。这一着釜底抽薪，使得地方上割据的本钱皆被剥夺，相反中央财力雄厚，可有力控制地方。同时，地方政府财力薄弱，无法与军队相勾结，也有利于社会稳定。

第三，统一铸钱。

从五代以来，相沿使用唐旧钱，新铸的很少。宋太祖时开始铸钱，钱文为"宋通元宝"。凡各州轻小质料低劣之钱以及铁镴钱（混合铁和锡铸成的钱）全都禁止使用，诏书到后限一个月内送缴官府，期满不缴者按情节轻重定罪，凡私自铸钱者一律判处死刑。《宋史·食货志》

第四，重要物资实行国家专营。

茶、酒、盐、矾、香等物资实行国家专营，于是岁入大增，国用饶足。比如茶叶专营方面，宋太祖于乾德二年(964)下诏：茶叶全部实行官卖，官员偷偷进行交易者，叛死罪。乾德三年对寿州、黄州等五州茶叶实行专营，每年增加收入一百多万缗。就是说，仅这五个州的茶叶专卖，国家每年就增加十亿文钱。而这些收入，以前全被地方截留。同时，制定严厉的法律，打击私贩以

> 由是利归公上，而外权削矣。——《续资治通鉴长编》卷六

> 主吏私以官茶贸易及一贯五百，并持仗贩易为官私擒捕者，皆死。——《文献通考》卷十八

上产品者。如私自酿酒入京城五十里内且达五斗者、擅自贩卖官盐三十斤者、煮硷（含盐卤的浮土）至十斤者，均处以死刑。《续资治通鉴长编》卷三

这一系列的措施，不仅剥夺了地方上的财政自主权，而且从根本上杜绝了地方创收的可能，避免了地方上"小金库"的出现。没有了经济基础，一切都无从谈起，只能仰仗朝廷的鼻息生存。

三 收行政权

对地方行政权的收夺，赵匡胤亦采取了多种措施，以革除藩镇把持地方、肆意妄为的积弊。大要言之，可分四个方面。

第一，废除支郡。

唐末五代的时候，有些节度使占据好几个州，称为"支郡"，就好像东北区包括三省这样的大区。支郡势力强大，严重威胁到中央。宋廷于乾德元年(963)平定湖南、湖北两湖地区后，先在这里取消支郡。就是说，把原先隶属节度使管辖的除治所以外的其他州独立出来，直接归中央统辖管理，也就是缩减节度使统治的势力范围。此项措施，到宋太宗太平兴国二年(977)全部落实，所有支郡均被取消。随着上述政策的推行，节度使就由称雄一方的土皇帝，降为原先治所所在的那个州

> 始，唐及五代节镇皆有支郡，太祖平湖南，始令潭、朗等州直属京，长吏得自奏事。——《续资治通鉴长编》卷十八

的高级长官。即使如此，在一州之内，节度使的权力也被层层分割，再也无法膨胀。

第二，文臣知州，朝官知县。

赵匡胤立宋初年，鉴于唐末五代之患，削州镇之权，令文臣执掌一州的事务。重用文臣，这也是宋代政治的一大特色。赵匡胤通过第二次杯酒释兵权，把诸镇节度使召集到京城，授予级别较高但不干实事的虚职，赏赐宅第在京城养老，另外命令朝臣到地方州郡出守，名为"权知军州事"。"权知"是临时代理之意，名为临时代理最初可能是给节度使一个面子，不过后来一直沿用下去，成为定制。"军"指军政，"州"指民政，"权知军州事"就是全面负责地方的军政、民政，成为名副其实的地方最高长官。

朝官知县，即挑选京官到地方上担任知县，使朝廷权力一直延伸到县一级。开始是因为天雄军节度使符彦卿专横不法，下属县邑治理得又乱又差，所以太祖派了一批精明强干的朝廷命官去做天雄军属下的知县。这些官员代表中央来治理地方，所以不买节度使的账，公然与节度使分庭抗礼。比如右赞善大夫周渭被派去做永济县知县，符彦卿为了跟他搞好关系，亲自到城外迎接。但是周渭连马都不下，只是点个头，作个揖，打个招呼，很不给符彦卿

> 宋初革五季之患，召诸镇节度会于京师，赐第以留之，分命朝臣出守列郡，号权知军州事，军谓兵，州谓民政焉。——《宋史·职官志七》

> 时符彦卿久镇大名，专恣不法，属邑颇不治，故特选强干者往莅之。——《续资治通鉴长编》卷四

面子。县内有个人杀人逃亡，周渭将之捕获后，自己直接审理，不跟符彦卿商量，立马"斩之"，符彦卿也没办法。这似乎是一次"无心"之举，却让赵匡胤嗅到了权力味，尝到了胜利果。这么好的计策怎能就此搁浅，必须推而广之。此后，地方基层官员都由朝廷直接任命。

地方上的这些官员，以前多是节度使的手下心腹，他们臭味相投，沆瀣一气，致使势力极度膨胀。现在，朝廷直接任命地方官员，剥夺了地方诸镇节度使的行政任免权。

削弱节度使的权力，主要是为了便于皇帝直接控制，而且为了控制更加有效，宋太祖又订立了限制州郡长官权力过重的措施，规定知州、知县"三岁一易"，使知州、知县在一地任职以三年为限，不得久任。这一点赵宋朝廷严格执行。比如，乾德三年（965），北海军（今山东潍坊市）知军杨光美任职已满三年，由于其为政清廉，颇得百姓爱戴，当地有数百人赴京守在宫门口请愿，要求留杨光美继续在北海任职。宋太祖先是下诏劝他们散去，无效，于是采取断然措施，鞭打带头大哥，才将请愿者赶走。

> 北海民数百人守阙下乞留，诏谕之，不肯去，笞其为首者，始罢。——《续资治通鉴长编》卷三

如此看来，知州虽然是由文臣担任，仍有一定的威胁，也很容易形成自己的势力范围，成为土皇帝，所以，在知州之外，又设通判。

第三，设置通判。

为了防止州郡官员权势过大而形成尾大不掉的局面，又在州郡设通判，与权知军州事共同处理政事，其基本职责为：兵民、钱谷、户口、赋役、狱讼听断的事情，可否裁决，与守臣同签书施行。也就是说，这些事情，通判不签字，根本就不能执行。

通判的设置最初是在乾德元年（963），当时因为湖南刚刚平定，多留用原政权的官员，于是宋太祖才命刑部郎中贾玭等共同处理湖南诸州事务，意在控制这批留用官员。后来发展成为牵制、监视州府长官的一种定制。通判的权位有些特殊：论官位，通判在知州之下，论职权，则通判不但可与知州同理一州之政，而且，作为皇帝的耳目，对辖区官员之功过及职事修废，可直接通达皇帝。因此，不能简单地认为通判就是知州的副职，时人视之为"监州"，则更符合其身份。有时，当通判与知州意见不合之时，往往出言不逊：我是监州，朝廷命我来监督你。有宋一代，州郡长官与通判不和的问题一直存在。

宋代笔记中记载，有个杭州人钱昆要外放做官，人家问他想去哪里。因为他喜欢吃螃蟹，所以回答说：只要有螃蟹没有通判的地方就行。通判的威风可见一斑。

始命刑部郎中贾玭等通判湖南诸州。——《续资治通鉴长编》卷四

我监州也，朝廷使我来监汝。——《续资治通鉴长编》卷七

但得有螃蟹无通判处则可矣。——欧阳修《归田录》卷二（中华书局1997年版）

终收司法权

第一，死刑复审。

建隆三年(962)三月，赵匡胤对身边的人感叹说：五代时期，藩镇嚣张跋扈，枉法杀人者在在皆是，朝廷不闻不问，姑息养奸，刑部的职权几乎被废。人命关天，这么大的事情，怎么可以如此纵容姑息藩镇呢？因此，赵匡胤下令诸州，从今以后，各州死刑必须上报朝廷，由刑部复审，以此来杜绝藩镇枉法杀人的恶习。

第二，设置县尉，负责地方治安。

建隆三年十二月，宋太祖下诏：每县置县尉一员，负责盗贼、打架斗殴、争讼等治安方面的案件处理。而原来这些事务是由节度使亲随担任的镇将负责，现在通过设置县尉将此权剥夺，镇将势力范围仅限于其所驻城内而已。

第三，设司寇院，以文臣断狱。

宋初，各州有马步院，节度使多任命自己的心腹牙将为判官，负责管理州府在押犯人及审讯狱案。这些武将审理案件，恣意妄为，有法不遵。因此，开宝六年(973)七月，赵匡胤下诏改各州马步院为司寇院，选派新及第的进士及与选人资序相当的文臣出任司寇参军，由此剥夺了藩镇对州府一般案件的审理权。

赵匡胤通过收兵权、财权、行政权、司法权，将唐

> 五代诸侯跋扈，多枉法杀人，朝廷置而不问，刑部之职几废，且人命至重，姑息藩镇，当如此耶！——《续资治通鉴长编》卷三

> 自是还统于县，镇将所主，不及乡村，但郭内而已。——《续资治通鉴长编》卷三

末五代以来"强枝弱干"的局面一举廓清。后世论史者,谓赵匡胤此举矫枉过正,将宋代后来的一些弊端,完全归咎于此,恐非公允之论。殊不知,任何一种制度之出台都有其必要性,而此后的运作过程中需不断地自我修复,方能切中肯綮,解决时弊。

单就宋太祖开国之际,实施此种集权策略,可谓针对时弊,恰合时宜。不如此,则不能廓清五季之乱局;不如此,亦难收统一之全功。宋代的吕中对宋太祖的集权策略分析得鞭辟入里,他说:五代之时,天下四分五裂,是因为方镇"专地";战争不断,是因为方镇"专兵";百姓赋税徭役繁重,是因为方镇"专利";苦于严刑峻法,是因为方镇"专杀";朝廷命令难以实施,是因为方镇世袭。正是在此种背景之下,赵匡胤以文臣知州、朝官知县,监理地方赋税;设置转运使、通判、县尉,收夺节度使权力。如此,全国上下一体,从中央到郡县,一纸命令,就如身体指挥臂膀,臂膀指挥手指一样,易如反掌,而天下统一大势成矣。

一把椅子有文章

在地方节镇权力向中央集中的同时,宋太祖

吕中曰:……至于五代,其弊极矣。天下之所以四分五裂者,方镇之专地也。干戈之所以交争互战者,方镇之专兵也。民之所以苦于刑苛法峻者,方镇之专杀也。朝廷命令不得行于天下者,方镇之继袭也。太祖与赵普长虑却顾,知天下之弊源在乎此。于是以文臣知州,以朝官知县,以朝官监临财赋。又置运使、置通判、置县尉,皆所以渐收其权。朝廷以一纸下郡县,如身使臂,如臂使指,叱咤变化,无有留难,而天下之势一矣。——《宋史全文》卷一(中华书局2016年版)

也没有忘记对宰相权力的削夺，打击宰相的威望。

在宋代之前，群臣朝见，宰相面见皇帝时，天子一定要赐座、赐茶。有什么国家大事，坐下来，慢慢详谈。宰相在众位大臣之中，享有崇高的地位。这仍然保留着远古时期"坐而论道"的意味。

宋初的宰相是前朝旧臣范质等人，但他们上朝的时候，都一同站着不坐。这个转变颇有意味。《续资治通鉴长编》中讲述这一转变的原因时说"自以前朝旧臣，稍存形迹，且惮上英武"，大意是范质等人在后周做过官，现在不能太显摆，又很怵赵匡胤，不大敢见他，更不用说在他面前坐着喝茶了。从《续资治通鉴长编》的记载来看，是范质等人主动不坐椅子的，是他们主动不在朝堂之上喝茶的。但宋代的一些笔记里却保存了关于此事的不同版本。

笔记中说：赵匡胤初登帝位，范质等人上朝的时候遵循惯例，仍然坐着。赵匡胤说：我眼睛不好使，看不清，你们把文书拿过来我看看。范质等人站起来上呈文书，文书呈上之后，再回来坐下时，发现椅子已经被撤去了。从此，宰相在朝堂之上也一并站立，就成为定制。这件事情的真实度到底有多少，很难确认。不过从赵匡胤的行事风格以及范质在面对赵匡胤黄袍加身时的不甘与无奈来看，赵匡胤虽任命范质等为宰相，但给他们一个下马威是有可能的。不管这种推测是不是符

自唐以来，大臣见君，则列坐殿上，然后议所进呈事，盖坐而论道之义。艺祖即位之一日，宰执范质等犹坐。艺祖曰："吾目昏，可自持文书来看。"质等起，进呈罢，欲复位，已密令中使去其坐矣。遂为故事。——邵博《邵氏闻见后录》卷一（中华书局1983年版）

合史实，有一点是可以肯定的，从宋朝开始，宰相上朝再也享受不到坐着喝茶、慢条斯理聊天式汇报的待遇了。这实际上就是赵匡胤意欲压抑相权提升君权的一个信号。

与撤座事件密切相关的是宰相在政府的最高命令——皇帝诏书——拟定中的权力也在下降。在唐代，皇帝的诏书由中书省拟定，这种拟稿有个专门的名称，叫"熟状拟定"，简称"熟拟"，就是详拟定稿的意思。唐朝的时候，中书将写定的稿子送呈皇帝，皇帝只是浏览一下，象征性地在后面批示一下，签个"同意"（可），盖章而已。到宋初，范质等人为了避嫌（前朝旧臣），为了使皇帝的威望地位抬高，过自谦抑，遇到政府定旨下令，先写个札子，提出几条意见，列举几项办法，呈给皇帝，由皇帝决定，然后宰相再按照皇帝的意见正式拟旨。这与唐代的熟拟就有了很大的差距，唐代的皇帝也就是有个同意权，赵匡胤则增加了决定权。宰相只不过是奉命行事，所以君权加重，相权减轻。这就是一把椅子引发的权力转变。

乾德二年（964）正月，在宋代当了四年宰相的范质、王溥、魏仁浦等第二次上表请求退休，这次，赵匡胤答应了，宰相由赵普来接班。赵匡胤为赵普设置了副手，名为"参知政事"，由薛居正、吕余庆担任。

> 每事辄具札子进呈，退即批所得圣旨，而同列署字以志之。——《续资治通鉴长编》卷五

最初，参知政事的权限很小，没有资格宣布帝王的命令，上朝时不领班，不主持用印，不进政事堂。政事堂是宰相议事办公的地方，参知政事连宰相的办公厅都不能进，可见没有多大权力。这个时候赵匡胤似乎还有突出宰相赵普权力的意思，但随着赵普的独断与专行，太祖即对赵普产生猜疑之心，到开宝六年(973)六月，下诏吕余庆、薛居正可以进入政事堂，与宰相一起议定大事，轮流掌印，押班奏事，参知政事获得了与宰相共同议政、轮流执政的权力，实际上已相当于次相，而不仅仅是宰相的副手。这明显是在分割宰相的权力。

> 不宣制，不押班，不知印，不升政事堂。——《续资治通鉴长编》卷五

除此之外，宋初的宰相在军事、财政、人事等方面的权力都被分割。君权一元化，臣权多元化；相权分而君权集，相权弱而君权强；拨乱世反之正，定王业于一尊，太祖得偿所愿矣。

在宋太祖赵匡胤加强禁军、削弱藩镇、集权中央的过程中，有一项重大的任务始终萦绕在他的脑海，这项重大任务就是统一天下。大宋建国初期，领土只有黄河、淮河流域一带，仅占全国的一半。长江以南，南唐、吴越、荆南、湖南各国，仍旧割据一方。另外，在四川有后蜀，北方山西境内是北汉，而燕云地区被契丹占着。应当采取怎样的步骤统一天下呢？是先征讨南方，还是先平复北地？

> 诏参知政事吕余庆、薛居正升都堂，与宰相同议政事……复诏薛居正、吕余庆与普更知印，押班奏事，以分其权。——《续资治通鉴长编》卷十四

雪夜定策

〈十四〉

在宋太祖赵匡胤加强禁军、削弱藩镇、集权中央的过程中，有一项重大的任务始终萦绕在他的脑海。这项任务从周世宗时候就已经启动了，但随着周世宗的离世与大宋王朝新建之后百废待兴而暂时搁浅。这项重要的历史使命就是统一天下。周世宗在位时，领土虽然已有扩大，但大宋建国初期，领土也只有黄河、淮河流域一带，仅占全国的一半。长江以南，南唐、吴越、荆南、湖南各国，仍旧割据一方，另外，还有四川的后蜀、山西境内的北汉、西北的党项、燕云地区的契丹。应当采取怎样的步骤完成统一天下的历史使命呢？

南，还是北？这是个问题

周世宗时，柴荣采纳王朴的建议，在统一天下的大业中确定了先南后北的策略。但是，周世宗没有完全按照王朴先灭掉南方所有割据政权后再兵发北地的规划去运作，而是在占据了南唐长江以北的领土之后，迅速将矛头指向北方的契丹与北汉。在征伐契丹的进程中，周世宗因为身染重病只得回师，带着他美好的统一理想撒手人寰。

大宋建立以后，宋太祖又开始考虑这个问题。打，还是不打，这不是问题。狭小的北宋疆域以及四周林立的割据政权，这些现实都督促着宋太祖尽早实现统一。问题的关键在于：先打谁？从哪里下手？是不是要继承周世宗的路线，继续对北方用兵呢？在这个问题上，赵匡胤犹豫不决。为此，他多方征求意见。

在建隆元年（960）八月，即北宋建国后的第八个月，宋太祖第一次就统一全国的问题，向张永德"密访策略"。赵匡胤此时对先攻取北方的北汉有强烈的欲望。就是说，这时的赵匡胤想沿着周世宗的路子继续扩疆，想法有了，然而此时还没最终拿定主意，事关重大，必须将诸方面因素考虑完备。因此，他准备借着张永德进京朝觐的机会向他咨询。

张永德是后周太祖郭威的女婿，据说他非常迷信，早年的时候他曾听方士说赵匡胤有做皇帝的命，因此在军

时上将有事于北汉。——《续资治通鉴长编》卷一

中"潜意推奉"《续资治通鉴长编》卷一，为赵匡胤做皇帝推波助澜。赵匡胤聘娶孝明皇后时，经济上还很不宽裕，张永德非常大方，赞助金钱布帛数千。赵匡胤当上皇帝以后，对作为前朝皇亲的张永德也另眼看待，一直称呼驸马，恩宠不减，这在旧臣之中无人能和他相比。二人的关系的确非同一般，因此，赵匡胤在犹豫不决时，想起了张永德，向他"密访策略"。

对宋太祖的咨询，张永德给出了否定意见。否定的理由是：北汉军队虽然少，但都非常强悍，而且背后还有契丹撑腰，如果没有足够的准备就匆忙征伐，恐怕一时也难以征服。对于如何收复北汉，张永德也给出了自己的参考意见：每年多派些散兵游勇到北汉境内捣乱，让他们不能正常地生产，不能正常地训练；同时，派遣间谍到契丹，想方设法阻止契丹出兵援助。张永德认为，只有这两方面都实现了，北汉才有可能被拿下。

赵匡胤对张永德的这次建议的态度，史书中只用了一个字来表达："善。""善"就是"好、行、可、中"的意思，可以感觉出这是赵匡胤对张永德建议的一次礼节性称赞，张永德的意见可能并没有让赵匡胤放弃内心深处的一些想法。因此，在建隆二年（961），赵匡胤又召张晖入朝觐见。

张晖在平定李筠叛乱时，担任行营壕寨使，率先冲锋陷阵，叛乱平定后，升为华州团练使，在华州很有政绩。赵匡胤这次召张晖进京，还是咨询攻打北汉的问题。

张晖对攻打北汉也持否定态度。他说：泽州、潞州一带刚刚经历了李筠之乱，人民还没有从战争的创伤中恢复过来，这个时候如果兴师动众攻打北汉，恐怕人力会严重不足，人民将难以承受。张晖也提出了建议：当今之计，不如息兵养民，等待富庶之后再做打算。

与张永德相比，张晖并没有提出新的看法，张永德是从军事力量对比上建议暂时不能攻取北汉，张晖则从经济实力对比上建议日后图之。大老远地召张晖进京，虽然没有新的建设性意见，赵匡胤还是赏赐了张晖一番，令其回州。

这是宋太祖第二次郑重其事地向手下咨询攻取北汉的建议。两次咨询的结果似乎都没有切中赵匡胤的心思。因此，宋太祖又一次向臣下征询统一天下的良策。这次咨询的对象是谁呢？

建隆二年冬天一个大雪纷飞的深夜，宋太祖冒着严寒来到时任枢密使赵普的家中。

赵匡胤自当上皇帝以后，曾经多次微服私访，因此，赵普每次退朝以后，都不敢换下朝服，唯恐圣上一旦光临，来不及更衣。这天晚上，赵普自忖天寒地冻、大雪纷飞，圣上今夜是不会出来溜达了。正思量

上既诛李筠，将事河东，召晖入觐，问以计策。——《续资治通鉴长编》卷四

晖对曰：『泽、潞经李筠之叛，疮痍未复，军旅一兴，恐人力重困，不若敛兵育民，俟富庶而后为谋。』乃赐袭衣、金带、鞍勒马，令还州。——《宋史·张晖传》

间，忽然听到急切的敲门声，赵普赶紧开门，只见宋太祖站立于风雪之中。赵匡胤行事的确与众不同。

赵普诚惶诚恐，急忙跪拜迎接。

赵匡胤说：我已经约了赵光义，他一会儿就到。

天子亲临，开封尹赵光义驾到，赵普顿觉蓬荜生辉，赶紧屁颠屁颠地用木炭生火烤肉，热情招待皇帝两兄弟。赵普的妻子亲自斟酒，赵匡胤直接称呼嫂嫂，君臣无间，俨然一家人。

赵匡胤与赵普亲如一家的良好关系可以追溯到后周显德三年 (956)，当时周世宗正用兵淮上，征伐南唐，进行着他的统一大业。赵匡胤攻陷滁州以后，赵普以军事判官的身份到达滁州，这是二人之间的第一次见面。当时赵匡胤的父亲赵弘殷在滁州卧病，而赵匡胤又兵发扬州，无暇照顾。幸亏赵普朝夕侍奉，端汤喂药，尽心照顾。这一机缘，让赵匡胤和赵普之间的关系更加紧密。因为同姓"赵"，所以被视为一个宗族。后来，赵匡胤担任定国军和归德军节度使时，赵普作为书记官，一直在赵匡胤的幕府工作。赵匡胤当上皇帝以后，赵普作为第一谋臣，对宋代一些重大政策的制定起了举足轻重的作用。因此，赵匡胤在对统一全国的步骤犹疑不决时，在大雪纷飞之夜，亲临赵普私第。

赵匡胤、赵光义、赵普三人围着炉火，吃着烤肉，喝着酒，赵普从容地问道：天寒夜深，陛下因为何事

> 宣祖卧疾滁州，普朝夕奉药饵，宣祖由是待以宗分。——《宋史·赵普传》

出宫?

赵匡胤作满脸愁苦状,说:我睡不着啊,我睡床的四周都是别人的天下,所以找你商量一下,看看你有什么好主意没有?

赵普接着说:那陛下是不是觉得自己的天下太小了?如果是这样想的话,南征北伐,开疆拓土,现在正当其时,卑臣很想听听您的计划。

太祖说:我想先收复北汉。

赵普沉默了好长时间,说:这不是卑臣所能知道的。

赵匡胤急忙问:为什么?

赵普回复道:北汉北边是契丹,西边是党项,处于大宋和辽国、党项之间,如果收复北汉,那么辽和党项一旦发兵南下,其威胁就由大宋独当了。与其这样,不如暂留北汉,大宋加强北部边境防守,等到平定南方各个割据政权后,像北汉这弹丸黑子之地,能成啥气候,拿下它易如反掌。

听完赵普的一番讲述,赵匡胤笑了,说:我也是这么想的,刚才只不过是试试你罢了。

这就是宋代历史上著名的"雪夜定策",这则故事在后来的戏曲、小说中被不断演绎,也说明此事对后来的历史产生了深刻的影响。

除上述三次咨询之外,赵匡胤还曾向右仆射

魏仁浦咨询过征伐北汉的建议。在一次宴会上，赵匡胤忽然笑着对魏仁浦说：爱卿，为什么不敬我一杯酒呢？魏仁浦于是上前敬酒。赵匡胤借此机会悄悄地问：朕想亲征北汉，你看如何？魏仁浦说：欲速则不达，还望陛下深思熟虑。可见，宰相魏仁浦也是不主张先攻打北汉的。

帝密谓之曰：『朕欲亲征太原，如何？』仁浦曰：『欲速不达，惟陛下慎之。』——《宋史·魏仁浦传》

从宋太祖前后四次征询意见的具体情况来看，我们有理由相信，赵匡胤最初是想先攻打北汉的，也就是说，他最初的统一策略就是继续周世宗未竟的事业。赵匡胤曾追随周世宗北伐，对北面敌对势力力量强大这一点他是有亲身经历的。因此，他才反复征询手下文臣将领的意见：张永德从军事力量上，张晖从经济实力上，赵普从军事外交、地缘政治等方面，都证明不能先从北汉下手。赵匡胤并不是一个性格固执的人，他之所以采取"先南后北"的策略，也许只是不想反对大多数人提出的首先从南方开刀的策略，因此只好附和赵普的意见。雪夜拜访赵普以后，赵匡胤才正式确立了宋朝统一大业的整体策略。

宋初统一天下的策略在宋太祖与赵光义的一段对话中有完整的表述："中国自五代已来，兵连祸结，帑藏空虚，必先取巴蜀，次及广南、江南，即国用富饶矣。河东与契丹接境，若取之，则契丹之患，我当之也。姑存之，以为我屏翰，俟我富实，则取之。"《东都事略笺证》卷

二十三 统一的步骤从整体上看是先南后北，具体顺序则是：巴蜀、广南、江南、北汉。

先南后北，还是个问题

对宋太祖确立的"先南后北"统一策略，后人有两种截然不同的评价。

第一种看法，赵匡胤先南后北的统一策略是失策。

这种看法由来已久。大致从北宋中叶开始，因为辽和西夏的不断侵扰以及宋朝的国力不武，朝野之中就产生了追问赵匡胤先南后北策略允当与否的情绪，欧阳修、范祖禹都有过类似论述。随着北宋的覆亡和金人南侵，这种情绪愈加明显。南宋著名文人陆游如此评价周世宗与宋太祖的统一策略：周世宗先攻取淮南，去掉心腹之患，然而并没有乘胜攻取吴越、巴蜀等南方小国，而是集中兵力，攻打幽州。假设幽州收复，四方平定不是易如反掌吗？只可惜周世宗刚刚攻下三关，就身染重病，以致事业未竟。宋初，先攻取南方巴蜀、吴越、江南诸国，再攻下北汉，最后攻打幽州，此时大宋的士兵已经被四方征战累得筋疲力尽，燕云诸州最终也就不能收复。大宋虽然收复了各个小国，势力最终却一蹶不振。

盖先取淮南，去腹心之患，不乘胜取吴、蜀、楚、粤，而举胜兵以取幽州，使幽州遂平，四方何足定哉！甫得三关，而以疾归，则天也。其后，中国先取蜀、南粤、江南、吴越、太原、最后取幽州，则兵已弊于四方，而幽州之功卒不成。故虽得诸国，而中国之势终弱，然后知世宗之本谋为善也。——《渭南文集笺校》卷二十五（上海古籍出版社2022年版）

这种观点，到现代为止，仍有坚持者，如钱穆、范文澜、吕振羽等。钱穆认为：以当时中原五代之力，也并非不能恢复幽燕，石晋、后周都是榜样。而柴荣英姿勃发，先对最强之敌和最大的威胁下手，此敌一破，则余不足论，况且南方君昏臣庸，唯知自保，必不能掣肘北伐之行动。而宋用赵普计，先捏软柿子，结果三鼓而竭之时，却要面对最为凶悍之敌，岂非失策？

持此种观点者基于如下的推理：如果能够打败契丹，那么收复南方小国是不在话下的。从力量对比上看，此推理毫无问题。然而此推理都假定了一个前提：周世宗不死或者赵匡胤先攻打北方就一定能够取胜。事实是否如此呢？这其实只是一种臆测罢了。周世宗即使不死，能否收复幽州等地也是无法回答的问题。当柴荣准备攻取幽州之时，军中诸将皆以为不可，而柴荣固执己见，因当夜身染重病而止。周世宗之所以能比较顺利地攻取燕南之地，是因为真正的战争尚未开始，当时辽国军队全部聚集在幽州之北，正准备与周世宗大战，伴随着周世宗的回师而不了了之。即便后周和辽国真打起来，胜负实在难料。

宋初的辽国，无论从领土还是军事实力方面都远胜于大宋。假如赵匡胤在此时攻打辽国，取胜的概率微乎其微。后来的事实也能证明此点。继任的宋太宗赵光义先后两次对辽国用兵：一次是在太平兴国四年 (979)，

石晋开运阳城之战，耶律德光几不免，周世宗一举而下三关，契丹非不可胜。但太宗才弱，又无贤辅耳。周世宗用兵欲先取幽州，则吴蜀不足平。宋则以赵普谋，先南后北为持重。兵力已疲，而贻艰巨于后人，则太祖之失也。——钱穆《国史大纲》第六编（商务印书馆1996年修订第3版）

北宋十万大军攻打幽州；一次是在雍熙三年(986)，大宋兵分三路，大举征辽，其中有北宋著名的大将杨业。两次征伐，均以惨败告终。

第一种观点认为先北后南策略是以攻打北方一定胜利为前提的，事实上这个前提实现的可能性微乎其微。如果推理的前提不存在，那么结论自然不能令人信服。

第二种观点，宋太祖采取先南后北的策略，是符合当时形势的别无选择的选择。

一些史学工作者从经济、政治、军事、民族关系等角度出发，对第一种观点提出了疑问，他们认为从当时的客观情况来看，大宋的军事力量不如辽，经济力量也无法支撑与辽交战，只有先消灭南方既富裕又弱小的国家，以增加财政收入，才能有足够的力量对北边用兵，统一中国。因而宋初采取的先南后北的策略是比较符合实情的，宋太祖只能先统一相对孱弱而又富庶的南方诸国，然后挥师北上，才是万全之策。

上述两种观点以第二种较为接近历史实情。

但是，这两种观点其实都误解了赵匡胤先南后北的内涵。

实际上，赵匡胤统一策略中的"北"，仅指北汉而已，辽国根本就没有包含在内，而讨论者却恰恰以辽国为中心进行比较。

为什么如此说呢？

有六个方面的依据。

第一，赵匡胤没有收复燕云的计划。宋太祖赵匡胤先后四次向手下武将文臣咨询统一天下的战略中，并没有攻取或收复燕云诸州的计划。他咨询张永德时史书说"时上将有事于北汉"，咨询张晖时说"将事河东",向赵普问计时说"吾欲收太原",向宰相魏仁浦问道时说"朕欲亲征太原"。"太原""河东"均指北汉,几次都未提及燕云。即使提及契丹,也是在考虑到其为北汉的后援或为边患时才提及。因此可以肯定,赵匡胤在咨询手下时,根本就没有攻打契丹、收复燕云地区的打算。

第二,雪夜定策后没有收复燕云的计划。雪夜定策后,赵匡胤对赵光义阐述的统一步骤是:巴蜀、广南、江南、河东。其中完全没有攻打契丹、收复燕云的计划。

第三,统一天下的目标不包括燕云。宋太祖向赵普倾诉的"一榻之外,皆他人家",表明太祖容不得天有二日的局面持续,其统一的目标在于削平地方割据势力,根本就不包括燕云地区。太祖之所以不先取北汉,就是因为北汉能够成为应对契丹边患的缓冲地带。赵匡胤对契丹避之唯恐不及,此种心态之下,是不可能把从契丹手中收复燕云之事提到日程上来的。

第四,奖励爱国将士却无出兵行动。乾德元年闰十二月,龙捷军校王明向赵匡胤进献作战排兵布阵图,请求朝廷讨伐幽州,收复燕云地区。赵匡胤对其表扬一番,并给予了物质奖励,但太祖对"讨幽州"一事并没有任何具体部署,可见收复燕云一事并未列入他的征讨计划。口头表扬与物质奖励只是说明宋太祖对部下

龙捷军校王明诣阙献阵图,请讨幽州,上嘉之,赐以锦袍、银带、钱十万。——《续资治通鉴长编》卷四

爱国热情的一种鼓励。

第五，赵普谏阻伐燕。宋人邵伯温的笔记《邵氏闻见录》卷六记载了这样一件事：有一天，宋太祖给赵普出示一幅燕云的地图，并向赵普咨询收复燕云的策略。赵普说：这幅地图一定是曹翰所献。赵匡胤点头称是，又问：曹翰能收复燕云吗？赵普回答道：曹翰能收复，但是谁来守卫呢？太祖说：让曹翰守卫。那曹翰死了以后呢？太祖沉默了很长一段时间说：还是你考虑得长远。从此，太祖"绝口不言伐燕"。笔记中接着对宋太宗赵光义征伐幽燕提出批评，认为违背了太祖的本意。凡此一切，皆暗示宋太祖制定的先南后北的统一策略是不包含燕云地区的。

第六，两次攻伐北汉不打燕云。宋太祖在位期间，曾经两次出兵北伐太原，却并未向燕云地区用兵。这个事实也能暗示宋太祖制定的先南后北的统一策略中"北"仅指北汉，并不包括燕云地区。

换一种思路

燕云地区本来就是中原王朝统治的区域，赵匡胤制定的先南后北的统一策略中不包括燕云，是否就意味着宋太祖将燕云地区置之不顾呢？

答案自然是否定的。宋太祖并不是准备弃之不理，只是心有余而力不足，他另有打算。那么，他的打算是什么呢？

在宋太祖看来，宋朝与契丹政权的问题，与其他割据政权之间的性质是不一样的。燕云十六州早在后晋时期就已经割让给契丹，经过后汉、后周两朝，到北宋时期，无疑已经成为历史遗留问题。宋太祖首要解决的是"卧榻之外不容他人鼾睡"的割据政权，而历史遗留问题还未列入当务之急。

契丹虽为少数民族，但自唐末五代以来，势力不断发展，具备了强大的军事力量。赵匡胤之前，王朴在《平边策》中说，在解决了其他割据政权后，"幽可望风而下"；赵匡胤之后的宋太宗在攻取太原之后认为燕云可乘胜收复，这都没有从根本上准确评估契丹的实力，而是一种基于中原汉族统一天下的心理。对此，赵匡胤有切实的了解，认为真正有实力与大宋对抗的唯有契丹。

针对历史上已经割让燕云地区的事实和北宋实力不敌的现状，赵匡胤并不想采取像对南方割据政权那样用兵迫降的策略，而是设计了另一种方案：和平赎买。

具体方法是：在统一中原后，于开封城内，设封桩

> 今之勍敌，止在契丹，自开运以后，益轻中国。——《东轩笔录》卷一

库，将没收的割据政权的财物封存进去，每年岁入的余留也存贮进去。等存够三五百万缗，就向契丹赎回燕云地区；如果契丹不答应，就用这笔钱作为军费，招募勇士，再想法攻取。由此可见，对契丹占据的燕云诸州，宋太祖设计的第一方案是和平赎买。

至于和平赎买燕云地区的实际效果会如何，无从得知，因为终太祖一世，这件事一直没有提上日程。不管怎么样，赵匡胤毕竟为收复领土提供了战争之外的另一种思路。

从广义上讲，宋太祖赵匡胤雪夜定策的内容应包括两个方面：一是通过战争解决割据政权，采取先南后北的步骤；二是通过和平赎买解决燕云地区的历史遗留问题。前者为当务之急，后者则日后图之。

在明确了解决割据政权的策略与步骤后，赵匡胤开始行动了。老天总会眷顾有准备的人。恰好此时，一个机会突然降临了。这是个什么机会呢？赵匡胤能够抓住这个机会吗？

> 初，太祖别置封桩库，尝密谓近臣曰："石晋苟利于己，割幽蓟以赂契丹，使一方之人独限外境，朕甚悯之。欲俟斯库所蓄满三五十万，即遣使与契丹约，苟能归我土地民庶，则当尽此金帛充其赎直。如曰不可，朕将散滞财，募勇士，俾图攻取耳。"会晏驾，不果。——《续资治通鉴长编》卷十九

一箭双雕

十五

宋太祖建隆三年（962）九月，割据湖南的武平节度使周保权突然向大宋皇帝赵匡胤上书，请求出兵援助。十一月，荆南节度使高继冲也向大宋皇帝赵匡胤上书，请示可否出兵援助周保权。武平和荆南的两份上书让赵匡胤乐坏了，一个一箭双雕的计划迅速出炉，由此拉开了中国再次统一的序幕。这两份上书是怎么回事呢？赵匡胤一箭双雕的计划又是个怎样的计划呢？

湖南最后一位大佬死了

宋太祖赵匡胤在国家统一进程是先从北方着手还是先下手南方的问题上多次向手下咨询，尤其是与心腹大臣赵普雪夜长谈以后，正式拟定了先南后北、先易后难的统一战略。至此，南还是北的问题已经不是问题，现在的关键问题是：如何寻找一个冠冕堂皇的理由，让自己师出有名？当他对这个问题正苦恼之际，机会来了。这是个怎样的机会呢？

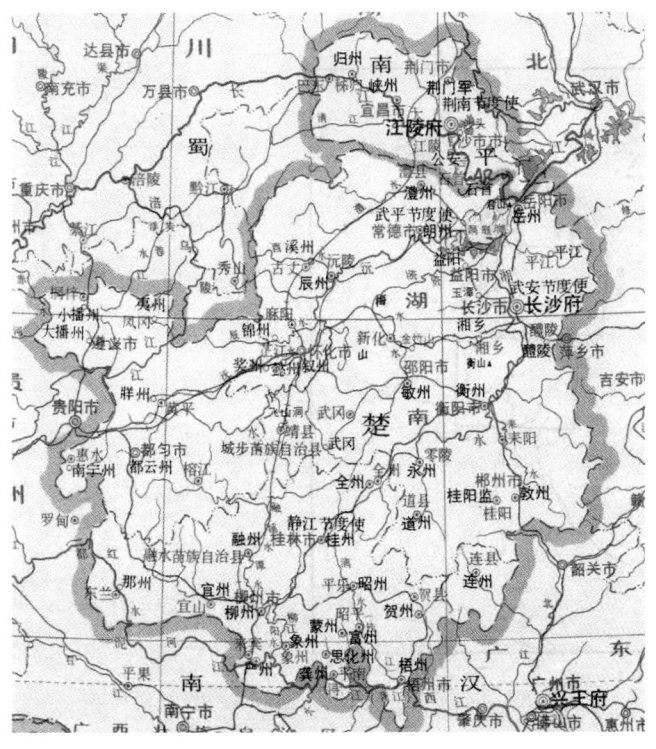

五代时期南平、楚地图（选自谭其骧主编《中国历史地图集》）

机会是盘踞在湖南的周氏政权主动送上门的。

湖南地区在五代十国时属楚国的区域，后周广顺元年(951)的时候，在楚国内讧和南唐的双重打击之下，楚政权灭亡。在随后的军阀混战中，周行逢胜出，控制了湖南，建立了五代史上的周行逢政权，常德一时成为湖南的政治中心。

赵匡胤登基以后，又给周行逢加官兼中书令，以维持国家暂时的稳定。其实，周行逢政权享有很大的独立性，是不在十国之列的名副其实的割据政权。

周行逢早年与张文表等十人结为兄弟，这十人个个阴狠凶残，但大多没脑子，而周行逢是个例外。颇有计谋的周行逢将他们一个个干掉，到建隆三年(962)九月的时候，只剩下了一个张文表。周行逢正准备将这硕果仅存的兄弟一并干掉，但是，最后他只能感叹老天太不给力了，因为他已经没有时间了。

> 颇心忌之，常欲诛文表，未有以发。——《宋史·张文表传》

宋太祖建隆三年，武平节度使、兼中书令周行逢身染重病，病情危急。弥留之际，他召集部下，把他年仅十一岁的儿子托付给他们说：我出身民间，当年跟我一起创业的，如今只剩下一个衡州刺史张文表还活着。张文表没有做上行军司马，心怀不满，我死后，他一定会起兵。如果他反了，可派杨师璠讨伐，如果杨师璠干不掉张文表，那就坚守城池，不可出战，向大宋朝廷请援，归顺朝廷就行了。

> 吾死，文表必叛，当以杨师璠讨之。如不能，则婴城勿战，自归朝廷可也。——《续资治通鉴长编》卷三

周行逢死了。他十一岁的儿子周保权继承了他的职位。

周行逢的眼光还是很毒的。他死了没多久，张文表就反了。

张文表为什么要反呢？

他内心不平衡。他自忖：湖南最后一个大佬周行逢终于死了。按辈分，论资历，也该轮着我做做湖南的老大了吧。但周行逢太不够哥们儿意思了。他死了，把位子传给了自己的儿子，一个十一岁的小屁孩。我张文表和周行逢一起从微贱做起，扬名立万，现在，我怎么能侍奉这个小娃娃呢？所以，他心理失衡。

> 张文表闻周保权立，怒曰：『我与行逢俱起微贱，立功成名，今日安能北面事小儿乎！』——《续资治通鉴长编》卷三

张文表很生气，后果很严重。恰好这时，他手下一位小校的一个梦起了推波助澜的作用。那小校说道：昨天夜里我做了一个梦，梦见有龙从您的衣领下钻出来。张文表大喜，说：这就是天命啊。

> 初，文表将攻长沙，犹豫未决，有小校梦文表龙出领下，明日以告，文表喜曰：『天命也。』——《宋史·张文表传》

天命何其多，是真天命还是假天命，可要想清楚，弄不好是会随时掉脑袋的。

老天似乎真的在帮助张文表。这个时候，周保权派遣军队到永州换防，张文表控制下的衡阳是必经之地。张文表连吓带骗，把这支军队截留下来，换了一身丧服行头，伪装成前往武陵（今湖南常德市）奔丧的样子。

> 文表遂驱以叛，伪缟素，若将奔丧武陵者。——《续资治通鉴长编》卷三

假装奔丧的队伍来到潭州（今湖南长沙市）城下，守城士兵禀报行军司马、知留后廖简说：这支队伍怪怪的，不像是奔丧的，而且张文表也在队伍中。

廖简平日里就很看不起张文表，当手下禀报张文表带兵杀来的时候，他正在与手下十几个人吃饭喝酒，表现得异常淡定，还向在座的酒客说：张文表算个啥东西，来了，把他抓起来就是，有什么好担忧的。这位淡定哥依然大碗喝酒，大口吃肉，毫无惧色。

淡定哥丝毫不做防备，因此张文表带领军队不费吹灰之力就杀到酒桌前，廖简已经烂醉如泥，连弓箭都拿不起来，但煮熟的鸭子嘴硬，他叉开双腿，破口大骂。张文表哪里还理会这些，顺利地把这十几个酒友全咔嚓了。张文表没收了官印，自己封自己权留后事，也就是暂时代理廖简全权处理地方事务，并立即把地方上的这种变动及时上报了大宋朝廷，当然在行文措辞上是要掩饰一番的。

张文表手下小兵做的梦好像挺准，他这一去，就旗开得胜，占据了长沙。

张文表一反，湖南震动。周行逢的儿子能挡住这次冲击吗？

史书上记载：十一岁的小娃娃周保权痛哭流涕、眼泪汪汪地对手下说：我爹到底是我爹啊，眼光真准啊，这不，现在他老人家的坟土还未干，张文表就反了。目

方宴饮，外白文表兵至，简殊不介意，谓四座曰：『文表至则成禽，何足虑也。』饮啖如故。——《续资治通鉴长编》卷三

俄而文表率众径入府中，简醉，不能执弓矢，但箕踞大骂，与座客十余人皆遇害。文表取其印绶，自称权留后事，具表以闻。——《续资治通鉴长编》卷三

前军府的成败安危,在此一举,请诸公勉力为之!

杨师璠与周行逢有亲戚关系,追随周行逢为亲军指挥使,多次立功,周行逢对其信赖有加。当他得知周行逢在弥留之际,把抵御张文表这一伟大、光荣而艰巨的任务交给他,又听到十一岁的小老大周保权一番掏心窝子的演讲后,感动得眼泪唰唰的,哽咽着说:你们看,你们看,这就是我们的小老大啊,还没长大成人就如此贤能了。

周保权一番演讲鼓励、杨师璠一番添油加醋,将士们都摩拳擦掌,跃跃欲试。但是,面对敌人的来势汹汹,周保权紧接着就做出一个错误的决定:向宋朝求援。

他老子伸腿之前不是留了这着妙计吗?但周行逢的嘱托是要分两步走的,杨师璠搞不定的情况下,再求援宋朝。周保权一急之下,不但两步并作一步,而且还加了一步,"遣使求援于荆南"《续资治通鉴长编》卷三。

世人都知道酒要一口一口地喝,路要一步一步走,步子迈得太大,会出问题的。周保权这次步子迈得显然有点大了,步子迈得太大的后果很快就会显现出来。

这个时候,周保权、张文表都想起他们还有一个共同的大哥大宋,于是纷纷上表朝廷:一个请求出兵支援,一个向朝廷为自己申诉。

> 保权泣谓众曰:"先君可谓知人矣。今坟土未干,文表构逆,军府安危,在此一举,诸公勉之!"——《宋史·张文表传》

> 师璠亦泣,顾谓其众曰:"汝见郎君乎,年未成人而贤若此。"——《续资治通鉴长编》卷三

与此同时，向宋朝通报情况的，还有荆南。荆南为什么也立即向大宋汇报情况呢？

一方面，湖南的周保权派遣使者向自己求援了，要不要出兵，必须征求一下名誉大哥大宋的意见；另一方面，荆南与湖南唇齿相依，张文表在湖南作乱，城门失火，会殃及池鱼的，战火极有可能烧到荆南的地盘上来。因此，它也急匆匆向大宋汇报。

眼下，在湖南这块土地上，战火已经烧起来了，那荆南是谁在做主呢？

荆南高家的生存哲学

荆南是名副其实的十国之一，又称南平、北楚。荆南当家的姓高。

高家占据荆南也不是三天两天的事了。在唐末，高家祖宗高季兴就是荆南节度使。到五代时期，中原"皇帝轮流做，明年到我家"的时候，荆南则"不管风吹浪打，胜似闲庭信步"，仍然是高家的天下。赵匡胤当上皇帝的时候，高家老大叫高保融。

高保融对当时"世界"格局与形势的判断还是很清楚的。宋朝初立，高保融很识时务，一年之内，多次向大宋进贡，以求自保。但是，在建隆元年（960）八月，四十一岁的他就一命呜呼。当时，他的儿子高继冲还年

宋兴，保融惧，一岁之间三入贡。——《新五代史·南平世家》

幼，不能继承父亲的大业，荆南节度使的位子就传到他的弟弟高保勖手上。

高保勖身体瘦弱，说话口吃，但眉清目秀，竟深得其父高从诲的喜爱。不管高从诲有什么不快，哪怕是怒火万丈，只要看到这个儿子，立刻就转怒为喜，"破怒为笑"，荆南人送给他一个外号，叫"万事休郎君"。

> 保勖眉目疏秀，羸瘠而口吃，文献王甚爱之，虽盛怒，见保勖，怒必解，荆南人谓之『万事休郎君』。——《续资治通鉴长编》卷一

群众的眼睛果然是雪亮的。高家到了他的手上，只怕要万事俱休。

果然，这位当家的很对得起他的外号。

文献记载：高保勖"幼多病，体貌臞瘠"。身体瘦点也不要紧，有骨感美嘛。再说，身体差，那就好好养着呗。但是这家伙有个比较变态的爱好：每日里召集娼妓到公府内，选择身强力壮的士卒，令他们与这些娼妓现场表演，他则与姬妾垂帘共赏，以此为乐。此人又好营造台榭，滥用军队、民力。试想，荆南才多大的地方啊，仅有荆州、归州（今湖北秭归县）、峡州（今湖北宜昌市）三个州，哪里经得起他如此折腾，因此军民怨声载道。还好，老百姓的苦日子也不长，因为在建隆三年（962）的十一月，三十九岁的他就把自己玩死了，其职位又传到他的侄子高继冲的手上。

> 淫泆无度，日召娼妓集府署，择士卒壮健者令恣调谑，保勖与姬妾垂帘共观，以为娱乐。——《宋史·高保勖传》

可是，这个新人上来不过是暖暖椅子罢了，因为早就有人盯上了荆南这块肥肉。

谁？大宋开国皇帝赵匡胤。

荆南是什么地方？其地虽小，但其首府江陵（又名荆州），南临长江，北依汉水，西控巴蜀，南通湘粤，古称"七省通衢"，是重要的交通要冲，是历来兵家必争的战略要地。

这么重要的地方，高家盘踞了四十多年，就没人来争吗？

这还多亏了高家人在夹缝中求生存的哲学。

这套哲学的精髓就是甘愿当孙子。

从荆南的建国者高季兴起，对称帝各国一概上表称臣，遥远的契丹也不例外，都礼数周全地上表纳贡。谦逊的态度使荆南在夹缝里奇迹般地生存下来。当然，高家有时也并不心甘情愿地当孙子，有时也想做做大爷。高季兴及其子高从诲有时也耍无赖，因为荆南是交通要道，南方诸国进献中原的贡品多经此地。高家有时就眼红，眼红就打劫。劫完后人家自然追究，甚至出兵。但一遇追究，高家立即归还，诚恳悔过，是典型的"有错就改、改了再犯"的类型。高家爷们因此被诸国赋予了一个"高雅"的称号：高无赖。

其实，没人来争荆南这块土地，更重要的原因是这块土地太重要了，重要得没人敢轻易下手。盘踞湖南的周行逢不敢来取荆州，因为荆南在北面为他挡住了杀气，是湖南安定的第一道防线，他不想把自己推到战线的前沿。蜀地的孟昶也不想取，因为他不想让柴荣和赵匡胤误会他孟昶有取荆州、沿江直下、问鼎天下的野心。南唐李家更不会来，他们热衷文艺，不喜欢炒地皮，他们连战略要地、产粮基地淮南都舍弃了，还会要荆南？

争此地者，必存统一天下之志也。敢取荆南者，眼下只有一个人——赵匡胤。赵匡胤不仅敢取，而且也做足了功课。

有一次，宋朝派使者卢怀忠出使荆南，赵匡胤给他布置了一项特别任务：江陵的风俗民情，山川的地势走向，我都想知道。卢怀忠不辱使命，回来向赵匡胤汇报说：荆南的军备武器虽然齐整，但军队不过三万；一年谷物虽然丰收，但是百姓苦于横征暴敛。荆南南边靠近长沙，东面到达建康，西面逼近巴蜀，北面则是我大宋，观察他们的形势，大概是日不暇给了。拿下荆南，应该是易如反掌。

拿下来虽然容易，可赵匡胤没有借口。你想，作为堂堂的中原大国，特别讲究体面、讲究仁义啥的，很注意在"国际"上的光辉形象，而人家高家对宋朝那是毕恭毕敬，来东京送礼的使者一个接一个。"伸手不打笑脸人"，你就能硬下心一巴掌扇下去？

正好湖南帮了一个大忙。

湖南的老张与小周内讧，周保权步子迈得大了一点，急匆匆向大宋请求出兵支援。周保权、张文表、高继冲都纷纷上书大宋朝廷。赵匡胤乐了。

为什么乐呢？因为出兵湖南，要经过荆南。赵匡胤掩饰不住内心的兴奋，眉飞色舞地对宰相范质等人说：荆南人心涣散，四分五裂，现在咱出兵湖南，向荆南借道，顺便一块儿把它吃掉，哪有不成功的呢？

> 上谓曰："江陵人情去就，山川向背，我尽欲知之。"怀忠使还，报曰："高继冲甲兵虽整，而控弦不过三万，年谷虽登，而民困于暴敛。南通长沙，东距建康，西迫巴蜀，北奉朝廷，观其形势，盖日不暇给，取之易耳。"——《续资治通鉴长编》卷四

> 江陵四分五裂之国，今假道出师，因而下之，蔑不济矣。——《续资治通鉴长编》卷四

看来，机遇有时候也能等来，所以更重要的是平时先做足功课。

就是借个道呗

建隆四年 (963) 正月初七，应湖南周保权的正式邀请，赵匡胤命山南东道节度使、兼侍中慕容延钊为前线总指挥(湖南道行营都部署)，枢密副使李处耘为督察监军(都监)，并派遣使者十一人持诏征调安、复、郢、陈、澶、孟、宋、亳、颍、光等州兵士赴襄阳(今湖北襄阳市)集结，准备出兵湖南，讨伐张文表。临行之前，赵匡胤召见李处耘，将一整套战略计划如此这般云云告知。

与此同时，赵匡胤下诏荆南调遣水兵三千人开赴潭州，人家举国兵力还不到三万，你一句话就调走人家十分之一，而且是开赴"国外"维和，这一着够狠。

荆南的当家老大是高继冲，因为自己年幼，所有民政事务都委托执行长官(节度判官)孙光宪、军事事务委托警卫军指挥官(衙内指挥使)梁廷嗣全权处理。高继冲说：如果每件事情都处理得当，又没有人离间，我还有什么好忧虑的呢？

不过，现在令高继冲棘手的事情来了，因为李处耘已经到达了襄州(今湖北襄阳市)。

李处耘到达襄州后，先派遣阁门使丁德裕告诉高继冲说，大宋的军队要借贵地一过，并希望高继冲能供应军队军需。

顺便说一下，高家无赖的本性在这个时候又一次体现得淋漓尽致。在此之前，高继冲就打着要供给大宋朝廷军需的旗号向老百姓借取钱财，消息传到赵匡胤那里，赵匡胤下诏禁止。

上闻高继冲托以供亿王师，贷民钱帛，下诏止之。——《续资治通鉴长编》卷四

这次大宋朝廷正式派遣使者来谈借路与军需供给的问题了。高继冲和他的官员召开紧急会议，讨论结果是以担心人民恐惧害怕为借口，愿意在一百里之外供应军需。李处耘又派丁德裕二次要求，孙光宪和梁延嗣都建议高继冲同意。荆南的军队副指挥官（兵马副使）李璟威劝告高继冲：中央政府的军队虽然说是借路讨伐湖南，但是，我看这势头，他们未必不会顺手牵羊，趁机袭击我们。希望能够派遣三千人马在荆门（今湖北荆门市）险要的地方埋伏，等中央军队晚上路过的时候，攻击他们的主帅，那时候，中央政府的军队自然会撤退，然后我们回军擒获张文表献给中央政府，到那个时候，您的功劳就大了。不然的话，我担心您会有灭国的惨祸。

以民庶恐惧为辞，愿供刍饩百里外。——《续资治通鉴长编》卷四

今王师虽假道以收湖湘，然观其事势，恐因而袭我。——《续资治通鉴长编》卷四

不然，且有摇尾求食之祸。——《续资治通鉴长编》卷四

高继冲没有接受，说：我们高家多年来一直对中央政府忠心耿耿，不会出现这样的事情的，是你太过虑了，何况你又怎么是慕容延钊的对手呢？

吾家累岁奉朝廷，必无此事。尔无过虑，况尔又非慕容延钊之敌乎？——《续资治通鉴长编》卷四

孙光宪说：李璟威这个人没脑子，怎么会看清当前的时局和我们的问题。中原自周世宗时就已经有统一天下的意愿，现在，新兴的宋王朝建立后，所有的计划安排，都是围绕统一这个中心的，大宋讨伐张文表，那就是用大山去压鸡蛋。诸位想想看，湖南平定之后，宋王朝岂有再借我们的路回去的道理！我看，不如早点献出我们的领土，荆南就会免去战争的灾祸，而您，也不会失去现在的荣华富贵。

高继冲点头。李璟威的建议没有被采纳，他不由得叹息说：事情到了这个地步，我活着还有啥意思！竟然自缢身亡。

荆南割据政权内部尽管有主战派与主和派的矛盾，但两派对事态的发展评估都一样的，那就是：北宋中央政府这次派遣军队平定湖南叛乱，借道荆南，绝非借道这么简单，顺手牵羊是一定的。不过，此时的荆南政权决策层仍然抱着一丝侥幸心理。

于是，高继冲派遣梁延嗣和他的叔父高保寅带着好吃好喝，前往北宋军队大营，犒劳军队，同时，顺便探听一下北宋军队的真实意图。

在荆门，李处耘热情地接见了梁延嗣一行，态度相当友善。要知道，有时别人对你好得过分，是要引起警惕的。不过，梁延嗣没有，他的表现是"喜"，马上派人快马加鞭报告高继冲"平安无事了"。

> 今伐文表，如以山压卵尔。湖湘既平，岂有复假道而去耶！不若早以疆土归朝廷，去斥堠，封府库以待，则荆楚可免祸，而公亦不失富贵。——《续资治通鉴长编》卷四

> 处耘见延嗣等，待之有加，谕令翼日先还。延嗣喜，驰使报继冲以无虞。——《续资治通鉴长编》卷四

荆门距离江陵也就一百多里路，当天，宋军统帅慕容延钊在大帐设宴招待梁延嗣等人，而李处耘则秘密派遣轻骑兵数千人加速前进，直抵江陵。高继冲正在江陵急切地等着他的叔叔等人回来，忽听得北宋军队即将到达，慌忙出来迎接，在江陵以北十五里的地方遇到李处耘。李处耘对高继冲作揖行礼之后，让他就地等待慕容延钊，而自己率领亲兵先赶赴江陵。等到高继冲和慕容延钊一起返回的时候，北宋军队已经占领了江陵各个要害之地，开始在街头巡逻警戒。高继冲感到十分恐惧，于是将荆南所属的三个州、十七个县，共十四万二千三百户，全部献出，举手投降。

大宋中央政府就是如此这般，以借道为名，轻松夺取了荆南。

大宋是打着平定湖南叛乱的旗号向荆南借道的，顺手牵羊地拿下荆南，这是此次军事行动的一个副产品。那么，此时湖南地区的局势又是如何呢？

请神容易送神难

此时，挑起湖南内讧的张文表已经死掉了，而且，他的尸体也被杨师璠的军队切成肉片，分着吃没了。这是怎么回事呢？

内乱以后，湖南的老张和小周都曾向大宋朝廷上

继冲初但俟保寅、延嗣之还，遽闻大军奄至，即皇恐出迎，遇处耘于江陵北十五里。处耘揖继冲，令待延钊，而率亲兵先入，登北门。比继冲与延钊俱还，则王师已分据冲要，布列街巷矣。——《续资治通鉴长编》卷四

书，宋朝自然要装装大哥的样子，在出兵之前，于头一年的十二月派遣一个宦官（中使）赵璲携带诏书前往湖南调停潭州张文表与朗州周保权之间的军事冲突。

最开始，张文表听说北宋军队要来讨伐他，便暗中联络赵璲，对赵璲暗送秋波，辩解说自己只是到朗州奔丧，廖简看不起他，才引起斗殴，本意不是想叛变。赵璲认为自己是奉皇帝的指示来招降张文表的，看到他顺从的态度，非常高兴，马上派人对张文表进行安慰。

杨师璠讨伐叛将张文表，开始并没有取得进展。相持了一段时间后，张文表出战，杨师璠把他打败，于是占领潭州，活捉了张文表。杨师璠的军队进入潭州城，让他的士兵进行大规模的烧杀抢掠。事情发生后，赵璲马上也跟着来到潭州。

第二天，在潭州城延昭门，赵璲以大宋使者的身份犒劳将士，指挥使高超对他的部下说：我看朝廷使者的意思，肯定不会杀掉张文表。如果张文表到了朝廷，图谋对朗州不利的话，我们就彻底玩儿完了。于是为绝后患，一不做二不休，直接把张文表给斩了，分肉食之，来了顿"人肉快餐"。等到宴会结束，赵璲要召见张文表，高超说：张文表又想谋反叛变，已经把他处死了。高超这个人名字起得好，手段也高超。赵璲听了这个消息，叹息了很长一段时间，升官发财的机会没了，自然

> 观中使之意，必活文表。若文表至阙，图害朗州，我辈无遗类矣。乃斩文表于市，尽脔食其肉。——《续资治通鉴长编》卷四

要叹息半天了。

张文表既然已被杀，宋军的使命似乎已经完成。但是，李处耘并未班师回京，而是加紧调动部队，昼夜兼程地向朗州进发。周保权害怕了，召见政务执行长官（观察判官）李观象商量对策。李观象道：先前请援于朝廷，是为了平讨张文表之乱。今文表已伏诛，王师却不肯班师，看来是想把荆南、湖南一锅端了。荆南的高继冲连反抗一下都没有就乖乖地投降了，我们的屏障已经消失，朗州是保不住了。还不如也体体面面地投降，或许还能继续享受荣华富贵。

周保权觉得李观象这番话说得极是，便准备采纳他的意见。可是指挥官（指挥使）张从富等将领认为不能投降，而且他们这一派占了上风。于是，开始商议如何抵抗。

慕容延钊派阁门使丁德裕前去安抚，没起作用。而且，张从富摆出决一死战的姿态：令人把辖区内的桥梁全部拆除，将所有的船舶沉掉，并伐倒树木堵塞了所有通往朗州的道路，阻止宋军的开进。

赵匡胤派遣使节警告周保权及其将领说：是你们请我们来的，天朝发送大军来救你们于水火之中，现在叛乱平定了，我们就是你们的再生父

> 凡所以请援于朝者，诛文表耳。今文表已诛，而王师不还，必将尽取湖湘之地也。然我所恃者，北有荆渚，以为唇齿。今高氏束手听命。朗州势不独全，莫若幅巾归朝，幸不失富贵。
> ——《续资治通鉴长编》卷四

> 慕容延钊使丁德裕先路安抚。德裕至朗州，从富等不纳，尽撤部内桥梁，沉船舫，伐木塞路，德裕不敢与战，退军须朝旨。
> ——《续资治通鉴长编》卷四

母，你们为什么还要拒绝中央大军，自取灭亡！宋太祖的这番话就是对周保权的最后通牒，说得似乎义正词严。

请你们帮忙是不假，但在你们到达之前我们自己已经搞定了，叛乱也不是你们平定的。拯救别人是美德，叛乱平定了你们也该回去了，借这个机会占领别人的地方，别人当然要反抗一下了。周保权因受张从富等人的蛊惑与挟制，不肯回头。赵匡胤又怎能舍得这千载难逢的机会呢？这样，宋朝军队的武力进讨也就无法避免了。慕容延钊在三江口击败周氏的军队，获船七百余艘，斩首四千余级，占领岳州。

三月，张从富从澧州以南出兵，与宋军遭遇，还未交锋就望风而逃，很多人成了宋军的俘虏。看来，没有实力，光嘴硬是解决不了问题的。李处耘从俘虏中精选了几十个身体肥胖的，杀死后让将士吃掉，又将年轻健壮的俘虏脸上全部刺了字，把他们先放回朗州。

尔本请师救援，故发大军以拯尔难，今妖孽既殄，是有大造于汝辈也，何为反距王师，自取涂炭，重扰生聚！——《续资治通鉴长编》卷四俘虏逃回朗州后，大肆宣扬宋军的残暴，把宋军吃人的场面描绘得异常恐怖，周保权的军队本来就没有信心，听说如此，更是斗志全无。性命要紧，还不快跑，他们在城中放火后向山谷逃去，朗州城的守备顷刻瓦解。看来，宋军吃人的心理战术起到了作用，只是这个心理战术过于残忍。

张从富被捉，斩首示众。周保权及其全家藏匿在江南岸边的一座寺庙里，李处耘得知消息，派部将将周保权俘获，押回朗州。

湖南全境被宋军收复，计十四州、一监（宋代的一种行政区划，在坑冶、铸钱、牧马、产盐等地区设置），六十六县，九万七千二百八十八户。

对占领区，赵匡胤实行了一系列优惠措施，以安抚民心。当然，赵匡胤也原谅了周保权这个小朋友，把他接到开封，还给他封了一个不大不小的名誉官（右千牛卫上将军）做。

赵匡胤以借道为名灭荆南、以救援为名灭周保权政权，一箭双雕，征服了长江中下游一带的荆南和湖南，在后蜀和南唐之间插入了一把尖刀，切断了两国之间的联系。他决计继续实行先南后北的既定方针，把统一战争进行到底。宋朝下一步的矛头又指向了谁呢？

锦城烟雨

〈十六〉

赵匡胤一箭双雕,成功灭掉了荆南、湖南两个半割据状态的政权。大宋王朝不仅获得了大量的人口、土地和丰富的物产,而且,对荆南、湖南的征服,就如将一把锐利的尖刀刺进了南方割据政权的心脏,成功切断了后蜀与南唐两大割据政权之间的联系。在先南后北、南攻北守的统一策略中,巴蜀进入了赵匡胤的视野。此时盘踞在四川的后蜀政权占据地理优势,国力强盛,蜀后主孟昶是位有争议的人物,他到底是个怎样的皇帝呢?后蜀是个怎样的政权呢?它为何成为大宋统一的下一个目标呢?

开国君主不是蒙的

后蜀政权的当家人叫孟昶,这个人在历史上比较有名气,知道他的人比较多,而后蜀政权的缔造者,就没那么有名气了。

后蜀政权的缔造者叫孟知祥,是孟昶的父亲。孟知祥是邢州龙岗(今河北邢台)人,邢州可是个出皇帝的地方,后周的郭威、柴荣都出自这里。

后蜀这个小国家,出现得比较偶然。

当时正值五代时期,天下大乱,群雄并起,谁都想当皇帝,"你方唱罢我登场、各领风骚没几天",建立一个割据政权,就跟闹着玩似的。当时的孟知祥,本是后唐派到大西南的一个重要官员,担任西川节度使,他最后在蜀地称雄也是"无心插柳"的一件事。

后唐时期,孟知祥因战功而颇得后唐庄宗李存勖和明宗李嗣源的器重。而且,因为他娶了李存勖的叔叔李克让的女儿,又使他多了一个皇亲国戚的身份。

> 晋王以其弟克让女妻之。——《新五代史·后蜀世家》

李存勖做晋王的时候,打算提拔孟知祥做中门使,孟知祥却极力推辞,这是为什么呢?原来中门使这个职位很关键,权力太大,时常要跟在皇帝左右,所谓"伴君如伴虎",经常待在皇帝身边,即使再小心翼翼,也很容易与皇帝起摩擦。皇帝也有闹小性儿的时候,以前的好几任中门使就是因为得罪了喜怒无常的主子而不得善终。李存勖见孟知祥执意不从，只好要求孟知祥推荐一个人代替他，孟知祥便推荐了郭崇韬。

郭崇韬在这个位置上倒是如鱼得水。后来，后唐派郭崇韬领兵灭前蜀。大军出发之前，郭崇韬为了报答当初孟知祥的举荐之恩，就向李存勖保举孟知祥为日后蜀地的军政长官。郭崇韬很快平定了蜀地，李存勖尊重郭崇韬的意见，委任孟知祥为剑南西川节度副大使主持蜀地的军政事务。

孟知祥初到蜀地，并无割据一方的意图。有的史书上讲：孟知祥到了蜀地，见蜀地山川险固，易守难攻，暗地里就生出了割据一方的想法，这可能是不符合实情的。孟知祥是在久居大藩、朝廷疑虑、派兵攻打的过程中，一步步走向实际割据的。

后唐明宗在世时，孟知祥一直没有称帝，也算是对明宗恩遇的一种回报。明宗一死，他见后唐王室矛盾重重，斗争激烈，第二年便在成都正式称帝，定国号蜀。为了和此前王建所建的蜀政权相区别，史家把孟知祥的这个小朝廷称为后蜀。

这一年是后唐应顺元年，公元934年。

孟知祥能建立蜀国，确实是机缘巧合，但正如马克思所言，偶然性中都包含着一定的必然性。

第一，机遇难得。

孟知祥因为不愿在高危职位上工作而推荐郭崇韬

> 前此为中门使者多以罪诛，知祥惧，求他职，庄宗命知祥荐可代己者，知祥因荐郭崇韬自代。——《新五代史·后蜀世家》

> 孟知祥之入蜀，视其险固，阴有割据之志。——《五代史补》卷二

担任，郭崇韬因为孟知祥的引荐而图谋报答，此种机缘使其能有机会前往蜀地主持军政要务。试想，如果不是郭崇韬因为朋友关系推荐了孟知祥，孟知祥终老不过是个大镇节度使，南面称帝的机会微乎其微。但是，当初后唐庄宗李存勖之所以答应郭崇韬的请求，一个原因正如郭崇韬所言，孟知祥"信厚善谋，事君有节"《旧五代史·唐书·郭崇韬传》，更重要的一个原因是孟知祥皇亲国戚的身份，将蜀地这样重要的地方交给自家人打点，李存勖心里踏实。

第二，地利难得。

巴蜀之地四周山川险固，"蜀道之难，难于上青天"，进川的道路很少，易守难攻，天高皇帝远，具备割据的地理优势。远的如三国时期的刘备政权，近的如九年前郭崇韬灭掉的前蜀王建政权，都是凭借巴蜀这方水土割据三四十年的。

第三，有能力称帝。

五代人物数以万千计，但最终能称王称帝的不过数十人，大浪淘沙，机会是一方面，更重要的是能力。孟知祥为人行事谨慎勤俭，对待手下真诚、无微不至，高官厚禄丝毫不吝啬，深得众人拥戴，他统治蜀地期间，安抚流民，选贤任能，蠲免杂税，蜀中久安，割据大业的根基也由此奠定。

> 帝抚民以仁惠，驭卒以恩威，接士大夫以礼。——吴任臣《十国春秋》卷四十八（中华书局1983年版）

可惜的是，孟知祥有做皇帝的命，却没有时间享受皇帝的待遇了。他在位仅半年时间就死掉了。他的第三个儿子孟昶继位，这就是历史上大名鼎鼎的蜀后主。

孟昶即位的时候，只有十六岁，还是个花季少年，当国家的一把手，是有点嫩。那么，他能把一个国家管理好吗？

继任者也不是吃素的

孟知祥在世时非常讲义气，对曾经追随他出生入死的大臣宽厚有加。他死后，孟昶年少继统，这些大臣一向骄横惯了，依仗自己是宿将，自恃为后蜀的建立出过汗、流过血，有功于孟知祥，便以老臣自居，又欺孟昶年幼，根本不把小皇帝放在眼里。一个个傲慢无礼，行事逾越法度，广修宅第，霸占民田，挖人坟墓。其中有三个坏典型：大将军李仁罕、御林军首领张业、藩镇节度使李肇。

如何处理父亲留下的这个领导班子？该怎么应付这些专横的将领与权臣呢？这的确是件非常棘手的事情。

先看李仁罕。李仁罕是这些刺头中的带头大哥。

据说李仁罕素有不臣之心，早在孟知祥还活着的时候就有了。有两件事情很能说明问题。

第一，李仁罕曾经摆过鸿门宴。

> 益骄蹇，多逾法度，务广第宅，夺人良田，发其坟墓。——《新五代史·后蜀世家》

后唐明宗长兴二年（931）二月初一，作为孟知祥部属的都指挥使李仁罕、张业要摆酒宴请孟知祥。部下请自己的领导喝酒吃饭，沟通一下感情，这本来是个好事情。但他们的意图可不是请客吃饭那么简单。而此前二日，早就有尼姑密告，说这两个属将要在宴请时干掉孟知祥。孟知祥不敢掉以轻心，严加查究，但没有获得证据。初三，孟知祥归罪于最先传播此事的两个军校，将他们处以腰斩。初四，孟知祥按时赴宴，而且把随从人员全部打发走，孤身一人来到李仁罕的住宅。就这一着，彻底征服了李仁罕。李仁罕当时就叩头流涕地说：我是您的老部下，今后只有尽死命来报答您的恩德。虽然孟知祥没有查到什么证据，而且他只身一人勇闯险地，豪气冲天，征服了手下，但谋逆之事应该不会是空穴来风。

第二，李仁罕曾伺机发动政变。

孟知祥死去那天当晚，秘不发丧，枢密使王处回深夜向宰相赵季良传报噩耗，认为事态严重，涕泣不已，赵季良"通敏善谋略"，正色道：现在是强将掌握重兵，伺机发动政变，当务之急是速立太子，继承皇位，以断绝这些人的妄想，现在岂能是相对哭啼的时候！从孟知祥死后枢密使与宰相的这番谈话中，可以窥见，握有军队的将领是怀有觊觎皇位的野心的。孟知祥死后，王处回前往李仁罕处通报，实际上也是

> 都指挥使李仁罕、张业欲置宴召知祥，先二日，有尼告二将谋以宴日害知祥；知祥诘仁罕第……仁罕叩头流涕曰："老兵惟尽死以报德。"——《资治通鉴》卷二七七

> 今强侯握兵，专伺时变，又当速立嗣君，岂可徒相泣邪！——《十国春秋》卷五十一

想探听一下他的口风,不料,正好遇上整装待发的李仁罕,原来李仁罕早已在家中做好了武装准备。见此阵势,王处回吓得竟没把实情告诉他,匆匆回去让孟昶在柩前即位。虽然当时李仁罕并不知道孟知祥已死,但是孟知祥不是暴死,并且李仁罕也是顾命大臣之一,对君主的身体状况肯定一直在关注着,这样的武装准备必然是有所图的。从这一系列事件可以看出,李仁罕的确也想坐坐皇帝的位子。

季良教处回诣仁罕,审其词旨同异,方立嗣君。会仁罕设备而出,处回遂不以实告,竟宣遗制,命太子柩前即位。——《十国春秋》卷五十二

　　孟知祥在世,李仁罕还有所忌惮。但现在老皇帝死了,十六岁的孟昶岂能入他的法眼。他压根儿就瞧不起孟昶,于是更加嚣张跋扈,不可一世。更令新皇帝郁闷的是,李仁罕公开伸手向孟昶索要掌管六军的权力。这实在是太目中无人了,明摆着欺负孟昶年少,你把六军的军权收到自己手中,握住蜀国的枪杆子,那接下来,是不是想把帝位也抢过去啊?孟昶迫于对方资格老,委曲求全,答应了他的要求,但是内心里是翻江倒海,愤愤不平。像李仁罕这样骄横恣肆的人,连皇帝都不放在眼里,更是得罪了不少大臣,有人趁机密告李仁罕有反叛之心。小皇帝当然不会任其撒野,暗中侦查,秘密部署,在李仁罕入朝时令武士捕杀之,并将其全家灭族。这一切,小皇帝做得果断决绝。恐怕李仁罕在临死之前才会明白那句俗话:宁欺白头翁,莫欺少年郎。不过,他明白得有点

至是渐有跋扈之志,颇恃功,求判六军。——《十国春秋》卷五十一

后主虽曲徇其请,加中书令,判六军事,而内不胜其忿。——《十国春秋》卷五十一

晚了。

带头大哥被咔嚓了，杀一儆百的效果就出来了。

按照惯例，新皇帝登基，藩镇节度使要觐见朝贺。昭武节度使（治所在利州，今四川广元市）李肇依仗自己是先朝功臣，不按时进京朝贺不说，到汉州的时候，竟在汉州与亲戚欢宴十几天。到成都后，谎称自己的脚有毛病，倚老卖老，拄着拐杖入朝，见了孟昶不下跪，说是"这人上了年纪啊，腿脚也不灵便了，老是腰酸背痛腿抽筋"。就在孟昶宣布李仁罕罪状的那天，这位老爷子好像补了钙一样，腰也不酸了，背也不疼了，腿脚也灵便了，见到小皇帝时，老远就扔掉拐杖，跪拜在地，大气不敢出。即使如此，李肇吃药也吃晚了，孟昶罢免了他的军职，给了一个虚职，赶出京城，发往邛州（今四川邛崃市）安置，不再录用，最后死在了那里。

> 肇恃先朝功臣，不时入朝。至汉州，留与亲戚燕饮高会，略逾旬日。久之，扶杖见后主，诈称疾不拜。——《十国春秋》卷五十一

但也有人天生就不信邪。李仁罕的外甥张业，是御林军的首领。李仁罕被斩后，为了稳定局势，小皇帝非但没有立即斩杀他，反而提拔他，封为宰相。孟昶这一着叫"捧杀"，他巴不得张业"折腾得更猛烈些"。张业也真能领会领导的意图，得意忘形，全然不顾老舅被杀之教训，豪奢成性，强买民宅土地，藏匿包庇亡命之徒，私设公堂，滥用刑罚，最后竟在家中私设监狱，其中有关押多年的人，因

> 业是时方掌禁兵，后主惧其反侧，乃用为相以安之，命同平章事。——《十国春秋》卷五十一

长期饱受刑罚、饥寒、疾病之苦,最后死在牢中,蜀地百姓对此是怨声载道。这时的孟昶也已经到了而立之年,蓄积力量已久的他,成熟老练地复习了一遍十五年前诛杀李仁罕的方法,将张业就地正法,没收家产。张业以相同的命运到地下见他舅舅去了。

曾经拥立孟昶登上皇位的枢密使王处回,因为拥立有功,位高权重,也有点飘飘然了:专权贪污、卖官鬻爵、收受贿赂、枉法断狱,地方上进献贡品得先喂饱他,然后才轮到朝廷。而且王处回还有个不知天高地厚的儿子,依仗父亲的权势,为非作歹。张业被诛之后,王处回怕了,诚惶诚恐,赶紧辞官,孟昶也不忍心再依法处置这个对他有恩的人,赏给他一个虚职,回家养老去吧。

就这样,孟昶一杀一罢,稳住了阵脚;再杀再罢,坐稳了江山。

后蜀的旧臣,到这一年(948),被孟昶该杀的杀,该罢的罢,他父亲给他留下的那批人所剩无几,清理得差不多了。现在,在国家的重要岗位上,都是孟昶新任命的一批人,这标志着新旧领导班子换血完成。《新五代史》的作者欧阳修说:从此开始,孟昶才真正开始亲理政事,而这个过程,前后持续了十五年。

业性豪侈,强市人田宅,藏匿亡命,又于私第置狱系负责者,或历年至于瘐死,蜀人大怨之。——《十国春秋》卷五十一

处回既特定策勋,位隆使相,遂专权贪纵,卖官鬻狱,四方有馈献者率先输处回,次及内府。子德筠亦依势骄横,多为不法。——《十国春秋》卷五十二

由是故将旧臣殆尽。昶始亲政事,于朝堂置匦以通下情。——《新五代史·后蜀世家》

孟昶其实真有两把刷子

宋代的一些史书上总把孟昶说得荒淫不堪，一无是处。其实，这很可能是为了给宋太祖讨伐后蜀找借口，不完全符合真实的历史。如果是荒淫之君，试想一下，他能在蜀地统治三十一年？再说亡国之君也不是一日能够炼成的。

历史上的孟昶在国家治理上还真有两把刷子，除上面整顿吏治、诛罢专横的将相权臣外，下面再举两个例子。

第一，孟昶还亲自撰写了《官箴》，颁发到全国各地，作为全国官员的行为准则。

> 箴就是告诫、规劝的意思，官箴就是告诫官员，作为"父母官"，应该做什么，不应该做什么，做哪些光荣，做哪些可耻。孟昶撰写的《官箴》大意是说：我非常可怜老百姓，他们缺吃少穿，因此我才委托你们这些官员，让老百姓能吃饱穿暖，休养生息，生活安定。你们要根据实际情况，做一些给人民带来实惠的事情。实行政策时一定要宽大和严厉相结合，这样才可以移风易俗。严禁你们剥削老百姓，严禁你们伤害老百姓。地位低微的老百姓容易受到你们伤害，但是你欺骗不了上天，要遭报应的。你们的工资和奖励，全部来自民脂民膏，没有理由对人民不仁慈。我要教

四年五月，昶著《官箴》，颁于郡国。——张唐英《蜀梼杌》卷下《全宋笔记》第一编第8册，大象出版社2003年版

育你们，以此引为鉴戒，你们要深深地体念我孟昶关心人民的诚意。

《官箴》的核心内容被后人精简为十六个字：尔俸尔禄，民脂民膏。下民易虐，上天难欺。就是说：你们这些当官的，一定要谨记，你们吃的饭、花的钱，都是纳税人的，是老百姓的血汗，老百姓才是你们的衣食父母。老百姓是弱势群体，很容易受到欺压虐待，但是，上天是欺骗不了的，如果欺压百姓，会遭上天报应的。

据说这十六个字是宋太宗精简的，作为《戒石铭》，后又经著名书法家黄庭坚书写，颁布到各郡县，要求各地官员以此为戒，自觉遵守。

宋代《容斋续笔》的作者洪迈曾经说：孟昶的《官箴》，只有二十四句话，却看到孟昶真诚的爱民之心，这在五代十国昏暴之主层出不穷的年代，确实难能可贵，是可称道的。

第二，设置匦函，通达下情。

孟昶在诛杀了张业、罢免了王处回之后，意识到很多事情自己被朝臣蒙蔽，不能通达下情，因此，在朝堂之上，设置了一个举报箱——匦函。凡是臣民，不管是有冤要伸，还是想要对朝廷提出批评意见，都可以写成状子投入其中。具体的实施详情，史书中没有记载，但这应当是一桩善政，而且，

昶区区爱民之心，在五季诸僭伪之君为可称也。——《容斋随笔·续笔》卷一（中华书局2005年版）

孟昶也是个从谏如流的人，至少，他在位早期是如此。

中国古代的皇帝，大都有个共同的爱好，对女人特别感兴趣，孟昶也不例外。年轻气盛的孟昶，对性科学甚感兴趣，再说又在皇帝这个位置上，有着绝无仅有的优势，因此广泛地从民间海选妙龄女郎，添置后宫。对于此举，枢密副使韩保贞恳切地上书直言劝谏，孟昶不仅虚心接受，立刻释放宫女，而且重赏了韩保贞。

> 又为方士房中之术，多采良家子以充后宫。枢密副使韩保贞切谏，昶大悟，即日出之，赐保贞金数斤。——《新五代史·后蜀世家》

史书上还记载，有一次，有个上书的人说应当采择清高廉洁的士人担任御史台的官员，言外之意就是孟昶所任御史台的人员不合格。孟昶叹息道：为什么不直接说他就是最合适的人呢？手下人趁机煽风点火，请求用这句话来问责上书之人。孟昶却说：唐朝太宗李世民登基的时候，官吏上书论事，都受到赞赏并接纳，你怎么劝我拒绝听到不同的声音呢？

> 有上书者，言台省官当择清流，而任之，昶叹曰：『何不言择其人而任之？』左右请以其言诘上书者，昶曰：『吾见唐太宗初即位，狱吏孙伏伽上书言事，皆见嘉纳，奈何劝我拒谏耶！』——《新五代史·后蜀世家》

从孟昶在位早期虚心接纳劝谏的行为来推测，匦函的设置，对了解民情、治理国家，应该是起到了作用的。他在位期间，免除苛捐杂税，与民休息，使农业得到蓬勃发展，把后蜀建设得非常繁荣。

后蜀繁荣到啥程度呢？

第一，国家有钱，相当有钱。

后蜀的国库中到底有多少钱财，没有一个具体数字，但我们可以从大宋灭蜀后的相关事件中推测一下。

大宋灭掉后蜀后，在蜀地造船二百艘，装载金银财物、布帛器皿、银腰带十万送到江南军前，作为军费开支，其余的奢侈品从陆路发往京师，此后，北宋朝廷又花了十余年的时间，才将蜀府库所积财货全部运走。这十年左右时间内，大宋朝廷每年通过漕运，从蜀地运输财物数以万计。这些还不包括入蜀的宋将私自盗取的国库钱财、中饱私囊的在内，这个数目也不少。从以上这些数字可以想象后蜀的富足。

第二，百姓富庶，相当富庶。

史书上说，孟昶统治时期，"蜀中百姓富庶"，"蜀中久安，赋役俱省，斗米三钱"《蜀梼杌》卷下。在唐代盛世贞观之治时期，每斗米还要四五文钱，且时人引以为豪。孟昶统治时期，创下了米价比唐代贞观年间还便宜的纪录，以致生活在城里的年轻人，根本就分不清水稻小麦到底长啥样，以为笋、芋都是树上结的。村落闾巷，一片歌舞升平气象："村落闾巷之间，弦管歌诵，合筵社会，昼夜相接。"《蜀梼杌》卷下

时宋取蜀宫殿材造船二百艘，装载物帛铜钱器皿及银腰带十万应付江南军前，其珠珍软细以陆路发付京师。——《十国春秋》卷四十九

不数十年，孟氏所储，悉归内府。——彭百川《太平治迹统类》卷三（景印文渊阁四库全书本）

城中之人子弟，不识稻麦之苗，以笋、芋俱生于林木之上，盖未尝出至郊外也。——《蜀梼杌》卷下

第三，城市繁荣，灿如锦绣。

后蜀都城成都，城上尽种芙蓉，九月间盛开，望之皆如锦绣。孟昶对左右说："自古以蜀为锦城，今日观之，真锦城也。"《蜀梼杌》卷下都人士女，倾城游玩，珠翠绮罗，名花异香，馥郁森列，上下十里的亭榭游赏之处，望上去犹如神仙之境。对此，孟昶自己颇为自豪地认为，成都的繁荣程度已经超过了大唐都城长安。

当时后蜀已然成为天下最富裕最发达的地方。后蜀究竟有多富呢？可以从一件小事上推测。众所周知，晋代王恺、石崇都是当时富可敌国的人，他们之间斗富的故事在历史上非常有名。然而，历事前蜀、后蜀五十年的宰相李昊读了《晋书》中王恺、石崇的传记之后，竟笑得前俯后仰，连连说：这些人和穷叫花子有啥区别，居然以此为富，可笑！可笑！王恺、石崇在李昊眼里都成了叫花子，自然，蜀国的富裕标准那是相当高喽！

"得民心者得天下"，光有金子还是不够的，要说你这个皇帝是好是坏还得看在百姓中的口碑，因为，群众的眼睛才是雪亮的。

孟昶归降宋朝，离开成都前往开封之时，送行的民众队伍相当庞大：万民拥道，哭声动地，沿路百姓痛哭以致哭得昏死过去的有数百人。宋代的笔记中

> 昊事前后蜀五十年……尝读王恺、石崇传，笑曰：『穷俭乞儿，以此为富，可笑！可笑！』——《蜀梼杌》卷下

> 昶之行，万民拥道，哭声动地，昶以袂掩面而哭。自二江至眉州，沿路百姓恸绝者数百人。——《蜀梼杌》卷下

也记载：孟昶治理蜀国，对老百姓很好，有恩惠，孟昶离开成都时，国人痛哭流涕，一直送到犍为县才分别，那个地方因此得名"蜀王滩"，又名"哭王滩"《邵氏闻见录》卷一。

这样一个深得民心的皇帝，却被认定为荒淫之君。宋代的笔记中说，有个探子从蜀地回来，赵匡胤问他：蜀地有什么新鲜事发生啊？这个探子回答道：也没啥新鲜事，只听得成都城中掀起了全民诵诗的浪潮，都在吟唱朱长山的《苦热诗》："烦暑郁蒸无处避，凉风清冷几时来？"听后，赵匡胤说：这是蜀地人民召唤我去统治他们呢。这则笔记的真实性难以考知，即使是真实的，那也只能说明这个探子拍马屁的功夫相当到位以及赵匡胤一厢情愿式的自作多情。宋人要给太祖伐蜀提供理由，就必然要往孟昶的头上泼脏水，把孟昶说成荒淫之君。

> 有间者自蜀还，上问曰：'剑外有何事？'间者曰：'但闻成都满城诵朱长山《苦热》诗曰：「烦暑郁蒸无处避，凉风清冷几时来？」'上曰：'此蜀民思吾之来伐也。'"——文莹《玉壶清话》卷六（中华书局1984年版）

《十国春秋》的编纂者清人吴任臣对将孟昶定位为荒淫之君就深表怀疑。他说，孟昶这个人，如果不是一贯对老百姓好，又怎么能够如此深得人心呢？考察一下孟昶的生平行事，劝课农桑，谨慎用刑，刑罚适中，大兴文教，勤勉治国，再荒淫也赶不上前蜀的王衍吧。所以，从整体上来看，孟昶不算是个坏皇帝，尽管他在统治的后期确实有点

> 藉非慈惠素著，亦何以深入人心如此哉？迹其生平行事，劝农恤刑，肇兴文教，孜孜求治，与民休息，要未必如王衍荒淫之甚也。——《十国春秋》卷四十九

变化，亲小人、远贤臣了。但要知道，做几天好皇帝容易，难的是做一辈子好皇帝，这似乎是所有皇帝的通病，算不上大毛病，顶多也就是个晚节不保。

其实，大宋统一中国是当时的历史大势，赵匡胤在大一统的计划中必定要先拿蜀地开刀，个中原因，他自己都已经讲得很清楚了。宋太祖曾对他的弟弟赵光义说："中国自五代已来，兵连祸结，帑藏空虚，必先取巴蜀，次及广南、江南，则国用富饶矣。河东与契丹接境，若取之，则契丹之患，我当之也。姑存之，以为我屏翰，俟我富实，则取之。"《东都事略笺证》卷二十三这才是他首先伐蜀的真正理由。中原连年战争，国家太穷了，而巴蜀之地，偏安一隅，没有接连的兵祸，现在是富得流油，要统一中国，还需要后蜀的经济支援呢！

再看看一统天下的前辈，就知道拿蜀国开刀是再合适不过了。当年秦国欲称霸天下，就是先从蜀国下的手。而前辈这么干完全是有理由的，得蜀地，就等于多了一个大粮仓，可将蜀地变成征战天下的大后方。而占据蜀地，更是占据了一个地势上的制高点，出蜀后可沿长江顺流而下，俯冲击之。到时，拿下江南也是事半功倍。面对这么多好处，蜀道就是再难，也难不到天上去。

所以，不管孟昶是明君还是昏君，赵匡胤都是要收拾他的，把他说成昏君当然就更光彩一点了。因此，宋代的文献几乎众口一词地认定孟昶是荒淫之君，后蜀之所以灭亡，是孟昶荒淫腐败造成的。但是，我们需要明白，历史大多是胜利者书写的。

在成都这片富庶的土地上，蜀后主孟昶一边兢兢业业地治理着他的子民，抓着经济建设，一边写诗填词，刻印经书，搞着文化建设，两手都抓。同时，他还在经营着他的爱情，给他繁忙的工作不时增添点浪漫的花絮。

他不知道，在东京的一个大宅子里，三个男人喝着烧酒，吃着烤肉，早就把蜀国当成了一道大菜，并且是要第一个下筷的。

但是，现在赵匡胤没有动手，因为他还没想好借口。

打仗需要借口吗？

不需要吗？对大宋来讲，这个可以有，也可以没有，但最好是有。

正在这时，孟昶任用的一个不知天高地厚的权臣跳了出来，在最关键的时刻送给了大宋一个出兵的理由。这到底是怎么回事呢？

兵发两川

〈十七〉

在大宋王朝统一天下的战略部署中，后蜀首当其冲。周世宗的时候，一度归属后蜀的秦州、凤州、成州、阶州四州已经并入中原王朝的版图，后蜀北方的门户已向中原敞开。大宋对荆南、湖南的吞并，又开辟了沿长江进入后蜀的水路通道。后蜀北方、东方都向大宋敞开了大门，就像插进蜀地的两根筷子。眼下，赵匡胤坐在开封的皇帝宝座上，手里就拿着这双筷子，准备把后蜀这道大菜放进自己口中。然而，他还没法动手。为什么呢？因为后蜀没有像湖南那样下请帖请大宋去赴宴。所以，赵匡胤还在等，他在等一个理由。恰好此时，后蜀小朝廷里一个自以为是的家伙耐不住寂寞，送给了赵匡胤一个最美丽的借口。这是怎么回事呢？这个人是谁呢？

这个理由足够了

这个人叫王昭远。

王昭远是地道的成都本地人，年少丧父，家境贫寒，是穷苦人家出身。十三岁的时候，为了混口饭吃，他跑到成都东边一座寺庙里，依附了一个叫智諲的老和尚，做了老和尚的跟班。

如果生活按照这样的轨迹发展，他的未来也就是在做一天和尚撞一天钟的过程中按部就班地熬成师父，没有任何悬念。但是命运永远是不可捉摸的，我们永远不知道下一刻会发生什么。王昭远就在某年某月的某一天被好运撞了一下腰，被天上掉下的馅饼砸到了。

有一次，后蜀的一把手孟知祥在他的公署做善事，广施众僧，王昭远给师父提着行头，跟着吃公款去了。就是这次被施舍，改变了他的命运，机会来了。或许是王昭远很会看师父眼色行事，也或许是王昭远说话很得体，总之，见到孟知祥之后，孟知祥就喜欢上了这个孩子，感觉他特聪慧、特机灵。当时孟知祥的儿子孟昶刚到读书的年龄，孟知祥刚好需要给儿子找个在身边侍奉陪读的，观察打量一番后，孟知祥就留下了王昭远，让他来侍奉孟昶。这样的工作对于王昭远来说，实际上是轻车熟路，他此前在跟班的位置上已经积累了相当丰富的工作经验，而且王昭远与孟昶的年龄又大

> 知祥尝饭僧于府，昭远执巾履从智諲以入，知祥见之，爱其惠黠。——《新五代史·后蜀世家》

体相当，共同话题多一些，所以王昭远哄得孟昶很开心，由此，二人在嬉戏玩耍中建立起了极为牢固的感情，关系很是亲昵。

孟昶当上皇帝后，王昭远做了卷帘使、茶酒库使（都是内侍官，负责皇帝日常生活的某部分，由皇帝亲信担当）。上一章讲过，枢密使王处回因为久处要位，头脑发热，为非作歹，他的儿子也助"爹"为虐。孟昶皇帝当时刚刚处理掉了无知妄为的张业，念在王处回当初拥立有功，没有要他的命，勒令他回家养老去了。枢密使的位子因此就空了出来，这是上苍给予王昭远的又一个机会。不过，鉴于枢密使这个位置权力太大，发展发展就难以控制，加之此前已经有过前车之鉴，孟昶就没再任命他人坐这个位子。位置空缺，枢密使该做的事情还是要有人来做的，而且是让绝对放心的人来做，这个人就是王昭远。王昭远后来被任命为通奏使、知枢密使事，其实是枢密院真正的一把手。因为王昭远是和孟昶一起玩大的，孟昶皇帝非常信任他，无论大事小事，都全权委托他来处理，国库里的金银布帛，任凭王昭远随意支取，从不过问。

对于这样的人事安排，孟昶的母亲李太后坚决反对，认为王昭远不过是皇帝身边跑腿的一个奴仆而已，在军中又没有什么威信，由这样的人担任枢密院的高职，士兵谁会服他？李太后的考虑并非没有道理，但是她没有摸清自己儿子的心理，没有看清儿子的用心。当

时后主方就学，即留昭远给事左右，颇见亲狎。——《十国春秋》卷五十七

事无大小，一以委之，府库金帛恣其所取不问。——《新五代史·后蜀世家》

出自厮养。——《十国春秋》卷五十

时孟昶正在清理他父亲留下来的那批人，他最需要的就是忠心，推行的就是人员大换血，换上自己的一帮人，因此他没有听母亲的话。

王昭远出身不好，很小就是孤儿，还做过和尚，只因为是和皇帝一起玩大的，就做到了枢密院的一把手。这当然会令不少人嫉妒，会让很多人不服气，从心底里瞧不起他，鄙视他。比如，当时的龙游（治所在今四川乐山市）县令田淳有一次在公开场合发表言论批评朝廷说：我们的皇帝本来是节度使，却非要改厅堂为宫殿，脱下紫衣，穿上黄袍，用上皇帝的仪式，将手下封为卿相，把自己的老婆称为妃后。不过，此一时，彼一时，现在时代不同了，也实在不行了，不如退回从前仍称成都尹，仍做个地方长官，也许可避灭族之祸啊！田淳讲的虽是事实，但有点大逆不道，听到的人都为之担忧。有人就劝他：你是很有才，但如果做人再稍微低调那么一点点，何愁做不到朝廷要员？田淳却说：我怎能去依附那些狗杂碎，仰仗这些品行卑劣的人生存呢？田淳说的"狗鼠"指的就是王昭远等人。可见，就是一个小小的县令，也没把身为枢密院一把手的王昭远放在眼里，不但瞧不上他，还发自肺腑地鄙视他。

不满归不满，嘲讽归嘲讽，其实，王昭远也真不是个不学无术的人，因为他有理想，有追求，有抱

吾观僭伪改厅堂为宫殿，改紫绶为黄服，改前驱为警跸，改僚佐为卿相，改妻妾为妃后，何如常称成都尹，乃无灭族之祸乎。——《续资治通鉴长编》卷三

或谓淳曰：『如君之才，固堪重寄，宜稍低抑，便至金銮玉堂。』淳曰：『吾安能附狗鼠哉。』盖指枢密使王昭远辈也。——《续资治通鉴长编》卷三

负，有知识，是个标准的"四有"青年。史书上讲，王昭远"好读兵书，以方略自许"《新五代史·后蜀世家》。用兵打仗、军事谋略方面的知识，他确实学了不少，并且也很以此自负，他毫不谦虚地把自己比作三国时期的诸葛亮，常常把自己想象成诸葛再世：在强敌面前，运筹帷幄，指挥若定，谈笑间，樯橹灰飞烟灭。可惜的是，这种机会一直没有，他觉得太屈才了，他不怪别人看不起他，关键是英雄无用武之地啊！谁让蜀国这么多年一直和平、稳定、发展，就是不发生战争呢？

当大宋的军队轻易地拿下了荆南、湖南后，后蜀朝廷里一些有头脑的人就很担忧。宰相李昊对后主孟昶进言：微臣看大宋的国运，不会像后汉、后周那么短祚，或许老天爷也厌倦了这持久的战乱，让大宋来统一天下了。情况就这么个情况，事情就这么个事情。向大宋纳贡称臣，或许是保全蜀地的长久之策吧！孟昶听李昊如此一说，觉得有理，准备派遣使者与大宋通好，向大宋纳贡称臣。

> 臣观宋氏启运，不类汉、周，天厌乱久矣，一统海内，其在此乎。若通职贡，亦保安三蜀之长策也。——《续资治通鉴长编》卷四

这时，有人不愿意了。谁？王昭远。

王昭远为什么不同意向大宋派遣使者，具体的原因史书中没有记载，只用三个字记载了他对向大宋纳贡称臣的态度："固止之。"《续资治通鉴长编》卷四意思是说王昭远坚定不移地反对这档子事。受到王昭远的影响，孟昶又改变了心意，拒绝投降。这时，估计宰相大人在家

要吹胡子瞪眼了,谁让人家和皇帝关系铁呢!

我们不妨来推测一下王昭远的内心世界。

宋朝取下荆湘,估计马上就要对蜀国动手,我王昭远等的就是这一天啊!为了这一天,多少个不眠之夜,我挑灯夜读,头悬梁,锥刺股,翻遍兵书,文韬武略,做足了功课,只可惜没有机会实践。眼下,学以致用、大展宏图的机会终于要来了!鄙视我的人、辱骂我的人,你们等着瞧,我要让你们知道知道,我王昭远能有今天,绝不只是凭着给皇帝拍马屁得来的。我是有几下子的。眼下机会就要来了,能让它从身边溜走吗?绝对不能!所以,蜀国不能跪,绝对不能跪!

这种推测是有一些道理的。

后蜀山南道节度判官张廷伟曾对王昭远说:您老人家平日里也没建立什么像样的丰功伟绩,但现在身居枢密要位,要是您再不亲自出马干出点事业来,怎么能堵住众人之口?要知道,舆论的力量是很强大的!并且,张廷伟也已经替王昭远想好了计划:目前最好的办法是派遣使者联系北汉,与北汉通好,让北汉发兵南下攻击大宋。我们呢,就从黄花(今陕西凤县东北)、子午谷(今陕西西安市南)发兵配合。这样一来,中原两面受敌,关右之地,就可以轻松拿下。这件事情做成了,不仅会让那些瞧不

> 蜀山南节度使判官张廷伟说通奏使、知枢密院事王昭远曰:公素无勋业,一旦位至枢近,不自建立大功,何以塞时论?——《续资治通鉴长编》卷五

> 莫若遣使通好并门,令其发兵南下,我即自黄花、子午谷出兵应之,使中原表里受敌,则关右之地可抚而有也。——《续资治通鉴长编》卷五

上您的人闭嘴，而且您在蜀国的地位会更加稳固，一不小心还有可能因此名扬海内外，成为世界名人。

对张廷伟的分析与建议，史书用三个字记载了王昭远的反应："然其言。"王昭远深表赞赏，这说明王昭远的确想努力弄出一点动静，希望向后蜀人民展示他的能力，向后蜀军人秀一秀他不输诸葛亮的才华。

接下来，王昭远开始行动了。

首先需要说服主子同意这个计划，这点很容易就做到了。

接着遣军东屯三峡，在涪州（今重庆涪陵区）、泸州（今四川泸州市）等州扩充水军为后援。

同时着手联合北汉，派人偷偷地前往太原送蜡丸封好的密信，信的内容大意是说：后蜀已经在襃、汉（今陕西汉中市一带）增兵，做好了准备，相约北汉渡过黄河同时起兵，一起对付大宋。负责送信的是一个三人行特别行动小组，这三个人是后蜀枢密院大程官孙遇、兴州军校赵彦韬和杨蠲。

三人行，则可能出叛徒。

果然，三人行至大宋的京城开封，或许是久在边境兴州（今陕西略阳县）的赵彦韬对当时的"世界"格局看得更为清楚，或许是他目睹了大宋王朝的欣欣向荣，于是，他多了个心眼儿，偷偷摸摸地把这封密信拿出来，送到了赵匡胤的手里。

赵匡胤正在为找不到合适的借口把后蜀这块肥肉吃到嘴里而郁闷，这个时候，赵彦韬及时出现了，小赵给老赵送来了最需要的厚礼。赵匡胤笑了，说了一句话："吾西讨有名矣。"《续资治通鉴长编》卷五

准备好了就开工

赵彦韬送给赵匡胤的见面礼非常厚重，非常及时，另外他又送了大宋第二份厚礼，那就是他们三个来自后蜀的大活人。

这三个人有什么用呢？他们肚子里有货，装着蜀国的军事机密。来到开封后，赵匡胤赦免了他们的罪，让他们把蜀国的山川要塞、地理形势、驻军位置、道路远近等画成地图。

在此之前，赵匡胤对后蜀的国情已经做了一些情报搜集与整理工作。

建隆四年（963）的夏天，赵匡胤将张晖从华州（今陕西渭南市华州区）调到凤州（今陕西凤县），任凤州团练使，并兼任西面行营巡检壕寨使（掌营造浚筑及次舍下寨）。凤州曾一度被后蜀占领，周世宗的时候才收回，这是大宋与后蜀的交界之处。张晖在华州任上很有政绩，口碑极好，所以赵匡胤把他调到凤州，令其详细勘察川陕一带地形、山川的险易。张晖保质保量地完成了任务，并因地制宜，提出了

乃并赦遇、斶，使指陈山川形势、戍守处所、道里远近，画以为图。——《续资治通鉴长编》卷五

攻取的策略，赵匡胤非常高兴。

收复荆南后，赵匡胤也收获了一个医生，叫穆昭嗣，原先侍奉荆南高氏的，现在在大宋为翰林医官。赵匡胤多次召见他，不是看病，而是向他咨询一些通往蜀地的山川地形、道路交通的问题。穆昭嗣说：荆南这个地方，实际是后蜀、南唐、南汉会聚的地方，现在天朝的军队已经收复了荆南，那么水路、陆路都能直通蜀国了。

上一章中说过，赵匡胤曾派遣间谍到蜀地了解民情，当间谍回来汇报说蜀地在全民朗诵《苦热诗》时，他自豪地认为：这是蜀民呼唤我去拯救他们于水火之中。这件事在宋代的好几种笔记中都有载录，由此可知，派遣间谍也是赵匡胤搜集情报的一个重要方式。

搜集到关于蜀地的一些信息后，赵匡胤的表现不是"甚悦"，就是"大悦"，而这次无意中收获的蜀地三个活人肚子里又装着后蜀的山川形势、军事部署、道路交通，取蜀似乎已经时机成熟、万事俱备，于是赵匡胤笑了，心花怒放。

是时候开工了。

乾德二年（964）十一月，大宋收复后蜀的战役正式打响。

赵匡胤对大宋军队进行了全面部署，兵分两路：北路军三万人马，以王全斌为都部署（前线总指挥）、崔彦进为

> 晖尽得其山川险易，因密疏进取之计。上览之，甚悦。——《续资治通鉴长编》卷四

> 荆南即西川、江南、广南都会也。今已克此，则水陆皆可趋蜀。——《续资治通鉴长编》卷五

辅佐、王仁赡为都监，从凤州南下；东路军两万人马，以刘光义为副都部署、曹彬为都监，溯长江西上。后勤军备供需方面，沈义伦为随军转运使，曹翰为西南面转运使。这个阵容，几乎集中了宋朝当时的所有精锐。

两路大军进军的路线虽然不同，但是有一个共同的目标——成都。

军队出发前，赵匡胤在崇德殿为出征将领设宴饯行，把已经准备好的军事地图交给王全斌等人，向他们详细交代了重要军事位置要如何攻取的一些细节，同时交代了这次行军作战必须遵守的三大原则：

第一，鉴于蜀国将校中有不少北方人，要先争取这批人。有能为宋军做向导、供应军需、率领手下归顺、举城投降的，重重有赏。第二，宋军所到之处，严禁放火焚毁房屋，严禁打砸抢，严禁殴打吏民，严禁掘人坟墓，严禁砍伐桑柘等经济树木，违者以军法处置。第三，此次兵发后蜀，朝廷想要的就是土地，因此攻城克寨，只需没收武器、粮食，造册登记，至于金钱布帛之类，一律分给战士们。

赵匡胤问王全斌等将领：此行能拿下后蜀否？王全斌回答说：臣等仰仗天威，遵从圣上的神机妙算，蜀地指日可定。有个叫史延德的中级军官也趁机上前奏道：后蜀要是在天上，那确实够不着，但它在

凡克城寨，止藉其器甲、刍粮，悉以钱帛分给战士。吾所欲得者，其土地耳。——《续资治通鉴长编》卷五

地上,大军一到即可荡平。这番话说得豪气凌云,信心十足,让人听了热血沸腾。赵匡胤很满意,当场进行了口头表扬。

赵匡胤君臣的这番对话意在鼓舞士气,他本人对拿下后蜀早就成竹在胸了,因为他已经安排京城皇家建筑工程公司(八作司)在汴河附近选了一块好地,开始给后蜀的孟昶盖房子了:计划建设五百多间,把一切生活器物都准备妥当,就等着后主孟昶搬到京城来住了。准备很是周到,就是不知道人家孟昶领不领这情!

后蜀好多年没打仗了,但后蜀君臣对即将到来的战争也是信心十足,王昭远对这次战争更是期待已久。孟昶根据大宋军队的进军路线,相应地在北面、东面安排军队抵御远道而来的大宋远征军。孟昶语重心长地对那位"诸葛亮"说:这次大宋的军队,可是你招来的,你得抓住这次机会,好好发挥,为朕立上几功。

在成都郊外,孟昶令宰相李昊为王昭远举行了一场饯别宴会。

王昭远没有诸葛亮的羽扇,但他有更绝的东西,史书上说叫铁如意,不知道是个什么玩意儿,大概就是用铁做的拐杖之类的东西。酒酣耳热之际,王昭远把袖子一捋,高举手臂,兴奋地对李昊说:我此行不

> 西川若在天上,固不可到,在地上到即平矣。——《续资治通鉴长编》卷五

> 命八作司度右掖门,南临汴水,为蜀主治第,凡五百余间,供帐什物皆具,以待其至。——《续资治通鉴长编》卷五

> 今日之师,卿所召也,勉为朕立功。——《续资治通鉴长编》卷五

光能克敌制胜，打败来犯之敌，带领这二三万凶猛善战的军士一鼓作气，直取中原，那也是易如反掌。

说这番话的时候，王昭远的手势，以及当时他手里拿的那铁如意，都会让他在历史上留下一个恒久不灭的"光辉"形象。历史应该在这时定格一下，插入一个王昭远的白日梦：在千军万马之中，王昭远镇定自若，谈笑风生，手持铁如意，指挥倜傥，大宋军队则狼奔豕突，溃不成军。最好再配上一段古琴曲，《卧龙吟》或《十面埋伏》。

不过想一想，熟读兵书的，不光有诸葛亮，也有个赵括；手执铁如意的，可能是个指挥家，说不准也会是在大街上捡垃圾为生的。

就这样，王昭远满怀豪情壮志，带着他的二三万"雕面恶小儿"离开成都，去迎战宋朝的平蜀远征军。

王昭远带领大军去迎战宋军，事实上更像是迎接。因为宋军在不断前进，后蜀军队则节节败退，俨然一个带路的。

灭蜀双响炮

北路战线。

王全斌率军一路浩浩荡荡，所向披靡。攻克兴州，击败蜀军七千人，夺得军粮四十余万石。在入川咽喉西县（今陕西勉县），史延德生擒后蜀招讨使，获粮三十万余斛。自诩为诸葛亮的王昭远在利州集中后蜀的精锐部队与宋军作战，结果三战三败，慌慌张张，退保剑门（今四川剑阁县东北）。宋军顺利进占利州，获军粮八十万斛。

后蜀的军队不光像是来迎接远道而来的大宋军人的，更像是来送粮的。要是这样弄的话，负责军需的沈义伦和曹翰就要失业了：太不像话了，不好好干你们的本职工作打仗，干吗还帮着送粮，抢我们的饭碗？

转眼已到乾德三年（965）正月，上个月的开封，下了一场很大的雪。宋太祖身着紫貂、头戴裘帽在讲武殿办公的时候，忽然对手下人说：我穿成这样，还觉得冷，想想西征的将士，身冒严寒霜雪，怎么能受得了呢。立刻脱下自己的衣服，派遣身边的宦官乘驿站车马送到前线的王全斌手里，并告谕诸将不能一一遍及之意，直把王全斌感动得眼泪汪汪。兵士得知天子关怀，更加振奋，热血沸腾，直赴剑门。

王昭远本以为凭借"一夫当关，万夫莫开"的剑门关，能够喘口气，能够在此展示一下他的模仿秀，没想到宋军如从天降。他没有了往日的镇定与自若，一时吓得浑身酥软，竟坐在座位上站不起来了。稍微稳了稳神，他才意识到逃命要紧，于是丢盔弃甲，逃

> 是月，京师大雪，上设毡帷于讲武殿，衣紫貂裘帽以视事。忽谓左右曰："我被服如此，体尚觉寒。念西征将帅，冲犯霜霰，何以堪处！"——《续资治通鉴长编》卷五

> 据胡床，不能起。——《续资治通鉴长编》卷六

之夭夭。他跑到一户农家的仓舍里藏了起来，伤心欲绝。想想自己读了这么多年兵书，可敌人全是"文盲"，不读书，打起仗来不讲究，全不按套路出牌。我在剑门关，你就应该在关下猛攻，然后让我在上面射箭丢石头啥的，怎么可以从后面抄小路呢？王昭远想着想着，不禁泪流满面，眼泪是唰唰的，哭成了两个肿眼泡，嘴里还念念有词，念的是晚唐罗隐的诗句："运去英雄不自由。"罗隐的这首怀古诗是感叹诸葛亮的才智与命运的，这个时候，王昭远仍然以诸葛亮自居，不过，他没藏多久，就成了宋军的俘虏。

> 昭远投东川，匿民仓舍下，悲嗟流涕，目尽肿，惟诵罗隐诗曰"运去英雄不自由"。——《续资治通鉴长编》卷六

剑门关一破，王全斌部进入成都平原，接下来的行军可谓一马平川，宋朝将士雄赳赳气昂昂，开赴成都。

东路战线。

在北路宋军胜利进军之时，东路宋军将领刘光义率军也攻入巫峡，连破数寨，歼后蜀水、步军甚众，夺得战舰二百余艘，接着兵临夔州（今重庆奉节县），在白帝庙西驻扎。

夔州的地理位置十分重要，是从水路进入蜀地的重要咽喉。后蜀宁江节度使高彦俦认为：宋军远道而来，意欲速战速决，蜀军应该加强防御，不要主动出击，就按兵不动，拖死他们。但监军武守谦认为宋军都已经在城下了，现在不揍他们，更待何时，必须

> 北军涉险远来，利在速战，当坚壁待之。——《续资治通鉴长编》卷五

出击。高彦俦不从。武守谦于是独自行动，率所部千余人出战，不料寡不敌众，大败而归。宋军趁势跟踪追击，突入城内，武守谦又成了一个给宋军带路的。高彦俦力战不胜，身负重伤十多处，身边人各自逃命，他跟跟跄跄跑回家，其幕府判官罗济劝他单骑归蜀。高彦俦道：从前，后周攻打北方的时候，我没能守住秦川，现在又失掉了夔州，我一个人跑回去，就是皇帝不杀我，我哪还有脸面见蜀国的人民呢？

> 我昔已失秦川，今复不能守此，纵人主不杀我，我何面目见蜀人乎？——《续资治通鉴长编》卷五

罗济说：既然这样，那投降大宋吧。高彦俦又说：我老老小小百十口人都在成都，我能为了自己一条小命，苟且偷生，不顾整个家族吗？今天只有一死了。他把印绶交给罗济，说：你自己看着办吧。然后一个人关上门，整理一下衣冠，朝着成都的方向拜了两拜，纵火自焚。

> 老幼百口，俱在成都，以一身偷生，举族何负？今日止有死耳。——《续资治通鉴长编》卷五

当年孟昶提拔王昭远等人的时候，他的母亲李太后曾经对孟昶说：依我看来，只有高彦俦忠心耿耿，最终不会辜负你。李太后没有看走眼，高彦俦是后蜀抵御宋军过程中唯一值得称道和尊敬的人物。英雄惜英雄，宋将刘光义几天后在灰烬中找到高彦俦的骨灰，以礼葬之。

> 以吾观之，惟高彦俦太原旧人，秉心忠实，多所经练，终不负汝。——《十国春秋》卷五十

宋军占领夔州后，打开了由长江入蜀的大门。万州（今重庆万州区）、施州（今湖北恩施市）、开州（今重庆开州区）、忠州（今重庆忠县）、遂州（今四川遂宁市）等州刺史纷纷举城投降。

别打了，我投降

蜀主孟昶闻知王昭远节节败退，如坐针毡。为保住江山社稷，多出金帛，招募士兵，命太子孟玄喆为元帅，率兵万余自成都驰援剑门关。

蜀太子孟玄喆也是个活宝，把队伍打扮得花枝招展，旗帜用文秀，旗杆缠上锦。老天爷好像也故意戏弄孟玄喆，出发之时，突然下起雨来。太子怕淋湿了旗帜，影响了仪仗队的整体审美效果，急忙下令将旗帜解下。谁知雨一会儿就停了，又令挂上旗子，结果匆忙之间全都挂倒了。这还不算，他还带着姬妾、伶人几十人坐车随军，俨然要去参加什么庆典活动。一路上，见到的人都暗中讥笑这个活宝元帅。

就是这样一支队伍，吹吹打打，日夜嬉游，到达绵州（今四川绵阳市）的时候，听说剑门关已经失守，孟太子吓得扔下军队，仓皇逃回成都。

得知北方的最后一道屏障剑门关已经失守，太子孟玄喆也吓得跑回来了，孟昶惊惶失措，不知如何是好，向身边人问道：还有啥好办法没？有个叫石奉颛的老将出了一计：宋军长途跋涉而来，这种势头肯定支撑不了多久，当今之计，把现有军队集中起来，坚守城池，宋军久攻不下，累了，就会回家休息的。

> 将发而雨，玄喆虑其沾湿，悉令解去。俄雨止，复旆之，则皆倒悬杠上。——《续资治通鉴长编》卷六

> 东兵远来，势不能久，请聚兵坚守以敝之。——《续资治通鉴长编》卷六

> 计将安出？——《续资治通鉴长编》卷六

孟昶长叹一声，无奈地说：我们父子丰衣美食养兵四十年，人道是养兵千日，用兵一时，现在敌人来了，竟然如此不顶用，我现在即使想坚守城池，谁还会为我来卖命啊！

宰相李昊这时心里嘀咕着：我说咋的来，谁让你当初不听我的，就信那个冒牌诸葛亮的。李昊建议，还是乖乖地封存好国库，向大宋投降吧。无奈之下，孟昶同意了，命李昊起草降表，派人送到大宋军前，王全斌在魏城（今四川绵阳市东北）接受了蜀主的降表。

> 吾父子以丰衣美食养士四十年，一旦遇敌，不能为吾东向放一箭，今虽欲闭壁，谁肯效死者！——《续资治通鉴长编》卷六

补充交代一下，李昊起草降表是有经验的。前蜀灭亡的时候，降表就出自李昊之手，现在又承担了这次投降公文的起草，估计也不用费事，改几个字就行了。蜀人在夜里给他送了一块匾额，以讽刺他在前蜀、后蜀两朝起草降表的行为，曰"世修降表李家"，当时传为笑谈。

从王全斌率军离开京城到孟昶投降，前后正好六十六天，六六大顺。大宋总共增加了四十六个州，二百四十个县，五十三万四千零二十九户。

孟知祥、孟昶父子苦心经营后蜀三十二年，赵匡胤仅用了六十六天就据为己有。《五代史补》里记载了这样一个故事：孟知祥当初到达成都的时候，天已经黑了，只能在成都郊外暂住一晚。当时看到有个人

推着小车走过，车上所载之物都用袋子装着。孟知祥就问，你这车子最多能载几袋？这个人回答说最多不过两袋。后来后蜀果然是历二代而亡。这显然是后蜀灭亡后后人编造的故事。

现在后蜀的地盘并入了大宋的版图，但后蜀的事情还没有完。为什么呢？因为远道而来的大宋远征军在天府之国，乐不思汴，不肯班师回京，把后蜀整得乌烟瘴气。大宋军队的占领与统治，引发了蜀地军民的反抗，这到底是怎么回事呢？

孟知祥之入蜀，视其险固，阴有割据之志。洎抵成都，值晚，且憩于郊外，有推小车子过者，其物皆以袋盛。知祥见，问：『汝车所胜几袋？』答曰：『尽力不过两袋。』知祥恶之，其后果两世而国灭。——《五代史补》卷二

平定蜀乱

〈十八〉

乾德二年十一月初二，大宋王朝兵发后蜀，乾德三年正月初七，后蜀派遣使者向大宋军队递交降表，前后正好六十六天，富饶的天府之国正式并入了大宋的版图。但是，已经进入大宋版图的蜀地却发生了一场长达两年的大动乱，把好端端的一个蜀地搅成了一锅粥。这是怎么回事呢？

经是好经，可碰上了歪嘴和尚

大宋的军队仅用六十六天就让孟昶皇帝投降了，孟氏经营了三十多年的天府之国成了大宋王朝疆域的一部分。对赵匡胤的大宋王朝而言，消灭后蜀政权、占领它的土地容易，可真正要让后蜀人民心悦诚服，赵宋王朝还有大量的工作要做。赵匡胤深知，要真正赢得后蜀人民对新王朝的拥戴，必须提供比孟蜀政权时期更好的生存条件。所以，当大宋使者将孟昶的降表送到开封的金銮宝殿上的时候，赵匡胤立刻发布了一系列安抚的政策。

第一，稳定社会秩序。

战争结束了，最需要创造一个稳定安宁的社会环境。因此，赵匡胤下诏告谕西川将领、黎民百姓，让他们全都安定地生活，像从前那样生产、生活，相安无事。

第二，优抚黎民百姓。

大宋王朝必须向蜀地人民提供比孟昶时代更好的政策。因此，免除乾德二年(964)的欠租，将当年夏税的一半赏赐给百姓。将孟昶时期没有名目的徭役征发以及额外增加的赋税等，全部废除。降低盐价，救济缺粮的百姓，放还俘获的人口。

第三，安抚后蜀文武百官、知识分子。

原先后蜀政权的文武百官，愿意随孟昶一起进京的，让王全斌列个清单，报给朝廷，赵匡胤好提前准备

蠲乾德二年逋租，赐今年夏税之半。凡无名科役及增益赋调，令诸州条析以闻，当除之。成都民食盐斤为钱百六十，减六十，诸州盐减三之一。民乏食者赈之。掳获生口还其主。——《续资治通鉴长编》卷六

好安置的位子。在后蜀时期，有才有德，坚守节操，不愿意做官的，要仔细搜访，大宋朝廷也准备任用。同时，禁止在先贤的坟墓旁砍柴刈草，对前代的祠庙也一律加以修缮。

第四，大赦群盗。

对在外逃亡的罪犯、盗贼，允许他们一月之内自首。

客观来讲，赵匡胤发布的这一系列稳定社会秩序、减税免租、赦群盗、访贤才、叙官吏的政策非常及时，对刚刚并入大宋王朝的蜀地非常有必要。但是，好的政策必须执行并且要很好地执行才可能实现它的预期效果，好的政策没有好的执行力，就是一纸空文。

可惜，赵匡胤的这些安抚政策，真的成了一纸空文。这是什么原因呢？

既争功又吃醋

因为现在蜀地真正的政策执行者是那些将领，是那些一路厮杀远道而来的大宋将领。

这些人进了成都，圆满完成了赵匡胤交给的光荣而艰巨的任务，觉得功成名就，按照惯例，接下来应该"遭到表扬"，应该发发财了。

果不其然，先后有两位皇帝派遣的使者前来慰劳

> 有怀才挺操，耻仕伪庭者，所在搜访。先贤丘垄并禁樵采，前代祠庙咸加营葺。
> ——《续资治通鉴长编》卷六

大宋的将士。一位是刚刚走下皇帝宝座的孟昶,一位是在开封城策划让孟昶走下皇帝宝座的赵匡胤。

作为后蜀的前任一把手,孟昶皇帝对远道而来的大宋军队很有礼貌。他首先派遣使者到大宋军前犒师,就是前来送点礼品、发些赏钱,表扬大宋军队远道而来收拾他的丰功伟绩。作为现任的皇帝,远在开封的赵匡胤自然也不甘落后,派遣使者跑到成都给王全斌他们颁发锦旗和奖金。

这本来是一件好事,却由此引发了一些事端。王全斌率领的北路远征军与刘光义率领的东路远征军之间发生了分歧,产生了矛盾。这是为什么呢?因为,两个皇帝——孟昶和赵匡胤——对两路军队的赏赐太一视同仁了。

在攻伐后蜀的过程中,王全斌率领的北路军到达成都几天后,刘光义率领的东路军才姗姗来迟。东路军虽然来得晚几天,但孟昶对哪路军都得罪不起,按照当初给王全斌等人送的礼品又一模一样地准备一份送给刘光义等人,又按照迎接王全斌部的犒师之礼演练了一遍。这可以理解,作为亡国之君的孟昶,哪路神仙都不敢惹,都要烧香膜拜进香油钱。对孟昶的举动,北路军将领不和他一般见识。但是,不久,赵匡胤派遣使者前来发锦旗、赏赐诸军的时候,也没有什么差别,也没分出个高下,这样就让北路军将领内心觉得不平衡了。

全斌等既入成都,后数日刘光义始至,孟昶馈遗光义等及犒师之礼,并如初。已而诏书颁赏诸军,亦无差降,两路将士争功,始相疾矣。——《续资治通鉴长编》卷六内心不平衡的北路军将领自然不敢找赵匡胤说理去，他们把不满发泄到了东路军那里。

北路军将领认为他们功劳最大：我们走的那是啥路啊！"蜀道难，难于上青天"，那还是最好走的，羊肠小道，那都不是人走的啊！再说我们一路上打了多少硬仗，杀了多少人啊！更不用说是第一支进入成都的队伍了。

刘光义率领的东路军不认同这种看法：我们的行军路线也不好走，一路沿着长江逆流而上，路程也比你们远。我们没杀多少人，不怨我们，谁让他们投降呢。我们也想大肆杀戮一番，炫耀一下，显显大宋军队的威风，但是监军曹彬严厉禁止。一路上州府俱降，连个抢劫发财的机会都没有，而且我们也牵制了后蜀的大量军队，要不，你们也不会那么快进城。

就这样，两路大军的将士纷纷争夺功劳，谁也不服谁，以致互相忌恨。互相忌恨的后果就是互相拆台，互相拆台的后果很严重。

在这之前，赵匡胤给伐蜀前线总指挥王全斌下诏，要求他的所有计划安排一定要和众将领共同商议，统筹安排。但现在两路大军之间就是因为"分赃太均"出现了分歧，所以即使是很小的事情也故意各持异议，不能立即决定。到最后，王全斌干脆放手不管，你们爱咋咋地，要发财，自己抢去。他自己呢，则和崔彦进、王

> 先是，全斌受诏，每制置必与诸将佥议，因是各为异同，虽小事亦不能即决。——《续资治通鉴长编》卷六

仁赡等人日夜宴饮，不顾军务。他的部下则纷纷行动，抢掠女子、钱财。曹彬屡次请求班师回京，王全斌等人还没享受够，不愿离开成都，对曹彬的话置若罔闻，全然不理。

大宋的中上层将领有机会瓜分蜀国上层社会的金银财宝，并适当地从国库里提取一些。因为王全斌"以身作则"，所以下属们胆子也大，以致有人竟向孟昶开口了。

> 全斌及崔彦进、王仁赡等日夜宴饮，不恤军务，纵部下掠子女、夺财货，蜀人苦之。曹彬屡请旋师，全斌等不听。——《续资治通鉴长编》卷六

孟昶投降了，赵匡胤在开封城里已经给他盖好了房子，就等着他去京城住了。王全斌原准备派遣右神武大将军王继涛、供奉官王守讷率领军队护送孟昶前往开封，没想到王继涛竟向孟昶索求宫女、钱财，王守讷将此事汇报给王全斌，王全斌怕宋太祖知道此事问责于他，于是就留下王继涛，不让他干这趟差了事。

> 继涛求宫人及金帛于昶，守讷以白全斌，乃留继涛不遣。——《续资治通鉴长编》卷六

另一个高级将领都监王仁赡没向孟昶开口，他按图索骥，按照账本一一巡查军队物资，于是他盯上了孟昶政权的侍中李廷珪。李廷珪这么大的官，能没有钱吗？王仁赡给他找了一个罪名：焚荡罪，就是故意纵火罪、故意破坏罪、故意拆毁民房罪。

李廷珪有没有干过这种事呢？很不幸，有。

当初，李廷珪跟随活宝太子爷孟玄喆，援兵王昭远，一路上吹吹打打，载歌载舞，刚到绵州，听说剑

> 仁赡按籍诘所在军资，将治李廷珪焚荡之罪。——《续资治通鉴长编》卷六

门关已经失守,慌忙奔还。他们不像后蜀的前线军队,是专门给大宋军队送粮食的。他们逃跑的时候,没有忘记将所过之处的房舍、粮仓全部烧毁。王仁赡说的焚荡罪就是指这件事。李廷珪为此惶恐不安,那时我不是还没投降吗?前军给你们的粮食已经够吃了,不能都给你们吧,所以才烧了。再说,不是投降了就既往不咎吗?怎么还不到秋后就算账了呢?

但是,王仁赡给李廷珪安的这个罪名,名副其实。李廷珪害怕了,急忙向大宋都监康延泽求救。康延泽是个明白人,清楚王仁赡的意图,指点道:这很简单,王公志在声色,差啥给啥,缺啥补啥,你只要满足了他的欲望,他是绝对不会再追究的。

可是,不巧得很,这个后蜀的上层官吏竟然是个平素里一向节省、节约,反对奢侈浪费的人,没有多余的女子,没有多少钱财。但是性命要紧,他只好向亲戚求助,好不容易凑了四个女子,又借了价值数百万的金钱财货送到王仁赡那里。自然,王仁赡不会再追究他故意纵火、强行拆毁老百姓房子的罪行了。

大宋的中上层将领可以直接向后蜀的皇帝、官员索求、敲诈、勒索,士兵们就缺乏这种机会了。不过,他们也绝对不会闲着,所以在成都城内,到处都是拿着"执照"抢劫的宋兵。遭难的是后蜀的老百姓,史书上的记载是:"蜀民苦之。"《续资治通鉴长编》卷六

> 王公志在声色,苟足其欲,则置不问矣。——《续资治通鉴长编》卷六

> 廷珪素俭约,不畜妓女,乃求诸姻戚得四人,复假金帛直数百万以遗仁赡,由是获免。——《续资治通鉴长编》卷六

摁下葫芦瓢起来

乾德三年(965)二月初二,也就是在孟昶投降快一个月的时候,赵匡胤才派人来管理成都。此人叫吕余庆。赵匡胤给的官职是权知成都府,也就是成都市代理市长。吕余庆在管理新的占领区方面是有经验的。在大宋王朝平定荆南、湖南后,赵匡胤曾任命吕余庆权知潭州,接着又权知襄州,效果应该是非常好的。所以,这一次,赵匡胤又让吕余庆到成都来。

吕余庆到达成都的时候,成都已经处于几乎失控的状态了。史书上这样说:当时盗贼四起,大宋的将领士兵依仗有功,骄傲恣肆,为所欲为,王全斌等不能控制。

这位新市长一上任,就有人来报告,说有一个醉酒的军校在成都药材市场,正手持利刃,张牙舞爪,抢人财物。也许,要在此前,抢就抢了,老百姓也没个地方说理。可不幸的是,他碰上了刚刚上任的吕余庆,而吕余庆的当务之急是迅速结束成都的动乱局面,所以他立刻下令缉捕,然后斩首示众。

乱世用重典。这位抢劫未遂的无名军校,他的生轻于鸿毛,他的死却重于泰山。经此一杀,军中将士畏惧服从,百姓总算能安宁度日了。

成都算是暂时安定了下来,但成都之外,还不那么平静。

就在成都东北一百多公里的梓州（今四川三台县），又冒出了一起乱子。后蜀有个叫上官进的军校振臂一呼，竟然聚起"英雄豪杰"三千余人，又"动员"（劫持）了附近居民数万人，乘着夜色的掩护，要围攻梓州城。

> 伪蜀军校上官进啸聚亡命三千余众，劫村民数万，夜攻州城。——《续资治通鉴长编》卷六

而此时的梓州城内，只有不到三百人的骑兵。当时梓州城的最高长官是刚刚上任没几天的代理州长冯瓒（权知梓州），他是和吕余庆同时上任的。

史书中记载冯瓒这个人"有吏材，太祖甚宠之"《宋史·冯瓒传》，是个当官的料。

冯州长果然与众不同，他对部下说：你们不必担忧，这些盗匪不敢在白天出动，而是夜里偷偷摸摸，拿着几根棍棒来攻城，可见他们心虚胆怯，纯属乌合之众，不过是些想抢点财物的小混混，绝对没有坚定的斗志。现在城里虽只有三百人马，可只要保持镇静，不要惊慌，待到天亮，盗匪必定不战自溃。

> 贼乘夜奄至，此乌合之众，以筵梃相击，必无固志，正可持重以镇之，待旦自溃矣。——《续资治通鉴长编》卷六

冯瓒安排三百人分守各城门，自己端坐城楼之上，秘密下令更夫缩短打更的间隔，还没到三更时分，更夫就齐齐敲起五更的鼓来。这一下，可吓坏了没戴表的上官进等人，这伙人乘夜而来，就是因为见不得光，一听五更鼓响，拔腿就跑。

> 密令促其更筹，未夜分，击五鼓，贼惊，遁去。——《续资治通鉴长编》卷六

虽然不是请你们来的，但也舍不得你们走。冯瓒

命令士兵乘机追杀出来，将上官进生擒，斩首示众。招降的千余人，全部释放，令他们该干啥干啥去。

就这样，梓州也总算是安定了下来。

成都暂时安定了，梓州也暂时安定了，但大宋的将领对自己以及手下士兵为非作歹的后果并没有足够的警惕。一场大型的动乱即将爆发，而引发这场动乱的竟然是大宋平蜀远征军的前线总指挥王全斌。这是怎么回事呢？

打酱油的当了大哥

孟昶投降后，赵匡胤下诏，将蜀国降兵迁到东京。赵匡胤这样做有两重意图：一则以为己用；二则蜀地本土将士减少，更有利于大宋王朝的管理。赵匡胤知道让这些人背井离乡不是那么容易的，为了顺利实现这次军队的转移，于是从优给这些蜀兵发放置办行装的钱饷。

对蜀兵的这点优惠政策，有人很不满，这个人就是前线一把手王全斌。

王全斌未能理解皇帝的政策，而且心里面对皇帝也有点不满。当初，他率领的军队是最先进入成都的，好几天后刘光义他们才来，而赵匡胤皇帝的赏赐却没啥区别。这也就算了，到底还是自己的兄弟士兵。可为

> 诏发蜀兵赴阙，人给钱十千，未行者，加两月廪食。——《宋史·王全斌传》

什么对待后蜀的俘虏还这么优待？皇上要这些手下败将、亡国之兵进京，派一队人押送过去就是了，何必给他们钱呢？而且还给那么多。王全斌不理解，不理解就有所行动。

王全斌知道再和前线众将领商量，总会有人反对，也不会有自己满意的结果。这次，他很果断，擅自做了一个决定：从大宋朝廷发给蜀兵的钱饷里收了点提成，克扣了一部分。同时，还任凭下属（或者是他授意的）时不时地去骚扰一下这些俘虏，侮辱一下他们。经过王全斌这么一折腾，这些刚刚亡国又要背井离乡的士兵非常气愤。史书上讲："蜀兵愤怨思乱。"《续资治通鉴长编》卷六

> 王全斌等擅减其数，仍纵部曲侵挠之。——《续资治通鉴长编》卷六

当时，两路随军使臣有上百人，从中选择几个护送蜀兵进京是比较稳妥的办法。但是，王全斌、王仁赡、崔彦进等人都很体恤这些使臣，也就是很护犊子。在蜀地还没好好享受呢，这么快就回京，未免太不够意思了。那怎么办呢？有办法，就是把这件事情委托给诸州地方的中下级军官（诸州牙校），经过他们地盘的时候，让他们临时护送一下。

王全斌们已经把这些蜀兵折腾得满腔怒火，现在又放任他们自由进京。军队到达绵州的时候，后蜀士兵劫持所属县城，发动了叛乱。

> 劫属县以叛。——《续资治通鉴长编》卷六

叛乱的军队有十余万人，号"兴国军"。这么多人马，必须有个有威望的人来领导，所以他们急需一个带

头大哥。正好文州刺史全师雄带领家眷部族，响应赵匡胤的号召，前往东京，路经此地。按说从文州（今甘肃文县）到东京，本不需要经过绵州，不知什么原因他刚好路经此地，史书上没有记载，或许也是来领赏钱的。史书上讲全师雄"为蜀将，有威惠"《续资治通鉴长编》卷六，也就是说全师雄能恩威并用、软硬兼施，这种素质是领导者应当具备的。而且，全师雄好像还很有名望，叛军要让他做老大。

弃其家自匿。——《续资治通鉴长编》卷六

其实，全师雄是个打酱油的，他真不愿意蹚这浑水。那该怎么办呢？三十六计走为上。他扔下家眷部族跑了，跑到江油（今四川江油市）一家农舍里躲了起来。但叛军"求贤若渴"，几天后还是把他找到了，推举他为兴国军主帅。全师雄身不由己，但此时的他尚不够坚定，心存侥幸，希望能有个妥善的办法解决克扣饷钱引发的兵乱问题。

果然，王全斌派遣马军都监朱光绪领着七百骑兵前去招降安抚。

光绪尽灭师雄之族，纳其爱女及橐装。——《续资治通鉴长编》卷六

这位朱光绪完全没有领会上司的意图，他把这次招抚行动当成了又一次发财的机会。一到那里，采取了"三将"政策——将全师雄的家财装进了自己的口袋，将全师雄的爱女拥入了自己的怀抱，将全师雄的族人尽数诛杀。

朱光绪的招降安抚政策真的很独特，以为做了全

师雄的女婿就可以彻底解决问题了。这一下，将本来还摇摆不定的全师雄完全推到了宋朝的对立面。史书上说："师雄怒，不复有归志。"《续资治通鉴长编》卷六

坚定了意志的全师雄立刻率领人马攻打绵州，没能攻下。打不下绵州，他转攻离成都不远的彭州，当时的彭州刺史就是曾经公然向孟昶索要宫女财物的王继涛，这一战，他很努力，身负八处重伤，伤痕累累，"单骑走成都"《续资治通鉴长编》卷六，都监战死。

全师雄占领了彭州，成都附近的十个县纷纷起兵响应。全师雄自称兴蜀大王，设幕府，置节度使二十余人分据要害之地，扬言准备攻打成都。大宋派了好几拨人马，硬是没夺回彭州。

星星之火，可以燎原。邛、蜀、眉、陵、简、雅、嘉、东川、果、遂、渝、合、资、昌、普、戎、荣十七州响应全师雄。成都与开封之间的邮路被阻断，成都成了一座孤城。

王全斌害怕了。

他首先想到的是成都城内屯聚在城南教场的近三万降兵，他担心这一伙降兵也要作乱，到时，蜀兵内外夹攻，里应外合，成都城定然失守。王全斌要先下手为强，决定把这些人迁置于夹城中，尽数诛杀。都监康延泽认为这样做不合适，请求释放其中的老幼疾病者七千人，其余的派兵护送入京，乘船浮江而下，如果反

十七州并随师雄为乱，邮传不通者月余，全斌等惧。——《续资治通鉴长编》卷六

兵来夺再杀也不迟。王全斌等人并没有听从，结果蜀兵二万七千人全被诛杀于夹城之中。

东路军、北路军联合起来对付叛乱。全师雄攻至成都郊外的新繁，刘光义、曹彬与之会战，生擒万余人。全师雄败走，退至郫（今四川成都市郫都区），又遭到王全斌、王仁赡的夹击。全师雄只好遁走灌口寨（今四川都江堰市灌口镇）。而王仁赡转战陵州（今四川仁寿县），将响应全师雄的陵州指挥使袁廷裕生擒，押到成都车裂示众，叛军的势头逐渐被压制。

可是，在这个紧要的关头，发生了一件让王全斌措手不及的事：宋军内讧了。在嘉州（今四川乐山市）的虎捷指挥使吕翰叛变投敌，占据了嘉州。横冲指挥使吴瓌、虎捷水军校孙进也起兵响应，与蜀将刘泽会合，聚众五万，攻占了普州（今四川安岳县）。而接下来，大宋军队的一些军校、指挥使、通判、都监、牙将纷纷叛乱，史书上说："时贼所在蜂起。"《续资治通鉴长编》卷六一时间，宋军纷纷弃明投暗，蜀地乱成了一锅粥。

宋朝的禁军为什么也要作乱呢？史书记载的理由是"怨其帅不礼"。就是说主帅王全斌傲慢无礼，不尊重他们。可对他们怎么个不礼法，史书并没有交代，估计是分赃不均引发的。

宋将曹翰与王仁赡率兵而来，直奔嘉州。在嘉州的吕翰太了解这些人了，他自忖不是对手，决定走为上

夏四月辛丑朔，王全斌诱杀蜀兵二万七千人于夹城中。——《续资治通鉴长编》卷六

计。吕翰逃走了，可是，没过多久，他又卷土重来。他召集了一帮志同道合的志士，杀了一个回马枪，反将嘉州给围了起来，约定三更时分，齐攻嘉州。只可惜，他们的计划被曹翰探听到了。曹翰吩咐打更击鼓的人："止击二鼓。"等待三鼓进攻的叛军等来的却是天亮，慌忙逃窜，被追杀数万人，吕翰带领余众逃往雅州（今四川雅安市）。

> 是夕，贼还结众围城，约以三鼓进攻，翰谍知之，戒掌漏者止击二鼓，贼众不集，至明而遁，追袭大破之，杀戮数万人，吕翰引余众走保雅州。——《续资治通鉴长编》卷六

改弦更张平蜀乱

蜀地的动乱，引起了赵匡胤的高度关注，他觉得必须出面整顿一下大宋军队的军纪了。蜀地乱成一锅粥了，不可能全部收拾，得抓典型，赵匡胤抓了两个典型。

第一个典型是伐蜀远征军中的一个无名军官。

赵匡胤听说西川行营有个大校割下一名妇女的乳房后将其杀害，马上就把这个军官召回京城，在都市上斩首示众。史书上没有记载这个残忍将领的姓名，但当时朝廷近臣营救都很急切，赵匡胤流泪说：大宋出师西征，是要讨伐统治者，拯救老百姓于水火之中，一个女人能有什么罪，竟然对其如此残忍。应当立即依法处死那个军官，为冤死的妇女偿命。

第二个典型是殿直成德钧。

成德钧在押送后蜀军校赴京途中，勒索钱财，接受

> 兴师吊伐，妇人何罪，而残忍至此。当速置法以偿其冤。——《续资治通鉴长编》卷六

贿赂，被人告发。这种事情在当时应该是不罕见的，但成德钧很不幸地成了一个典型。赵匡胤毫不手软地将之斩杀于宽仁门外。

接下来，赵匡胤做出了一项任命，任命成都都监康延泽为普州刺史。

前任普州刺史被大宋叛军赶跑了，现在位子还空缺着，普州这个地方现在是动乱重灾区，急需一个领导人。康延泽此前的职位是成都都监，主要负责军队训练、武器管理等差事，打仗可能并不在行。赵匡胤为什么任命康延泽呢？

孟昶投降的时候，康延泽是第一个进入成都的大宋官员。他带领百骑进入成都，对孟昶宣讲宋太祖的政策，安抚城中军民，封存后蜀府库，三日后乃还。难道就因为这件事情，康延泽做得很出色，宋太祖就任命他去最乱的普州收拾这个乱摊子？

另外一个可能的原因，就是前线总指挥王全斌的大力推荐。为什么这么猜测呢？因为接下来发生的一件事情很奇怪。

康延泽接到太祖荣升他为普州刺史的任命后，到王全斌处请求派兵护送他到普州上任。当时蜀地境内，盗贼流寇、大宋的叛军叛将蜂起，到处都有成千上万的乱兵在流窜，康延泽这个要求很正常，而王全斌的做法就有点匪夷所思了。他同意派兵护送，派了多少人？

唐延泽领百骑趋成都，见蜀主谕以恩信，慰抚军民，留三日，乃还。——《续资治通鉴长编》卷六一百人。而据王禹偁为康延泽撰写的神道碑记载，王全斌只派给了康延泽四十人。就凭这几十个人，康延泽能不能到达普州都是一个大疑问，更不用说普州这会儿正是乱兵出没的重灾区，蜀将刘泽加上大宋的叛军约有五万人正在这一带打家劫舍。

王全斌不是不清楚普州的局势，可他为什么这么干呢？

很明显，王全斌不光是想把康延泽打发出成都了事，而且想让他直接送命。为什么如此猜测呢？

第一，康延泽对大宋上层将领在蜀地这片土地上的所作所为太清楚了。比如后蜀侍中李廷珪被王仁赡以焚荡罪处置时，康延泽就给他出主意，多多赠送美女、金钱。

第二，当日王全斌诱杀蜀降兵两万七千人时，康延泽就劝过他手下留情，但王全斌执意不听。王全斌们怕康延泽回京之后在赵匡胤面前把他们的这些丑事给抖搂出来。所以，他只给了康延泽一百人。王全斌的这一着叫借刀杀人。

康延泽无奈，任命状已经下来了，他不得不领着一百来人奔赴普州。既然王全斌不给军队，那只有自己去招兵买马。当时的蜀地到处是流窜的乱兵，这些人很危险，但同样也可以成为康延泽的兵马。康延泽到达离成都不远的简州（今四川简阳市）时，就摆下桌子，开始招

> 公为普州刺史，公诣全斌，请卫兵赴理所，与公四十人。
> ——《名臣碑传琬琰之集》上卷十七（景印文渊阁四库全书本）

聘,召集流亡逃窜的百姓、士兵,竟然召集了一千多人。康延泽的专业是训练士兵(都监),他立刻训练演习作战布阵,待强化军事训练完成后,这才开赴普州。踏入叛军地界,马上就有机会检验康延泽的训练成果。一伙五千人的乱兵前来挑战,康延泽的一千人马进退有序,击退来敌,生擒七百,斩杀了百十个领头的,其余的全部释放,释放的人四处宣传,又有三千多人前来投靠。就这样,康延泽从开始仅一百人的队伍没多久就发展到四千人马,而且非常有战斗力,这四千人马打败了刘泽的三万多人,叛贼的势头逐渐受到遏制。康延泽进驻普州之后,刘泽看到乱兵的黄金时刻已经结束了,便率领自己的手下前来投降。这一下让康延泽增加了几万人马。

延泽至简州,招集亡叛,凡得千余人,教习战阵,拥以去。——《续资治通鉴长编》卷六康延泽成功收复了普州，朝廷下诏升任康延泽为东川七州招安巡检使。王全斌没想到自己的坏心反而成全了康延泽，他当然更不敢松懈，亲率大军，直杀向灌口寨，此时全师雄已是强弩之末，败退至金堂（今四川金堂县西）。没过多久，全师雄病死。

带头大哥死了，小弟们自然也乱不了多久。禁军叛将吕翰在黎州（今四川汉源县）被部下所杀，弃尸水中。其他的宋军叛将等二十七人被押送回京。

在赵匡胤派出的丁德裕率领的援军以及远征军的联合努力之下，到乾德四年底，蜀地之乱在历经两年之后，终于平复。

在大宋平复后蜀动乱的过程中，孟昶响应赵匡胤的号召，带领一班人马，移民到开封居住。然而，孟昶在京城住了没有几天，就死了，时年四十七岁。这到底是怎么回事呢？

孟昶之死

十九

乾德三年正月初七,后蜀皇帝孟昶派遣使者奉持降表前往大宋军前,十三日,王全斌代表大宋朝廷接受降表,孟昶的皇帝做到了头。三月,响应赵匡胤的召唤,孟昶带领家属随从一班人马,沿江东下,奔赴东京。宋太祖赵匡胤以宽容大度的姿态热情接纳了远道而来的孟昶家族及后蜀政权一班人员。如不出意外,这将是一个皆大欢喜的局面。然而,令人备感蹊跷的是,孟昶在京城居住不到一个月,就去世了,时年四十七岁。孟昶之死成了一个历史疑团。孟昶是怎么死的呢?

赵匡胤的表现很大度

我们先梳理一下孟昶投降、进京、死亡的整个过程。

乾德三年(965)正月初七，后蜀皇帝孟昶见大势已去，接受宰相李昊的建议，主动封存国库，令降表起草专家李昊起草降表，派遣通奏使伊审征前往大宋军前送呈。

正月十三日，王全斌率领大军在魏城驻扎，伊审征带着孟昶皇帝的降表到达，王全斌接受投降表章。孟昶在降表中说：宫廷内外的至亲有二百余人，还有年近七十的母亲，恳求大宋皇帝，能让我用甘食美味奉养他们，免遭分离的责罚，那么祖宗的祭祀或许能稍得延续。最后，他还引用历史的旧例，以三国时期蜀国刘禅、南朝陈叔宝的惯例，请求封号。王全斌立刻派遣通事舍人田钦祚乘坐驿站专车前往开封，向宋太祖报喜。

正月十九日，王全斌到达升仙桥。升仙桥位于成都北门外，是成都北上的必经之地。孟昶准备好归降之礼，在军门前求见。王全斌依据赵匡胤便宜行事的旨意，免去了此礼。

为了保险起见，孟昶又命令他的弟弟孟仁

> 中外骨肉二百余人，有亲年几七十，愿终甘旨之养，免赐暌离之责，则祖宗血食庶获少延。——《宋史·西蜀孟氏世家》

> 蜀主备亡国之礼，见于军门，全斌承制释之。——《续资治通鉴长编》卷六

> 城北十里有升仙桥，有送客观。——常璩《华阳国志·蜀志》（巴蜀书社1984年版）

贽奉持表章，前往开封，请求太祖皇帝哀怜。

在表章中，孟昶先进行了自我检讨。他说：卑臣已故的父亲从后唐朝廷接受任命，镇守蜀川，由于当时的形势发生了变化，为民心所拥而被迫称帝。先父去世的时候，臣年龄尚小，凭着幼年的愚昧，错误地继承了祖上的基业。臣背离了以小事大的礼节，缺乏自称藩属尊奉大宋的诚意，就这样苟且偷安，沿袭了好些年。所以劳烦大国军队，跋山涉水。自己懦弱的士兵，又怎能抵挡大国的锋刃？所以不久就束手投降，现在我诚心诚意地等待王命吩咐。

接着，孟昶详细叙述了自己投诚的过程：先是正月初七，派伊审征前往递交降表，因为沿途盗匪众多，前进不得，无奈又派军护送。即使这样，还担心没有把降表及时送达，又派出一个人再带降表前往，最终送达军前。估计这时，臣发自内心的诚意，已经送达圣听。臣本月十九日，又带领儿子兄弟，在军门前举行归降之礼。至于老母及各孙子，则在私宅苟延残喘。

最后，孟昶表示了自己的疑虑。他说：臣自己揣度过咎，还很担心怀疑，因此，派遣弟弟来到朝廷进奉降表，待罪上报。其实，这才是孟昶派遣弟弟再上表章的根本目的，他对自己的前途还很担

蜀主复遣其弟保宁节度使、雅王仁贽奉表求哀。——《续资治通鉴长编》卷六

先臣受命唐室，建牙蜀川，因时事之变更，为人心之拥迫。先臣即世，臣方卯年，猥以童昏，缪承余绪。乖以小事大之礼，阙称藩奉国之诚，染于偷安，因循积岁。所以上烦宸算，远发王师，势其疾雷，功如破竹。顾惟懦卒，焉敢争锋？寻束手以云归，止倾心而俟命。——《宋史·西蜀孟氏世家》

臣亦自量过咎，尚切忧疑，谨遣亲弟诣阙奉表，待罪以闻。——《宋史·西蜀孟氏世家》

心，希望从赵匡胤那里得到一点承诺。

正月二十四日，田钦祚到达开封，向宋太祖呈上孟昶降表。赵匡胤下优抚诏书，答复孟昶请求保护先人的坟墓以及赡养老母的事情，让他放心。

二月十九日，孟昶的弟弟孟仁赟从成都到达开封，再上表章，赵匡胤向孟昶做了保证：我不会食言，你不要有其他顾虑。在答诏中没有直呼孟昶的名字，对孟昶的母亲也称呼为国母。

> 既自求于多福，当尽涤于前非。朕不食言，尔无过虑。——《续资治通鉴长编》卷六

三月，孟昶率领全部家人与部属，从峡江乘船而下，到达江陵。赵匡胤早已派遣使者在江陵迎接，提供帷幔、用具、饮食等，一切按照皇帝的标准，又派人送去配鞍马匹，各色车乘。

四月初，孟昶和母亲到达襄汉，赵匡胤又派遣使者携带诏书前往，赐给茶叶、药品等。

五月十五日，孟昶到达开封近郊。开封尹皇弟赵光义在玉津园（开封南郊）举行了热烈隆重的欢迎仪式，慰劳远道而来的亡国之君孟昶一行。

> 上遣使以御府供帐迓孟昶于江陵，且命有司为昶官属治第，又遣使至江陵，分给鞍马车乘。——《续资治通鉴长编》卷六

十六日，孟昶率领弟弟孟仁赟，儿子孟玄喆、孟玄珏，宰相李昊一行三十三人，白衣素服，在明德门外待罪，等候处置。太祖诏令赦免其罪，登上崇元殿，用周全的礼节接待孟昶一行，赏赐给孟昶等人衣冠腰带、布帛绢绮、金银器具、鞍马车乘等，各有差别。当天，在大明殿设宴招待，为孟昶一行接风

洗尘。

十九日，特免孟昶及其子弟三日朝参，也就是给他们放了三天假。

二十二日，赵匡胤又在大明殿设宴，宴请孟昶及其家人。

六月初五，太祖皇帝任命孟昶为开府仪同三司（开府意为建公府，自选僚属；仪同三司意为非三公官而得享受三公的待遇，级别从一品）、检校太尉、兼中书令、秦国公。可以给的荣誉称号全加上了，所以，孟昶亡国后的生活是可以放心的，生活的水准不会下降得太快。同时，对孟昶子、弟、大臣，各有任命。

六月十一日，孟昶去世，时年四十七岁。赵匡胤辍朝五日，赠孟昶为尚书令，追封为楚王，谥号"恭孝"，朝廷负责丧葬的一切费用。

对于孟昶之死，史书中仅用了三个字：孟昶卒。至于孟昶的死因，史书中不见任何记载。从五月十五日孟昶一行到达开封近郊算起，到六月十一日去世，他到开封还不足一个月的时间；从六月初五宋太祖封孟昶一系列虚职，享受高级别待遇开始算起，也只有七天的时间。没有任何征兆，孟昶突然就这样死了，自然令人生疑。

孟昶到底是怎么死的呢？

孟昶好像是病死的

一个人的死亡无非两种情况：正常死亡与非正常死亡。正常死亡是指身体内在的原因导致的死亡，如寿终正寝、病死等。非正常死亡指外部因素导致的死亡,如灾害、事故、自杀、他杀等。

四十七岁的孟昶显然不算老死,不能称为寿终正寝,但有没有可能是正常死亡,比如病死呢?

有这种可能。那文献中有没有相关的记录呢?有。

在宋代的一部笔记类史书《锦里耆旧传》中,记载了一份孟昶的遗表。在遗表中,孟昶说:我告别成都,来到相隔几千里的京都,陛下对微臣的恩泽天天不断,又派车,又盖房,还给官做,我正想上朝觐见,表达我的感谢之情,没想到偶然染上了疾病,并且日益严重。又承蒙陛下关心,多次派遣御医前来诊治,原希望能够逐渐好转,没想到一天不如一天,恐怕要告别圣朝,永归黄土了。接下来,孟昶说自己的老母亲、儿子们,仰仗圣上的恩泽,自己也没啥好担忧的了。清人吴任臣编纂的《十国春秋》中,在记录孟昶死后,以小字的形式也记载了这份遗表。

显然,这是一份遗书。在遗书中,孟昶说自己偶感疾病,医治无效,恐怕要死掉了。如果说这里的记载是可信的,那么,孟昶之死自然属于正常死亡,是因病医治无效而死的。

但是,这条记载是不是可信呢?

> 伏自远辞锦里,获觐瑶墀,帝泽天恩,曾无虚日。皇华驲骑,长是盈门。仍赐官勋,方图朝谢,不谓偶萦疾疹,遂觉沉微。伏蒙陛下轸睿念以殊深,降国医而荐至,比冀稍闻瘳损,何期渐见弥留,将别圣朝,即归幽壤。——勾延庆《锦里耆旧传》卷八(《全宋笔记》第1编第5册,大象出版社2003年版)

第一,现存史书无载。

今存《旧五代史》《新五代史》《续资治通鉴长编》《东都事略》《宋史》等史书都没有记载孟昶因病而死的事情。按照正常的逻辑以及史书的书写惯例,孟昶虽为亡国之君,死时只有四十七岁,以他的身份,如果没有什么要避讳或者隐瞒的话,如果是病死的话,史书中应该有所交代,事实上却没有。

第二,病死有疑。

史书中在孟昶死前死后未见其患病的任何记载,而且不久前,他还和宋太祖在大明殿宴饮,突然因病而死,自然令人生疑。

第三,此说孤证。

关于孟昶遗表的记载首见于《锦里耆旧传》。据陈振孙《直斋书录解题》可知,此书为蜀人所作,因为内容芜杂,在开宝三年(970)勾延庆曾做过修订,所以现在见到的部分署名是勾延庆撰。对孟昶是因病而死的记载,此后的史书及笔记中都没有采用《锦里耆旧传》的说法。只有到清人吴任臣编纂《十国春秋》的时候,才以小字注释的形式收录了孟昶的这份遗表。《十国春秋》的小字部分主要有两种功用:一是对正文部分内容进行辩证,二是广备异闻。其收录孟昶遗表属于第二种情形。因此说,对孟昶因病而死的记载,仅见于《锦里耆旧传》一书,其他史书都没有采用这种说法。没有采用,就意味着其他史书的编撰者对孟昶因病而死的说法持怀疑态度,认为孟昶因病而死的说法不可信。

第四,孟昶母亲李氏的表现出人意料。

李氏随孟昶到开封后,宋太祖多次下令用轿子接入皇宫,对她说：国母一定要养好身体，不要因为离开家乡而伤心，他日一定送国母返归老家。李氏问：把我送到哪里呢？

赵匡胤说：返回蜀地啊！李氏接着说：贱妾的老家在太原，倘若能返回并州养老，是贱妾的心愿啊。当时，赵匡胤已经有北征的打算，听李氏如此一说，高兴了，说：等平定北汉，立刻让国母如愿以偿。并因此大加赏赐。

> 国母善自爱，无戚戚怀乡土，异日当送母归。——《续资治通鉴长编》卷六

孟昶死后，李氏没有掉一滴眼泪，举起酒杯将酒洒地而祭，说道：你不能为社稷而死，苟且贪生直至今日。我之所以忍耐不死，就是因为你在啊，现在你也死了，我还活什么！李氏因此绝食，几天后也死掉了。

几乎所有的史书中都有此段记载。李氏本来是后唐庄宗李存勖的侄女，后来由李存勖做主将其嫁给了孟知祥，此后一直追从孟知祥南征北战，政治经验、识人能力都超过孟昶。孟昶死前，她也曾经想过一段平安的日子，并且幻想有朝一日能够回到并州。但孟昶死后，她不但不哭，而且已经绝望，最终绝食而死。从孟昶之死前后李氏的表现以及她的言谈之中，总觉得隐含着难以直说的内容，总觉得话中有话。

> 汝不能死社稷，贪生至今日。吾所以忍死者，为汝在耳，今汝既死，吾安用生！——《续资治通鉴长编》卷六

综合上面几条理由，说孟昶是因病而死毕竟是孤证，而且存在不少疑问。虽然没有更直接的证据，但是可以推测，孟昶之死，绝对不像是善终，不是正常死亡，他死得不明不白。

孟昶之死，如果不是善终，那是谁害死的呢？

按照一般的看法，孟昶死于赵匡胤之手。

宋代的笔记中说，大宋的远征军平蜀之后，赵匡胤下诏让孟昶等人到京城居住。当时，曹武肃王密奏说：孟昶在蜀地做了三十年的老大，从蜀地到开封有一千多里，请求族诛孟昶，赦免他的大臣，以防途中生变。宋太祖在这份奏书上批道：好一个雀儿肠肚。

从这则逸事中可以看出，宋太祖有足够的信心驾驭亡国之君，反对诛杀孟昶，并嘲笑建议族杀孟昶者心胸狭隘、小肚鸡肠。而且，孟昶在亡国之后，赵匡胤表现得那么宽容大度，以最高的标准热情迎接远道而来的亡国之君。既然这样，他为什么又会加害孟昶呢？

据说是为了一个女人

一种最为流行的说法，是为了一个女人。

这个女人是孟昶的贵妃徐氏，别号花蕊夫人。

花蕊夫人是那个时候顶级美女的代称。一般情况下，我们形容一个女子长得美丽漂亮，常说像花一样美，但对才色俱美到极致的女子，用花来比喻就太普通了，应该用花蕊，"花不足拟其色，似花蕊翩轻也"吴曾《能改斋漫录》卷十六（上海古籍出版社1979年版），像花蕊一样柔弱动人。所以，五代前蜀时期，号称花蕊夫人的美女不止一个，但孟昶的这位徐贵妃最为著名。孟昶曾经填词来赞美自

王师既平蜀，诏昶赴阙。曹武肃王密奏曰："孟昶王蜀三十年，而蜀道千余里，请族孟氏而赦其臣，以防变。"太祖批其后曰："你好雀儿肠肚。"——《后山谈丛》卷五

己的爱妃，开头两句说："冰肌玉骨清无汗，水殿风来暗香满。"孟昶《玉楼春》什么冰肌玉骨、清凉无汗，反正认为什么最美，往花蕊夫人身上堆就是了。

花蕊夫人不仅外表美到极致，内心更是聪慧，很有才情，有《宫词》近百首传世。对于这样一个外表绝美、内心聪慧、才貌俱佳的女子，被赵匡胤看中是很正常的。

据宋代的一些笔记记载，后蜀灭亡后，花蕊夫人随孟昶进京，不久即入后宫。赵匡胤早就听说花蕊夫人才貌俱佳，召来令其作诗。花蕊夫人诵《亡国诗》云："君王城上竖降旗，妾在深宫那得知。十四万人齐解甲，更无一个是男儿。"赵匡胤听后非常高兴，大概是因为说后蜀十四万军队还抵挡不住大宋几万人马。如果这是事实，那花蕊夫人所谓的《亡国诗》，并非后人解说的对赵匡胤的怨恨之语，应该是比较高明的拍马屁诗，怪不得赵匡胤喜欢，为之折腰。

看来，赵匡胤将孟昶的老婆花蕊夫人收入自己的后宫，是事实。然而，宋代的一些笔记则将此事与孟昶之死联系起来。如《铁围山丛谈》卷六中说："国朝降下西蜀，而花蕊夫人又随昶归中国。昶至且十日，则召花蕊夫人入宫中，而昶遂死。"《铁围山丛谈》这部笔记是宋代蔡京的儿子蔡絛（tāo）所著，有很高的史料价值，书中内容多被学者所引。蔡絛在笔记中虽

备后宫。——《铁围山丛谈》卷六、《后山诗话》《诗人玉屑》卷二十、《苕溪渔隐丛话》前集卷六十等

国亡，入备后宫。太祖闻之，召使陈诗，诵其国亡诗云："君王城上竖降旗，妾在深宫那得知。十四万人齐解甲，更无一个是男儿。"太祖悦，盖蜀兵十四万，而王师数万尔。——陈师道《后山诗话》《历代诗话》中华书局2011年版

然没有直接说孟昶为赵匡胤所害，却将花蕊夫人入宫与孟昶之死作为一种因果关系联系起来，其意不言自明。也就是说，赵匡胤看上了孟昶的老婆，所以"怀色其罪"，把孟昶害死了。

这个说法听起来很有道理，男人之恨往往是由女人引发的。孟昶的老婆可是那个时候的绝世佳人，引得赵匡胤这个英雄为之折腰，进而害死她的丈夫，将其占为己有，这似乎是很合逻辑的事情。

但是，在一个美女与统一大业之间，孰轻孰重，赵匡胤还是"拎得清"的。

第一，伤不起。大宋刚刚收复荆南、湖南，后蜀还没有完全平稳，除此之外，还有南汉、南唐、吴越、漳泉、北汉，周边还有辽和党项。如果仅仅为了一个女人，就除掉那么听话的孟昶（死后加的谥号是恭孝，就是又听话又孝顺的意思），有违赵匡胤怀柔的大国风范，必定会影响赵匡胤的形象，这个美好的形象实在伤不起。

第二，犯不着。后蜀已经被王师占领，孟昶已经成为亡国之君，赵匡胤要走孟昶的一个老婆，根本用不着费这么大的周折。

所以说，宋太祖赵匡胤不会为了花蕊夫人而害死孟昶。但是，孟昶的确死了，不明不白地死了，是什么原因促使赵匡胤除掉孟昶呢？

战争让女人走开

排除了花蕊夫人这个因素，孟昶的暴亡，还得从根子上说起，还得从蜀地寻找原因。

第一，西蜀是个不好控制的地方。

西蜀虽然富庶，但地势险要，远离中原，山高皇帝远，极易形成割据政权，难以控制。赵匡胤对此是有着清醒的认识的。平蜀之后，赵匡胤立刻下诏，令后蜀的文武官员立刻前往开封，并且禁止他们返回故乡。赵匡胤的这一系列命令，目的只有一个，就是稳定蜀地的局势，减少谋反的隐患。

第二，"兴蜀""兴国"的口号有号召力。

大宋的伐蜀将校在蜀地恣意妄为，抢杀掳掠，最终引发了乾德三年（965）三月以全师雄为首的反宋叛乱，乱军号称"兴国军"，全师雄称"兴蜀大王"。一时间，后蜀十七州纷纷响应，叛乱涉及范围之广出人意料。这一方面说明大宋的军队在后蜀地盘上胡作非为令人忍无可忍，更重要的一点是，虽然此时的孟昶正举家前往开封的途中，但"兴蜀""兴国"的口号与旗帜在蜀地人民心中还是很有号召力的。

第三，孟昶在蜀地颇有声望。

尽管宋代的史书中一再说孟昶生活荒淫、奢靡无度、不思国政，但事实上，孟昶在蜀民当中有很高的声望。孟昶离成都，沿江赴京，蜀民万民拥道，哭声动地，孟昶亦掩面痛哭。一路上，蜀地送别的百姓哭得昏过去的有数百人。孟昶在蜀地做皇帝三十一年，蜀地欣欣向荣，当地人民自然不会忘记这位亡国

> 又诏伪蜀文武官员并遣赴阙，赐装钱有差。——《续资治通鉴长编》卷六
>
> 禁不得还乡里。——《宋史·曹克明传》
>
> 诏发蜀兵赴阙……诏伪蜀将士妻子并发赴阙。——《续资治通鉴长编》卷六

之君，连赵匡胤也说"蜀人思孟昶不忘"《邵氏闻见录》卷一。

蜀地山高皇帝远，容易形成割据政权，这些赵匡胤想到了，所以一旦占领蜀地，立刻下令后蜀的宗室、军队、文武百官即刻开赴东京，以消除潜在的隐患。但是，赵匡胤有两个没想到：一是没想到亡国之君孟昶如此受蜀地人民的爱戴与拥护；二是没想到蜀地的叛乱这么快就爆发了，而且是打着"兴国""兴蜀"的旗号进行的。在这种情况下，留孟昶在世，无疑给蜀中反宋力量树立了一面旗帜，在东京的孟昶，依然会成为蜀地叛军的精神领袖。

赵匡胤可以容小人，可以容失败者，但他就是不能容失败却不失势的人。孟昶的存在，就是蜀地反宋力量的旗帜存在，蜀地反宋的精神领袖存在。这种现实促使赵匡胤改变初衷，权衡再三后，做出果决行动。

所以，孟昶不得不死。对赵匡胤而言，这不是冒失的行动，是当时的形势决定的。

这或许才是赵匡胤要杀死孟昶的最根本原因，当然，杀死孟昶，顺便把花蕊夫人名正言顺地收进后宫，自然是一举两得的事情。但是，如果不是蜀地的动乱，赵匡胤是不会仅仅因为一个女人就杀死孟昶的。从这个角度而言，不是赵匡胤，而是蜀地的叛军，是全师雄，是蜀地的人民，送了孟昶的命。

赵匡胤既要迅速除掉一个危及自己大业的隐患，又要显示自己的宽容与怀柔，所以在给孟昶加官晋爵后才将其不动声色地剪除。孟昶死后，赵匡胤又是辍朝五日，又是赠尚书令，又是追封楚王，丧葬费用一切由官府负责等等，他是在努力消解时人对孟昶暴卒的猜疑。

孟昶死了,当时的史家自然要为君避讳,这才导致史书中对孟昶死因的记载不明不白。孟昶是被赵匡胤弄死的,是通过什么方式进行的呢?普遍流行的看法是,孟昶是被赵匡胤毒死的。

据一些笔记记载,孟昶死的前几天,赵匡胤曾经请他喝酒吃饭。因此,后人推测赵匡胤用毒酒毒死了孟昶。这种推测有没有根据呢?

像这种阴谋害人之事,自古及今,是没人会主动承认的,史书中自然不会记载。但史书中记载的另一条资料,对这种推测有所帮助。

北宋平定南汉后,有一天,宋太祖幸讲武池,随从官员尚未齐集,南汉降王刘𬬮(chǎng)先至,太祖赐𬬮卮酒,刘𬬮怀疑酒中有毒,捧着杯子吓哭了,说:微臣继承先祖的基业,违抗朝廷,有劳王师讨伐,罪该万死。但陛下已经让微臣不死,得以看看这太平盛世,我愿意做大梁的一介布衣,还希望多活几天,成全陛下的不杀之恩,我不敢喝这杯酒。太祖笑道:朕待人推心置腹,哪会有这等事?令人取过刘𬬮的酒杯一饮而尽。

刘𬬮做南汉老大的时候,曾经多次用毒酒毒死臣子,因此他首先是以小人之心来推测赵匡胤的做法。但是,从另一层面看这件事情,我们看到的是亡国之君对太祖的不信任。赵匡胤自称待人推心置腹,可为什么不

> 臣承祖父基业,拒违朝廷,劳王师致讨,罪固当死,陛下不杀臣,今见太平,为大梁布衣矣,愿延旦夕之命,以全陛下生成之恩,臣未敢饮此酒。——《续资治通鉴长编》卷十二

被信任呢？或许是孟昶暴死的真实原因他们有所耳闻，不免战战兢兢，担心有一天也会轮到自己头上。

总结一下，孟昶到达东京不到一个月就莫名其妙地死去了。孟昶之死，不是因为生病而死，而是赵匡胤有意加害的。赵匡胤毒死孟昶，不是为了花蕊夫人，而是为了剪除后蜀叛军的精神领袖。赵匡胤为了自己的统一大业能够顺利进行，在颁布了一些怀柔政策后才断然毒死孟昶的。赵匡胤的这次行动，史书中未见蛛丝马迹，以上的内容都是我们推测得出的。推测归推测，有一些基本的事实是存在的。第一，孟昶加官晋爵后七日而死，死因不明；第二，孟昶死时，后蜀大地上打着反宋"兴蜀"旗号的叛乱正进行得如火如荼。记录的历史如果对真实的历史进行了彻底的掩盖，真实的历史就很难被后人所知晓了。因为真实的历史具有不可重复性，很难复原。不过，从这件事上，可以看出宋太祖赵匡胤果断的性格，一切阻碍统一大业、影响国家稳定的人，不管是谁，是断不可活在世上的。

精神领袖的存在是一种威胁，但是，除掉精神领袖并不能解决现实问题。孟昶死后，蜀地的叛乱并没有戛然而止，大宋王朝费了好大的气力才将这场叛乱平息下来。

蜀地的动乱是平定了，但这还不是蜀地之事的终结。接下来，赵匡胤要对蜀地之乱进行问责了。赵匡胤是如何处置王全斌等远征军将领的呢？

平蜀总结

二十

宋太祖乾德四年十二月，持续了近两年的蜀地动乱终于平复下去。次年正月，赵匡胤下令，将大宋伐蜀的将领悉数召回，这标志着大宋对蜀地的统治与管理进入一个相对稳定的阶段。但是，这还不是蜀地之事的终结。大宋仅用六十六天就让孟昶皇帝缴械投降，却花了近两年的时间来平定蜀地军民的动乱。现在动乱既然已经平定，为了更好地推进大宋统一的步伐，自然要对平定蜀地一事做个总结，问责祸首，表彰先进。赵匡胤是如何处理大宋伐蜀将领的呢？

秋后算账

王全斌作为大宋伐蜀前线的总指挥,在引发蜀地动乱方面,不管跟他有没有直接关系,都是应该问责的。何况,王全斌不仅是行军打仗的总指挥,同时也是动乱发生时蜀地的一把手。

王全斌在蜀地的所作所为,身在开封的赵匡胤不会一无所知。

赵匡胤通过两条渠道早已对王全斌这帮人在蜀地的不法行为了如指掌。哪两条渠道呢?

一是后蜀投降的臣民。

后蜀投降的臣民到达开封后把王全斌等人在蜀地强掠女子玉帛、私分蜀国国库等种种恶行上达天听。

二是派到蜀地的使者。

这些朝廷派出的使者回来后,赵匡胤都一一询问王全斌等人的所作所为,使者将王全斌等人的不法行为悉数上报。

两条渠道得来的消息互相印证,太祖不出门,便知后蜀事。赵匡胤怎么处理这些人呢?他没有立即召回这批有罪之人。这是为什么呢?

首先,谁作孽,谁收拾。

蜀地的动乱是这批人引发的,让他们去平定是最明智的。这些有罪之人心存畏惧,戴罪立功起来会更加拼

尽得其状。——《续资治通鉴长编》卷八

命。其实，王全斌对自己在蜀地的恣意妄为也不是无所畏惧，他内心深处也战战兢兢，甚至曾经有过赶紧"病休"的念头。当赵匡胤派遣副宰相（参知政事）吕余庆前往蜀地任成都市的代理市长管理成都的时候，令王全斌只掌管军队事务，其他方面如行政、财政、市政等就不要再插手了。王全斌对手下的亲信讲：我知道古代的将领大多不能保全功名，善始善终，我要是这个时候称病回去，也许能避免灾祸。身边人对他讲：现在蜀地盗贼充斥，朝廷正是用人之时，在这个危急的时候，没有圣上旨意，最好不要轻易打退堂鼓。王全斌想想也是，遂断了此念头。

> 初，吕余庆至成都，王全斌但典军旅，尝谓所亲曰："我闻古将帅多不能保全功名，即欲称病东归，庶免悔咎。"或曰："今盗寇充斥，非有诏旨不可轻去。"全斌乃止。——《续资治通鉴长编》卷八

其次，不能逼人过急。

赵匡胤当时也不敢逼王全斌等人立刻回来，他担心王全斌被逼急了，会狗急跳墙，来个鱼死网破，也在成都反了，割据起来，那这次伐蜀就会前功尽弃。这不是没有可能，因为大宋远征军中的部分将领已经积极加入叛军的队伍中去了。

赵匡胤担心，担心王全斌他们狗急跳墙，所以不着急召回；王全斌等人担心，担心自己的非法行为会断送性命，所以平定叛乱很卖命，想戴罪立功。

两种担心往一处使，蜀地的动乱平定了。动乱平定了，赵匡胤的命令也下来了，让他们全部回京复命。

在蜀地无知妄作的行为，能过赵匡胤这一关吗？

回京的将领们惴惴不安。

有人要起了小聪明,坚信"先下嘴为强"的原则,赶在众将前面,急匆匆地去觐见赵匡胤了。这个人是谁呢?

此人叫王仁赡,时任枢密副使,伐蜀北路军都监。

王仁赡最初是跟着刘词干"革命"的。刘词是个好人,赵普、楚昭辅都是受此人推荐,成了赵匡胤的人。刘词死前为王仁赡写的推荐信说:王仁赡这个人很有才,可以任用。

王仁赡这个人的确很有才,一回到开封,立刻跑步前进,去见赵匡胤,要做污点证人。他将王全斌、崔彦进等老伙计的不法行为一一进行了深入、全面、细致的检举,企图开脱自己。

前面说过,宋太祖赵匡胤已经通过多条渠道对大宋前线将领的所作所为了如指掌,王仁赡的一面之词岂能骗得了他?赵匡胤于是就问:纳取李廷珪送的妓女,打开丰德库取金银财宝,也是王全斌、崔彦进他们干的吗?

王仁赡明白了,蜀地是山高,可皇帝并不远,自己的一举一动全被皇上掌握得清清楚楚。自己这次"先下嘴为强"的打算怕是难以实现了,而且还有可能收获一个"恶人先告状"的奖牌,他立马吓得哑口无言。

皇帝毕竟是皇帝,赵匡胤早就想好了如何处置这

——词将卒,遗表荐仁赡材可用。——《宋史·王仁赡传》

——仁赡先入见,上诘之,仁赡历诋诸将过失,冀自解免。——《续资治通鉴长编》卷八

——纳李廷珪妓女,开丰德库取金贝,此岂诸将所为耶?——《续资治通鉴长编》卷八

批人，应该走怎样的程序。

因为王全斌等人建有新功，赵匡胤不想交给司法官吏审理，而是交付中央政府的政务中心中书门下审理。为了让这些大将心服口服，赵匡胤叫来蜀臣、使者当面对质。

王全斌、王仁赡、崔彦进等北路军将领在蜀地的主要罪行有：仗势抢夺女子玉帛，擅自打开后蜀国库，隐瞒财货，擅自克扣蜀兵的行装钱，屠杀蜀国降军，等等。因为有人证，多辩无用，王全斌等人一一认罪。其中，王全斌等人收受、隐瞒的钱财总共有六十四万四千八百余贯，这些还不包括后蜀皇宫珍宝和外地府库其他收藏没有登记簿册的。

赵匡胤又诏令御史台在朝廷大堂召集文武百官讨论议定王全斌等人的罪行，朝论的结果是"法当死"，论罪当斩。赵匡胤大手一挥，念你们有功，赦免你们的死刑。

死罪赦免，活罪难逃。

一是降职。

三人统统被降职。赵匡胤在随州设置崇义军，在金州（今陕西安康市）设置昭化军，王全斌降为崇义留后，崔彦进降为昭化留后，王仁赡被剥夺了枢密副使的官职，罢为右卫大将军。

二是退赔。

下令三人立刻送还从后蜀将领臣子那里敲诈、勒

> 上以全斌等新有功，不欲付之狱吏，令中书门下逮仁赡及全斌、彦进与讼者质证。
> ——《续资治通鉴长编》卷八

> 壬子，令御史台集百官于朝堂，议全斌等罪。癸丑，百官表言全斌、仁赡、彦进法当死，上特赦之。
> ——《续资治通鉴长编》卷八

索、收受的金银、鞍马等。至于其他将领有收取钱物者，一律不再追究。

史书上讲，王全斌轻财重士，不追求名声荣誉，宽厚容众，军士乐于听他指挥。但在进入成都以后，王全斌的种种表现与此背道而驰，截然不同。掠夺女子玉帛、盗取国库、与东路军争功、擅自克扣朝廷拨发给后蜀降兵的军饷、残忍屠杀后蜀降兵、对手下军校不礼以致引发叛乱，每一条都与上面的评价恰恰相反。那么，王全斌到底是个怎样的人呢？

为朕立法

第一，有胆有识。

王全斌是并州太原人，曾在后唐、后晋、后周为将，此人年少时就显示出过人的胆识。他的父亲奉事后唐庄宗李存勖，曾私自蓄养勇士一百多人，李存勖因此怀疑他有叛变的图谋，召见他，他吓得不敢前往。王全斌说：这只不过是怀疑父亲图谋不轨，只要把我做人质，一定不会有问题的。他的父亲无计可施，依言从事，果然平安无事，王全斌也因此追随李存勖帐下。但是，请注意，这个时候的王全斌才十二岁。十二岁，一般人是需要父亲保护

全斌轻财重士，不求声誉，宽厚容众，军旅乐为之用。——《宋史·王全斌传》

违戾约束，侵侮宪章，专杀降兵，擅开公帑，豪夺妇女，广纳货财，敛万民之怨嗟，致群盗之充斥。以至再劳调发，方获平宁。——《宋史·王全斌传》

其父事庄宗，为岢岚军使，私蓄勇士百余人，庄宗疑其有异志，召之，惧不敢行。全斌时年十二，谓其父曰：'此盖疑大人有他图，愿以全斌为质，必得释。'父从其计，果获全；因以隶帐下。——《宋史·王全斌传》

的年龄，而他，已经知道保护父亲了。

第二，忠心耿耿。

李存勖晚年宠幸宦官，重用伶人，不恤军政，同光四年（926），终于引发兵变。军队进入宫城，近臣老将都丢盔弃甲，纷纷逃窜。只有王全斌、符彦卿等十几个人奋勇抵抗。混战之中，李存勖被乱箭射中而亡，王全斌才痛哭而去。

第三，身经百战。

在后周时期，王全斌曾参与收复被后蜀占领的秦、阶、成、凤四州的战役，又追随周世宗征伐淮南、攻打北汉，做到中级军官的位子。宋初，在平定李筠叛乱中，因功升为节度使。在征讨后蜀的战役中，荣任伐蜀前线总指挥，仅用六十六天就令孟昶投降。

从王全斌的履历来看，他的前半生有胆有识、忠勇过人，是依靠军功步步升迁的，并没有什么不良的记录。为什么进入蜀地之后就像换了一个人？到底是什么原因促使王全斌发生如此巨大的变化呢？

追根溯源，根子在宋太祖那里。一句话，因为王全斌太听话了，太把太祖皇帝说的话当真了。

当初兵发后蜀之时，宋太祖为了激励大宋将士，曾亲口对王全斌说：这次攻伐后蜀，我要的是土地，凡是攻克城寨，只要把武器、粮草登记造册，上缴国家，其余的金钱布帛全部分给将士，我一概不取。赵

> 同光末，国有内难，兵入宫城，近臣宿将皆弃甲遁去，惟全斌与符彦卿等十数人居中拒战。庄宗中流矢，扶掖至绛霄殿，全斌恸哭而去。——《宋史·王全斌传》

匡胤的话说得已经很明白了，我只要土地、武器、粮草这三样东西，其余的随你们处置。

赵匡胤对他的这个激励措施可能造成的严重后果估计不足。因为人皆凡人，王全斌在贯彻这个政策的过程中太给力了。面对后蜀黄灿灿白花花的金银珠宝、精美的布帛、可人如云的美女，王全斌有点晕了，这一晕不打紧，造成了严重的后果，属于王全斌的幸福时光就在眩晕中过去了。

大宋的统一大业还要继续，要统一就必须有人牺牲，所以赵匡胤必须处理王全斌他们。

史书上讲，王全斌贬官随州山区十余年，怡然自得，有识之士都称道他。这与那个在蜀地残忍屠杀、贪污抢掠的王全斌判若两人。

开宝末年，宋太祖到洛阳郊祀，召王全斌陪同，并任命他为武宁军节度使。宋太祖对王全斌的一席话意味深长，他说：此前朕因为江左尚未平定，恐怕南征诸将不遵守纪律，因此压制你数年，为朕立法。现在已经攻克金陵，归还你的节度使头衔。并赏赐王全斌银器万两、布帛万匹、钱千万。

赵匡胤的这番话可以看出他们君臣之间早在内心之中达成了某种默契，王全斌能够怡然自得，赵匡胤也借此"立法"，顺利完成他的统一大业。

所以说，王全斌的一生，开了个好头，结了个好

黜居山郡十余年，怡然自得，识者称之。——《宋史·王全斌传》

朕以江左未平，虑征南诸将不遵纪律，故抑卿数年，为朕立法。今已克金陵，还卿节钺。——《宋史·王全斌传》

尾，中间虽然烂了一部分，责任不全在他，甚至可以说是奉诏烂的。

仔细留意史书记载，还会发现，赵匡胤到洛阳郊祀的时候，崔彦进来朝见，授彰信军节度使；另外一个人王仁赡在太祖幸洛期间同样肩负了重任，"以仁赡判留守司、三司兼知开封府事""东京留守兼大内都部署"《宋史·王仁赡传》。三个当时受到严厉处罚的人都得到了优待。

北路军将领中，受到处罚的还有一个人需要提一下，他就是康延泽。

康延泽在平定蜀地的动乱中是立了大功的，但他也没能逃脱处罚，被贬为唐州教练使，教练使的主要职责就是训练士兵，这确是他的长项。被贬的具体原因史书中没有明确记载，但既然被贬，就说明康延泽也不是一个清白之人。这个人应该非常爱财，他做唐州教练使十年期间，倒没有什么怨言，开垦荒地，植桑养蚕，竟成为当地的富豪。史书中记载，开宝年间，朝廷起用他为供奉官，升为左藏库副使，因为他的好几个侄子与他争夺家产到处诉讼而失去官职。康延泽其实是个官二代，早年凭借恩荫补为供奉官，开宝年间又从供奉官开始做起，一生的奋斗就好像一个圈。就因为家产瓜分不均这种小事，连官也做不成了。关于他此后的经历，《宋史》中用了一句"居西

> 太祖郊祀西洛，彦进来朝，授彰信军节度。——《宋史·崔彦进传》

> 公处之自若，不出怨言，惟筑室、垦田、聚书、训子而已。十年间，辟草莱，植桑柘，居泌水之上，遂为富家。——《名臣碑传琬琰之集》上卷十七

> 坐与诸侄争家财失官。——《宋史·康延泽传》

洛卒"《宋史·康延泽传》，就这样，一位优秀的军队训练官在宋朝淡去，成了一个传说。

至于大宋军队中在蜀地发动叛乱的那些中下级将领，除在战争中死去的之外，缉捕了孙进、吴瓌等二十七人，早在王全斌等人回京之前，就已经"械送"（加刑具押送）至京师。赵匡胤亲自审理，他们对自己的叛乱行为均供认不讳，被斩首于诸城门外。其中孙进脖子比较硬，"尤凶恣"，把整个家族都连累了，被族诛。

王仁赡回到开封在赵匡胤面前"先下嘴为强"，详细汇报伐蜀诸将非法所为的时候，对一个人却给予极高的评价，说这个人清正廉洁、敬畏谨慎，没有辜负陛下委任的使命。这个人是谁呢？

曹彬是个好干部

这个人就是大宋伐蜀远征军归州路都监曹彬。曹彬是个怎样的人呢？能够脱离王仁赡的"虎口"，一定是个不同寻常的人。

第一，志向远大。

《红楼梦》中的贾宝玉在一周岁的时候，他的父亲贾政"要试他将来的志向，便将那世上所有之物件，摆了无数与他抓取，谁知他一概不取，伸手只把那些脂粉钗环抓来"，贾政大怒，说将来这混蛋一定是个酒色之徒。《红楼梦》第二回《贾夫人仙逝扬州城 冷子兴演说荣国府》曹彬在一周岁时，他的父母也和他做过这个游戏，不过曹彬的表现和贾宝玉不同：他左手拿刀枪之类的玩具，右手拿俎豆之类的器具(祭祀器具)，一会儿又拿了一枚印章，其他的都不看，人们都认为他与众不同。游戏暗示：未来的曹彬武可安国、文可定邦，是个做官的料。这自然只是游戏而已，但长大之后的曹彬，果然与众不同。史书上说："及长，气质淳厚。"《宋史·曹彬传》也就是说，他为人朴实，做人厚道。

第二，庄重严肃。

后周太祖的贵妃张氏，是曹彬的姨母。郭威登基后，曹彬升为河中都监，但他并没有因为自己是皇亲国戚而"嚣张"，相反，遵守礼节更加恭谨，公府宴会时，整日端直严谨，眼睛从不斜视。当时一个叫王仁镐的将领对他的手下人说：我自认为日夜辛劳不曾懈怠，等到见了曹监军庄重严肃，才觉得自己是多么散漫。而王仁镐这个人，史书上说"端谨简朴"，崇信佛教，时人目为长者。《宋史·王仁镐传》

第三，清正廉洁。

后周显德五年(958)，曹彬出使吴越，使命完成后就立即还朝，私人相赠的礼物，一无所受。吴越人乘小船追来送礼给他，三番五次，最终他还是接受了，登记清楚后拿回来，全部交给官府。周世宗强行退还

彬左手持干戈，右手取俎豆，斯须取一印，他无所视，人皆异之。——《宋史·曹彬传》

蒲帅王仁镐以彬帝戚，尤加礼遇。彬执礼益恭，公府宴集，端简终日，未尝旁视。仁镐谓从事曰："老夫自谓夙夜匪懈，及见监军矜严，始觉己之散率也。"——《宋史·曹彬传》

吴越人以轻舟追遗之，至于数四，彬犹不受。……遂受而籍之以归，悉上送官。——《宋史·曹彬传》

给他，他才恭敬地接受了，全部分赠给亲戚朋友而不留给自己一文钱。

第四，朴素朴实。

在出任晋州（今山西临汾市）兵马都监时，一日，曹彬与主帅及宾客在野外围坐，适逢邻路守将派侍从前来送信，送信的人不认识曹彬，就偷偷地问道：哪位是曹监军？别人指示于他，送信的人竟然不信，以为是欺骗他，说：哪有皇亲近臣，穿这么朴素的衣服，坐这么朴素的椅子的？

> 岂有国戚近臣，而衣弋绨袍、坐素胡床者乎？——《宋史·曹彬传》

第五，不偏不倚。

赵匡胤在后周掌管禁军的时候，曹彬保持中立，不偏不倚，不是公事不登门拜访，大臣们宴会，也很少参与，赵匡胤却因此很器重他。赵匡胤当上皇帝的第二年，把他从地方上召到中央，问他：我以前总是想亲近你，你为什么总是与我疏远呢？曹彬叩头道歉说：我是周皇室的近亲，又担任朝廷官职，恭敬谨慎地办事，还担心犯错误，怎么敢轻易交结呢？赵匡胤由此更加敬重曹彬的为人，升其为内客省使（掌管文武官员朝见皇帝的礼仪等）。

> 臣为周室近亲，复忝内职，靖恭守位，犹恐获过，安敢忘有交结？——《宋史·曹彬传》

从上面这几则故事中可以看出，曹彬是一个严谨、廉洁、自律、朴素、谨慎、正直的人。在伐蜀的归州路军队中，曹彬任都监，一路上严格约束将士，避免了屠城逞欲、抢杀掳掠之事发生，所到之处当地民众心悦诚服，所过州县纷纷举城投降。

平蜀诸将大多掳掠女子和财物，中饱私囊，回京之时，曹彬袋子中却只有图书、衣物而已。对于曹彬这样"清介廉谨"、不辱圣命的手下，赵匡胤当然要重赏，升其为宣徽南院使，领义成节度使，但曹彬却不愿接受。他面见圣上说：西征的将领都受到处罚，我一个人受到赏赐，内心不安。臣不敢遵命。赵匡胤喜欢这样谦虚的人，劝道：你有大功，又不居功自傲，要是有一丝一毫的过失，王仁赡这样的人能为你遮掩吗？惩罚、奖励是国家的常法，你不必不安，无须推辞。

和曹彬一起受到朝廷赏赐的还有龙捷左厢都指挥使张廷翰、虎捷左厢都指挥使李进卿、西川转运使沈义伦等人。

张廷翰、李进卿都升为禁军都虞候并兼领节度使，成为禁军的高级将领，二人随从刘光义平定后蜀，军政不乱，故有此赏。

李进卿是个很忠厚的人，甚至忠诚得有点愚。此前，赵匡胤有一次视察大宋水军水上训练演习的时候，忽然对身边的人发出感叹：人人都说为了国家，可以奋不顾身，将生死置之度外，这话说起来容易，做起来难啊。李进卿上前回答道：像卑臣这样的人，令死即死，绝不含糊。说罢就跳入池中。赵匡胤急忙下令几十名水手营救，救上来时李

> 时诸将多取子女玉帛，彬囊中唯图书、衣衾而已。——《宋史·曹彬传》

> 卿有功无过，又不自矜伐，苟负纤芥之累，仁赡岂为卿隐耶？惩劝，国之常典，无可辞也。——《续资治通鉴长编》卷八

> 诸将俱获罪，臣独受赏，何以自安？臣不敢奉诏。——《续资治通鉴长编》卷八

进卿已经奄奄一息，差点就真实现了他的诺言。对于如此忠诚的将领，而且平蜀时军纪严明，赵匡胤自然也大力奖赏。

沈义伦升为兵部侍郎，充枢密副使。

沈义伦是以西川转运使的身份随军进入成都的，进入成都后独自居住在寺庙之中吃素，后蜀群臣有以奇珍异宝馈赠的，全部拒收。东归京城时，箱中仅有几卷图书而已。赵匡胤曾在闲聊时问曹彬官吏良莠优劣，曹彬说：微臣只是监管军队，至于考察官吏优劣，不是臣下所能知道的。赵匡胤再三询问，曹彬才说：只有沈义伦可以任用。赵匡胤因此对其提拔。

东路军的最高领导者刘光义改领镇安节度使，没升没降，值得庆幸，当然得感谢曹彬。

对阵亡的将领高彦晖的家属，赵匡胤诏令赐以粟帛，加以抚慰。

高彦晖在攻打全师雄的战役中，在导江（今四川岷江）与全师雄军队相遇，叛军占据地理优势，在狭隘道路两旁的竹林中设下埋伏，高彦晖率军直入，中了叛军的埋伏。当时形势非常不利，高彦晖对田钦祚说：现在叛军势头正猛，天色将黑，一旦队伍被截断，首尾不能呼应，那就危险了。现在不如收兵，明天再战。田钦祚见势不妙，正要逃遁，恐怕叛军跟踪追击，听高彦晖如此说，就哄骗道：你领着朝廷发的高薪，碰到叛军却胆怯退却，这是啥意思？高彦晖是蓟州渔阳人，是悲歌慷慨的燕赵之士，受不了田钦祚的刺激，于是又带领士兵前进，田钦祚乘机溜之大吉。高彦晖与部下十余人奋力战斗，都英勇战死。

与高彦晖的家属一起蒙受皇恩抚慰赏赐的还有王继涛的家属，王继涛的死也与阴险小人田钦祚有关。全师雄攻打彭州时，王继涛奋力抵抗，身中八创，不得已，单骑逃往成都。王继涛与田钦祚二人以前不和，有矛盾，田钦祚以使者身份往返成都、开封之间，就趁机找个借口诬陷王继涛，赵匡胤就下令召王继涛回京，要当面审问。王继涛在回京途中病死。王继涛的死应该与战争中的创伤有关，被召回京加剧了他的伤势，导致死亡。这个时候，赵匡胤才听说他与全师雄交战勇猛、身遭重创之事，因此对其家属加以抚慰。

读史至此，尤鄙视田钦祚之为人，对他是十二分鄙视。史书上说，田钦祚生性阴险狡猾，喜欢欺侮同事，人人憎恶。像田钦祚这样的阴险小人，喜欢他，那是有病，可赵匡胤还要用他。对于大宋王朝，需要多方面的人才，有时是需要互相牵制，互相博弈，以达到相互制衡的最佳状态。这当然是赵匡胤的政治权术了。

田钦祚只顾个人性命、逃避协同作战、致他人死

钦祚将遁，虑贼蹑其后，绐谓彦晖曰：「公食重禄，见贼逗挠，何也？」——《续资治通鉴长编》卷六

彦晖即麾兵复进，钦祚乃潜去。彦晖独与部下十余骑力战，皆死之。——《续资治通鉴长编》卷六

上始闻其先登击贼，身被重创，故与彦晖俱蒙死难之赏。——《续资治通鉴长编》卷八

性阴狡……好狎侮同列，人多恶之。——《宋史·田钦祚传》

亡的事件在后来还发生过一次。

宋太宗时期，田钦祚与主帅郭进一起驻守北方，抵御契丹入侵。每次敌兵来袭，郭进出战，田钦祚则关闭堡垒守护自己，敌兵离去时，又不追击。因此，主帅郭进与之不和。郭进战功很高，但屡遭田钦祚欺凌，内心郁闷，不甘心与之为伍，竟然为此自缢而死。田钦祚后来因为贩卖粮草被人告发，贬到柳州瘴气之地，因此生病，多次上表朝廷乞求活着回京。太宗征伐幽州之时，任命他为排阵使，因为他已有病在身，接受诏令后一阵狂喜，高兴死了，在痛苦并快乐中离世。

> 钦祚性刚戾负气，多所忤犯，与主帅郭进不协。进战功高，屡为钦祚所陵，心不能甘，遂自缢死。——《宋史·田钦祚传》

该杀的杀，该赦的赦；该奖的奖，该罚的罚；该升的升，该贬的贬；该叱责的叱责，该安慰的安慰。该与不该，当然是赵匡胤说了算。做完这些事情，大宋王朝对蜀地的征伐平复取得了阶段性的成果，可以暂时告一段落了。虽然过程中出现了一些不好的现象，但成绩是主要的，虽然距离打下四百州军皆姓赵的目标还有点距离，但蜀地这样的天府之国是赵家的天下了，这是值得庆贺的一件大事。

> 时钦祚已被病，受诏不胜喜，一夕，卒。——《宋史·田钦祚传》

文武之道，一张一弛。在平定蜀地的过程中，一件很小的事情触动了宋太祖，因此引发了大宋臣民读书学习的热潮。这是怎么回事呢？